Felicitas Heyne

Hassgeliebte
Schwiegermutter

Felicitas Heyne

Hassgeliebte Schwiegermutter

Ein Ratgeber für Schwiegertöchter

Bibliografische Information der Deutschen Nationalbibliothek:
Die Deutsche Nationalbibliothek verzeichnet diese Publikation in der Deutschen
Nationalbibliografie; detaillierte bibliografische Daten sind im Internet über
http://d-nb.de abrufbar.

Für Fragen und Anregungen:
heyne@mvg-verlag.de

2. Auflage 2013
© 2008 by mvg Verlag, ein Imprint der Münchner Verlagsgruppe GmbH
Nymphenburger Straße 86
D-80636 München
Tel.: 089 651285-0
Fax: 089 652096

Redaktion: Dr. Renate Bugyi-Ollert
Umschlaggestaltung: Coverdesign Uhlig, Augsburg
Umschlagabbildung: Tobi Corney/Stone
Satz: Jürgen Echter, Landsberg am Lech
Druck: CPI – Ebner & Spiegel, Ulm
Printed in Germany

ISBN 978-3-636-06399-1
ISBN E-Book (PDF) 978-3-86415-091-3

Weitere Informationen zum Verlag finden Sie unter

www.mvg-verlag.de

Beachten Sie auch unsere weiteren Verlage unter
www.muenchner-verlagsgruppe.de

Inhalt

I. Einleitung

Schwiegermütter haben es in sich und können dem Eheleben der Schwiegertöchter arge Klötze in den Weg legen. Davon können immerhin 28 % der befragten Frauen aus einer repräsentativen Umfrage des GEWIS-Instituts unter 1024 Frauen im Alter zwischen 20 und 60 ein Liedchen singen. Sie gaben nämlich an, dass ihre Partnerschaft unter der schwierigen Beziehung zwischen ihnen und ihrer Schwiegermutter leide. Und in einer weiteren GEWIS-Umfrage unter 1425 Geschiedenen nannten 8 % der Frauen ihre Schwiegermutter sogar als Grund dafür, warum sie sich von ihrem Partner getrennt hatten. Es ist also bei weitem nicht überall eitel Sonnenschein in Sachen Schwiegermutter angesagt. Insgesamt gehen Experten heute davon aus, dass bei etwa 12,5 % aller Ehen, die vor dem Scheidungsrichter enden, die Schwiegermutter eines Partners eine ausschlaggebende Rolle spielt. In anderen Worten: Jede achte Ehe scheitert (auch) an der Mutter eines der beiden Partner. Nicht erfasst ist in all diesen Statistiken natürlich die Dunkelziffer derjenigen Fälle, in denen sich unverheiratete Paare trennen bzw. es gar nicht erst zu einer Ehe kommt, weil die Schwiegermutter erfolgreich intrigiert hat. Die böse Schwiegermutter – mehr als nur ein Klischee?

Doch gibt es auch gute Nachrichten: Die meisten Schwiegermütter sind gar nicht so schlimm. Man könnte im Gegenteil mit Fug und Recht behaupten, dass offenbar die große Mehrheit unter ihnen richtig nette, geschätzte und sogar geliebte Familienmitglieder sind! Das zumindest war auch das Ergebnis der eingangs genannten Studie. „Wie verstehen Sie sich mit Ihrer Schwiegermutter?", wollten die Forscher dabei wissen. Rund zwei Drittel der Befragten beantworteten damals diese Frage mit „gut" bis „sehr gut". Die überwiegende Mehrheit der Partnerinnen und Ehefrauen darf also aufatmen, denn den Einfluss der Schwiegereltern auf das Beziehungsglück sollte man nicht unterschätzen. Er erwies sich in einer Untersuchung der Iowa State University in den USA nicht nur als wichtig, sondern sogar als sehr nachhaltig: Studienteilnehmer beschrieben ihre Ehe darin als besser, wenn sie ein gutes Verhältnis zu den Schwiegereltern hatten. Diejenigen dagegen, bei denen es häufig Streit mit den Eltern eines oder beider Partner gab, betrachteten ihre Ehe als weniger erfolgreich. Dieser Effekt ließ sich über einen Zeitraum von bis zu 20 (!) Jahren hin beobachten.

Nun, immerhin findet sich das Phänomen der ungeliebten Schwiegermutter interessanterweise kultur- und epochenübergreifend auf der ganzen Welt. Davon zeugen in vielen Ländern entsprechende Volksweisheiten und Sprüche, die keinen Zweifel darüber aufkommen lassen, dass die meisten Menschen speziell dieses Familienmitglied zu allen Zeiten am liebsten von hinten gesehen haben:

„Gut ist es, wenn die Schwiegereltern fern und Wasser und Brennstoff nahe sind." (aus der Mongolei)

„Lobe den Brunnen, in den deine Schwiegermutter gefallen ist, aber schöpfe kein Wasser daraus." (aus Andalusien)

„Eine Schwiegermutter ist bitter, und wäre sie auch aus Zucker." (aus Spanien)

„So viele es weiße Krähen gibt, so viele gute Schwiegermütter gibt es." (aus Serbien)

„Die Schwiegermutter nahe bei der Tür ist wie der Mantel beim Dornbusch." (aus Albanien)

Und auch bei uns in Deutschland hat die Schwiegermutter (die früher einfach nur „Schwieger" hieß) nichts zu lachen, wenn es nach des Volkes Willen geht:

„Die best' Schwieger ist, die einen grünen Rock anhat."
(= die unter dem Gras liegt, begraben ist)
„Schwieger und Schweinsbraten sind kalt gut."
Selbst wenn man ihr nicht gleich den vorzeitigen Tod an den Hals wünscht, so macht man es ihr selten gerne wirklich bequem, um die Dauer ihrer Anwesenheit auf das unbedingt Nötige zu beschränken: Wer kennt ihn nicht, den stacheligen Goldkugel-kaktus, botanisch korrekt Echinocactus Grusonii, der umgangs-sprachlich gerne „Schwiegermuttersitz" genannt wird? Etwas weniger bekannt ist, dass dieselbe ironische Bezeichnung in den 1930er-Jahren auch für eine aus dem Heck mancher Roadster herausklappbare Sitzbank verwendet wurde. Dabei handelte es sich um eine äußerst unbequeme, da nur dünn gepolsterte zusätzliche Sitzgelegenheit, die zu allem Übel auch noch nicht überdacht war und damit ihren Benutzer den Unbilden der Wit-terung schutzlos aussetzte. Ob nun Kaktus oder Notsitz – in bei-den Fällen handelt es sich jedenfalls nicht gerade um einen Platz, an dem man sich gerne länger aufhalten möchte.

Alles andere als wohlwollend sind auch die zahllosen Schwie-germutter-Witze, die allerorten an den Stammtischen kursieren: *Was ist flüssiger als Wasser? – Die Schwiegermutter, die ist über-flüssig!*

Interessanterweise nehmen die meisten dieser Witze vor al-len Dingen das Verhältnis Schwiegermutter–Schwiegersohn aufs Korn. Damit sind sie zwar beliebte Schenkelklopfer für den Her-renabend, gehen aber am realen Alltag eigentlich vorbei. Sehr viel konfliktreicher als die Beziehung zwischen diesen beiden ist nämlich oft das Verhältnis zwischen Schwiegermutter und Schwiegertochter. In der bereits erwähnten GEWIS-Studie bei-spielsweise nannten zwar 8 % der befragten Frauen, aber nur 5 % der Männer ihre Schwiegermutter als Trennungsgrund. Eine weiterführende Analyse untermauerte diesen Unterschied. Gesucht wurde darin die treffendste Bezeichnung für die Schwiegermutter der Untersuchungsteilnehmer. 12 % der Frauen entschieden sich für „Giftzahn" – ein Begriff, den nicht einmal halb so viele, nämlich nur 5 % der Männer wählten. Diese Verteilung gilt in etwa auch bei weiteren abfälligen Bezeichnungen: Für „Drachen" stimmten 13 % der Frauen, aber nur 6 % der Männer; „Meckerziege" hielten 19 % der Schwiegertöchter für passend, aber nur 8 % der Schwiegersöhne. Ins Gegenteil verkehrte sich die Sache, wenn es um positive Beschreibungen der Schwiegermutter ging. Nur 8 % der Frauen, aber 15 % der Männer bescheinigten der Mutter ihrer/s PartnerIn ein „sonniges Gemüt". Und für eine „liebenswerte Frau" hielten die Dame nur 22 % der Schwiegertöchter, aber immerhin 43 % der Schwiegersöhne. Hat also das alte deutsche Sprichwort Recht, das behauptet, dass „die Schwieger niemals die Schnur (= altdeutsch für Schwiegertochter) liebt"?

Manches spricht tatsächlich dafür. Befragte Schwiegertöchter wissen von einem breiten Handlungsspektrum schwieriger bis bösartiger Schwiegermütter ihnen gegenüber zu berichten: Von distanzierter Ablehnung über offene Kritik und Anfeindung bis hin zu Verleumdungen und emotionaler Erpressung reicht das Repertoire. Nicht nur die Schwiegertochter leidet unter solchen Methoden, auch Kinder, Enkelkinder und Partner geraten in den Strudel des Beziehungsmachtkampfes. Die Folgen für alle Beteiligten können nicht nur Frustration, Trauer, Zorn, Schuld- und Hoffnungslosigkeitsgefühle sein, sondern durchaus auch physische und psychische Erkrankungen umfassen. Herz-Kreislauf-Erkrankungen, Depressionen, Ess-Störungen und Allergien sind nicht selten das Ergebnis eines solchen innerfamiliären Dauerkonflikts.

Dieses Buch möchte ein Ratgeber für diejenigen Frauen sein, die das Gefühl haben, in einem solchen Dauerkonflikt gefangen zu sein, und die nach Erklärungen, vor allem aber nach Auswegen und Lösungen suchen. Dabei richtet es sich selbstverständlich nicht nur an verheiratete Frauen, sondern auch an all diejenigen, die in nicht ehelichen Lebensgemeinschaften unter den Müttern ihrer Partner zu leiden haben (auch wenn der Einfachheit halber in der Regel auch für diese der Begriff „Schwiegermutter" verwendet wird). Ich möchte Ihnen helfen, das komplexe System zu verstehen, in dem Sie, Ihr Partner, Ihre Kinder und Ihre Schwiegermutter miteinander verstrickt sind. Mögliche Hintergründe – evolutionäre wie persönliche – für Motive und Erleben aller Beteiligten werde ich Ihnen dabei ebenso vorstellen wie verschiedene „Typen" schwieriger Schwiegermütter und die Formen ihres manipulativen oder offen bösartigen Verhaltens.

Den besonderen Schwerpunkt des Ratgebers habe ich auf den Teil der praktischen Hilfen gelegt. Zu begreifen, *warum* Ihre Schwiegermutter so ist, wie sie ist, *warum* Ihr Partner Ihnen bisher vielleicht nicht die Unterstützung gegen seine Mutter geben konnte, die Sie sich von ihm gewünscht haben, und *warum* Sie selbst sich bisher damit schwer getan haben, sich gegen Ihre Schwiegermutter erfolgreich zur Wehr zu setzen, ist vielleicht spannend für Sie. Dennoch kann dies nicht mehr sein als ein erster Schritt. Analysieren und verstehen ist oft gut, aber für konkretes Handeln gibt es keinen Ersatz! Darum möchte ich Ihnen in diesem Ratgeber eine Vielzahl von Methoden, Strategien und Techniken an die Hand geben, die Ihnen dabei helfen sollen

- mit Ihrer eigenen Enttäuschung und Ihrem Ärger über Ihre Schwiegermutter (und/oder Ihren Partner) besser zurechtzukommen,
- notwendige Grenzen Ihrer Schwiegermutter gegenüber erfolgreich zu ziehen und zu verteidigen,

- sich gegen Kritik, Anfeindungen, Intrigen und Verleumdungen durch Ihre Schwiegermutter zu schützen und zur Wehr zu setzen,
- sich durch emotionale Erpressungsmanöver Ihrer Schwiegermutter nicht mehr manipulieren zu lassen,
- Ihre Partnerschaft vor schädlicher Einflussnahme durch Ihre Schwiegermutter zu bewahren und Ihren Partner als Verbündeten in diesem Konflikt für sich zu gewinnen,
- Ihre Kinder aus den sich für sie ergebenden Loyalitätskonflikten herauszuhalten und ein möglichst spannungsfreies Familienklima für sie zu schaffen und
- ohne Schuldgefühle einen gesunden Egoismus, gepaart mit einem stabilen Selbstwertgefühl und Vertrauen in die eigene Wahrnehmung im Umgang mit Ihrer Schwiegermutter zu entwickeln.

Viele Schwiegertöchter schwieriger Schwiegermütter kommen dabei in diesem Buch zu Wort und erzählen ihre Geschichten, in denen Sie sich wahrscheinlich oft genug selbst wiedererkennen werden.

Dennoch kann dieser Ratgeber keine Wunder vollbringen. Manche Schwiegermutter-Schwiegertochter-Situation ist so verfahren, manche Schwiegermutter so perfide in ihrem Verhalten, dass eine professionelle Unterstützung durch eine/n ausgebildete/n TherapeutIn oder Coach durchaus anzuraten ist, um die eingefahrenen Strukturen und Muster aufzulösen. Dennoch bin ich davon überzeugt, dass die überwiegende Mehrheit der Schwiegertöchter, die sich gleichzeitig mit dem „Ja!" vor dem Standesbeamten eine schwierige Schwiegermutter eingehandelt haben, in irgendeiner Form von den Tipps und Anregungen in diesem Buch profitieren wird. Dabei gilt natürlich, dass nicht jeder Ratschlag für jede Situation und jede Persönlichkeit gleichermaßen geeignet ist. Jede Leserin muss für sich selbst entscheiden, welche der Denkanstöße sie für sich speziell aufgreifen und umsetzen möchte. Letzten Endes sollte dieser Ratgeber für jede Schwiegertochter reichlich Anregungen und Impulse bereithalten, wie sie den Umgang mit ihrer Schwiegermutter künftig besser und für sich selbst und ihre Familie weniger belastend gestalten kann.

Ich wünsche Ihnen viele Aha-Erlebnisse, neue Erkenntnisse und Inspirationen beim Lesen – und natürlich viel Erfolg und vor allem eine Menge Spaß beim Erproben Ihrer neuen Schwiegermutter-Strategien!

Felicitas Heyne

II. Von der Mutter zur Schwiegermutter

*„Urteile über niemanden, ehe du nicht einen Tag
in seinen Schuhen gegangen bist."*

(INDIANISCHE WEISHEIT)

Keine Frau wird als Schwiegermutter geboren. Zunächst einmal ist sie selbst Tochter, später Ehefrau (und damit übrigens in aller Regel auch Schwiegertochter!), dann irgendwann Mutter. In all diesen Lebensphasen macht sie ihre eigenen Erfahrungen, entwickeln sich ihre persönlichen Hoffnungen und Ängste, gestaltet sie ihre Biografie. Ist sie berufstätig oder Vollzeitmutter? Wie lebt und erlebt sie ihre eigene Partnerschaft? Wie sieht ihre Beziehung zu ihren Kindern aus? Welche Werte und Ideale hat sie verinnerlicht, woran orientiert sie sich? All dies wird Einfluss darauf nehmen, wie diese Frau ihre Rolle als Schwiegermutter später leben und ausfüllen wird.

Ihre eigenen Eltern konnte sie sich zwar nicht aussuchen, so doch ihren Ehemann, und auch die Entscheidung für die Mutterschaft wird sie in den meisten Fällen bewusst und freudig getroffen haben. Viele Jahre lang war sie die Regisseurin ihres eigenen Lebens, die darüber entscheiden konnte, mit wem sie sich umgibt und mit wem nicht. Doch in Sachen Schwiegertochter wird sie eines Tages vor vollendete Tatsachen gestellt: Diese Person hat sie sich selbst nicht aussuchen können, und dennoch soll sie spätestens von dem Tag an, an dem die junge Frau ihr Jawort gegeben hat, eine positive Beziehung zu ihr aufbauen. Und das, obwohl sie selbst aller Wahrscheinlichkeit nach gerade in keiner leichten Lebensphase steckt.

Kein Job für Feiglinge

„Alt werden ist kein Job für Feiglinge", soll Bette Davis einmal gesagt haben. Schwiegermutter werden aber auch nicht, möchte ich nachschieben. Denn viele Frauen werden gerade in einem Alter Schwiegermutter, in dem sie ohnehin mit einer Reihe von Verlusten zu kämpfen haben: Häufig fällt die Hochzeit des Sohnes in eine Zeitspanne, in der die Eltern der Schwiegermutter zunehmend hilfsbedürftiger und betreuungsintensiver werden, vielleicht sogar sterben. Mit den Auswirkungen dieser Entwicklung – zusätzliche Belastungen, Sorgen, Trauer – steht die Frau oftmals recht alleine da. Der eigene Ehemann ist noch ein gutes Stück vom Ruhestand entfernt, und beruflich wahrscheinlich stark engagiert – entweder, weil er auf dem Höhepunkt seiner Karriere angekommen ist, oder weil er befürchtet, als altes Eisen ausgemustert zu werden, wenn er nicht besondere Leistung unter Beweis stellt. Somit ist er als echter Ansprechpartner für die Sorgen seiner Frau oft nicht verfügbar.

Auf der körperlichen Ebene machen sich bei der Frau selbst in dieser Phase die ersten Anzeichen des nahenden Alterns bemerkbar. Die Menopause lässt keinen Zweifel mehr darüber aufkommen, dass nun der Hochsommer ihres eigenen Lebens vorbei ist und es scharf auf den Herbst zugeht. Vielleicht quälen sie Wechseljahresbeschwerden oder andere Zipperlein – nichts wirklich Bedrohliches, aber deutliche Mahner der Vergänglichkeit. Sie ist gezwungen, sich neben den Sorgen um ihre Eltern mit aufkommenden Ängsten vor ihrem eigenen Altern auseinanderzusetzen. Ein Drittel ihres Lebens hat sie statistisch noch vor sich. Wie soll sie es gestalten?

Viele Frauen begegnen diesen Einschnitten in ihrem Leben wohl vorbereitet und mit bewundernswerter Kraft und Gelassenheit. Sie begreifen die Veränderungen als Herausforderung zur persönlichen Weiterentwicklung und stellen sich ihnen im Vertrauen darauf, dass sie sie erfolgreich bewältigen und gestärkt aus ihnen hervorgehen werden. Meist gelingt ihnen dies umso besser, je erfüllter und vielseitiger ihr eigenes Leben ist: Ein Beruf, der ihnen Freude bereitet und ihnen Erfolgserlebnisse verschafft, sorgt bei diesen Frauen für ein gesundes Selbstwertgefühl und das Gefühl, einen sinnvollen Beitrag zu leisten. Ein tragfähiger Freundeskreis bietet ihnen Unterstützung und Ansprache, gleichzeitig aber auch Ablenkung und die Möglichkeit schöner Erlebnisse. Hobbys und Freizeitaktivitäten sorgen bei ihnen für einen gesunden Stressausgleich und eine ordentliche Portion Spaß im Alltag. So lassen sich auch steinige Lebensabschnitte besser ertragen und verarbeiten. Und die Gefahr, dass eine Frau, die unter solchen Voraussetzungen von der Mutter zur Schwiegermutter mutiert, ein Schwieger-Drachen wird, ist sehr gering.

Ehrlicherweise müssen wir aber zugeben, dass die Voraussetzungen, unter denen eine solche Idealsituation zustande kommen kann, noch nicht sehr lange gegeben sind. Wir dürfen nicht vergessen, dass noch in den Fünfzigern das propagierte Frauenideal das „Heimchen am Herd" war, dessen ganzer Lebensinhalt im Umsorgen von Mann und Kindern bestand – eigene Bedürfnisse hatte die Frau damals bitte tunlichst dem Wohl der anderen Familienmitglieder unterzuordnen. Und auch in den folgenden Jahrzehnten wandelte sich die Vorstellung davon, wie eine Frau ihr Leben zu gestalten habe, trotz aller emanzipatorischer Bemühungen nur langsam und schwerfällig. Mögen Politiker allerorten Gleichberechtigung verkünden; die Realität spricht eine andere Sprache, auch noch heutzutage. Ob Ehegattensplitting, ungleiche Arbeitslöhne für Männer und Frauen oder mangelhafte Kinderbetreuungsmöglichkeiten: alle Rahmenbedingungen begünstigen nach wie vor die Frau, die sich ganz oder überwiegend in den Dienst der Familie stellt. Aktuell beträgt die

Zahl der Männer, die in Deutschland Elternzeit beantragen, 8,5 % – doch 84 % von ihnen bleiben nur für die Dauer von zwei Monaten zu Hause, für die es zusätzliches Geld gibt, wenn beide Partner die Eltern-Auszeit nehmen.

Dazu gesellen sich noch die machtvollen inneren Bilder (der Paartherapeut Hans Jellouschek nennt sie „Seelenbilder"), die unser Verständnis von weiblichem und männlichem Rollenverhalten prägen. Diese archaischen Bilder – der Mann als Held und Kämpfer, die Frau als Hüterin von Heim und Feuer – sind über Generationen weitergegeben und vererbt. Ein paar Jahrzehnte politischen und gesellschaftlichen Umbruchs können die so tief eingeschliffenen Strukturen in uns nicht auslöschen! Selbst wenn Frauen zunehmend den Arbeitsmarkt erobern und sich neue Freiräume erschließen: im tiefsten Inneren führen die meisten von ihnen noch immer einen nahezu aussichtslosen Kampf gegen diese tradierten Überzeugungen. Sichtbar wird dieser vor allem in Krisensituationen. Gehen wir nicht alle immer noch fast selbstverständlich davon aus, dass es nicht der Vater, sondern die Mutter sein sollte, die von der Arbeit daheim bleibt, wenn das Kind plötzlich krank wird? Und tut sie es nicht, ist sie schnell eine Rabenmutter, karrieresüchtig – und erstickt vermutlich beinahe an ihrem schlechten Gewissen, während sie in einer wichtigen Konferenz sitzt.

Übrigens greifen diese Bilder schichten- und bildungsunabhängig, wie Britta Reiche von der Universität Hamburg kürzlich zeigen konnte. Sie legte ausgewählten Versuchspersonen, alles Akademiker (z. B. Ärzte, Psychologen oder Psychotherapeuten), verschiedene Szenarien vor, in denen ein Kind alleine zu Hause blieb. Übereinstimmend nannten die Befragten – die es schon aufgrund ihrer Ausbildung in therapeutischen Berufen besser wissen sollten! – die Mutter als fehlendes Element in diesem Bild. Grau ist eben alle Theorie.

Nein, selbst heute sind wir weit von Umständen entfernt, die es Frauen leicht machen würden, für sich selbst eine so zufriedenstellende, familienunabhängige Identität zu entwickeln, dass sie die Herausforderungen der späteren Jahre leichtfüßig und leichtherzig bewältigen könnten. Was Wunder, dass die Frauen früherer Generationen – diejenigen, die aktuell Schwiegermütter sind oder es in naher Zukunft sein werden – über noch viel weniger Rüstzeug für diesen schwierigen Lebensabschnitt verfügen. Tun Sie mir bei aller verständlichen Abneigung gegen Ihre eigene Schwiegermutter für einen Moment den Gefallen, sich in diese Frau hineinzuversetzen:

Jahrzehntelang hat sie ihre Erfüllung und Befriedigung ausschließlich aus ihrem Einsatz für die Familie bezogen. Ihr Ehemann verschanzte sich in dieser Zeit traditionell gerne hinter Beruf, Zeitung und Freizeitaktivitäten und glänzte viel durch Abwesenheit – das „neue" Männerbild, in dem ein Vater noch andere Aufgaben hat, als für das Familieneinkommen zu sorgen und abends bei Bedarf den Kindern den Hosenboden stramm zu ziehen, beginnt sich erst sehr, sehr langsam und gegen viele innere und äußere Widerstände zu etablieren. Erste und wichtigste Bezugspersonen dieser Frau waren lange Zeit ihre Kinder. Solange sie in deren Herzen den ersten Platz einnahm, so lange fühlte sie sich gebraucht, geliebt und wertvoll. So lange war sie unmittelbar im Leben, am Leben!

Wahrscheinlich trifft dieser Zustand besonders dann zu, wenn dieses Kind ein Sohn ist, denn in ihm und durch ihn kann sie viele der eigenen unerfüllten Träume wahr werden lassen: Er hat den beruflichen Erfolg, der ihr verwehrt blieb, er lebt so frei und unabhängig, wie sie es vielleicht gerne getan hätte. Alle Möglichkeiten stehen ihm offen – weil sie dafür gesorgt hat, dass er die beste Ausbildung bekommen hat und alle seine Chancen nutzen konnte. Sie hat ihn umsorgt und gehätschelt, all die vielen Jahre über. Nichts war gut genug für ihn. Sie war seine erste große Liebe. Sie hat ihn getröstet und wieder aufgebaut, nach der ersten Schramme im Kindergarten genauso wie nach dem verlorenen Fußballspiel in der B-Jugend. Sie hat seine Wäscheberge gewaschen und seinen dauernd hungrigen Studentenmagen gestopft. Zahllose Opfer hat sie für ihn gebracht, um ihm den Weg ins Leben zu ebnen, von den durchwachten Nächten an seinem Kinderbett bis hin zu den horrenden Kosten seiner Ausbildung, die sie nur mühsam vom Haushaltsgeld abgezwackt hat. Er ist ihr ganzer Stolz, ihre persönliche Lebensleistung.

Und jetzt – jetzt, wo sie ihn am dringendsten braucht, seine Aufmerksamkeit und Dankbarkeit, seinen Erfolg, in dessen Abglanz sie sich sonnen kann – jetzt kommen *Sie* daher, jung, unerfahren, unbekümmert, und wollen ihn ihr einfach wegnehmen! Wollen sich auf den Thron setzen, der eigentlich ihr zusteht, den sie sich in all den Jahrzehnten unter vielen Mühen und Tränen verdient hat! Und sie, die Schwiegermutter, soll den Platz räumen, wird beiseite geschoben wie ein ausrangiertes Möbelstück, das man durch ein neues, frisch glänzendes ersetzt. Sie soll den Kopf neigen und abtreten, während Sie auf der Bühne die Hauptrolle besetzen wollen, die bisher die ihre war!

Nun, ist es Ihnen gelungen, ein Stück des Weges in den Schuhen Ihrer bösen Schwiegermutter zu gehen? Wundert es Sie noch, dass sie sich so schwer damit tut, Sie mit offenen Armen aufzunehmen? Ist Ihnen deutlich geworden, welche Ängste und Befürchtungen sie höchstwahrscheinlich hegt, seit Sie auf der Bildfläche erschienen sind? Eigentlich ist es nicht erstaunlich, dass sie sich an diesem Sohn mit aller Kraft festklammert und ihn auf keinen Fall in sein neues Leben mit Ihnen entlassen will. Vielleicht war es diese vielen Schwiegermüttern nachgesagte Verhaltensweise, die bei der Namensgebung für ein medizinisches Utensil Pate stand: Eine spitze Klammer, die sich mit ihren Haken in den elastischen Verband krallt und ihn so fixiert, wird nämlich kurioserweise ebenfalls als „Schwiegermutter" bezeichnet. Ein Zufall?

Alles eine Frage der Perspektive – Teil I

Eine weitere Sache macht Ihrer Schwiegermutter vermutlich zu schaffen. Es gibt einen netten Witz, der diese spezielle Problematik auf den Punkt bringt, und den ich Ihnen nicht vorenthalten möchte:

Zwei Frauen begegnen sich auf dem Wochenmarkt. „Ach, schön, dich mal wieder zu sehen!" meint die erste. „Wir haben uns ja so lange nicht getroffen – ich habe gehört, deine Tochter hat inzwischen geheiratet? Wie ist ihr Mann denn so?" – „Oh", erwidert die zweite „mein Schwiegersohn ist ein echter Traummann! Er trägt meine Tochter wirklich auf Händen. Er verdient gut, hat eine tolle Position in seinem Unternehmen, und wenn er abends heimkommt, dann hilft er ihr, wo er nur kann. Nichts lässt er sie selber machen – er wäscht und bügelt die ganze Wäsche, putzt die Wohnung, kauft ein und kocht auch noch selbst! Sie muss sich nur aufs Sofa legen und wird verwöhnt. Selbst die Kinder bringt er ins Bett, und wenn er sich dann zu meiner Tochter setzt, dann bekommt sie noch eine Fußmassage von ihm. So einen Mann hätte ich auch gerne gehabt!" – „Ja", lacht die andere, „hätten wir wohl alle gern! Das ist ja wunderbar, dass es deiner Tochter so gut geht. Aber sag mal, ich hab gehört, dein Sohn hat auch geheiratet in der Zwischenzeit. Hat der es denn auch so gut getroffen?" – „Ach, überhaupt nicht!", stöhnt die erste. „Der hat eine wirklich furchtbare Frau erwischt! So was

von faul – wenn er abends nach seinem anstrengenden Job heim-
kommt, muss er selber die Wäsche waschen, putzen, bügeln, die
Kinder ins Bett bringen und ihr sogar das Abendessen servieren,
weil sie nicht gerne kocht! Und sie gammelt derweil nur auf dem
Sofa herum und will noch die Füße massiert bekommen ...“

Sie sehen, es ist immer eine Frage der Perspektive! Ihre Schwiegermutter ist und bleibt die Mutter Ihres Mannes, nicht die Ihre. Mit ihm verbindet sie viel, sein Wohl liegt ihr am Herzen.
Mit Ihnen verbindet sie erst mal nichts, außer dem Sachverhalt,
dass Sie beide zufällig denselben Mann lieben. Was immer an
Beziehung zwischen Ihnen beiden darüber hinaus noch entsteht, kann lediglich ein Ergebnis beiderseitigen Bemühens oder
einfach das Geschenk spontaner Sympathie sein. Auch für Sie
selbst gilt, dass Ihnen Ihre eigene Mutter im Zweifel immer sehr
viel näher stehen wird als diese Frau, die Sie da qua Unterschrift
beim Standesamt plötzlich als „Zweitmutter“ ins Haus geliefert
bekommen haben. Mütterliche Gefühle für Sie bekommt sie ja
leider nicht zusammen mit dem Sektglas in die Hand gedrückt,
auch wenn unsere deutsche Bezeichnung Schwie**germutter** etwas anderes zu suggerieren scheint. Übrigens scheinen frühere
Generationen diese Beziehung nüchterner betrachtet zu haben
als wir heute: die ursprüngliche, heute veraltete Form des Wor-
tes lautete nämlich einfach „die Schwieger“.
    Diese natürliche Distanz zwischen Ihnen beiden hat natür-
lich einen Effekt auf Ihren jeweiligen Umgang miteinander. Sehr
schön wurde dieses Verhalten durch eine Untersuchung von Lu-
cy Rose Fischer 1986 belegt. Sie befragte darin Frauen, wie sie
die Einmischung ihrer eigenen Mutter und die Einmischung ihrer Schwiegermutter in ihr Leben (etwa durch Ratschläge, unan-
gekündigte Besuche oder unwillkommene Kommentare) emp-
fanden. Umgekehrt befragte Fischer die dazugehörigen Mütter

und Schwiegermütter, wie oft sie beispielsweise bei dem jungen Paar anriefen oder persönlich vorbeikamen. Und siehe da, es stellte sich heraus, dass die jungen Ehefrauen die Einmischungsversuche ihrer eigenen Mütter als weit weniger lästig bewerteten als die ihrer Schwiegermütter. Gab die eigene Mutter einen Ratschlag, wurde dies eher als Hilfe angesehen, kam der gleiche Rat aber von der Schwiegermutter, galt er als aufdringlich und unangemessen. Wie der Volksmund so richtig sagt: Wenn zwei dasselbe tun, ist es noch lange nicht dasselbe!

Vielleicht schütteln Sie jetzt den Kopf und denken: Etwas anderes zu erwarten, wäre angesichts der Verwandtschaftsverhältnisse und der gemeinsamen (oder eben nicht gemeinsamen) Geschichte der beteiligten Personen unvernünftig! Und damit haben Sie natürlich Recht. Letzten Endes ist das Verhältnis zwischen Ihnen und Ihrer Schwiegermutter nicht durch Zuneigung oder eigenes Zutun entstanden, sondern lediglich durch eine Art Folgeerscheinung Ihrer Partnerwahl – ein Umstand, dem die kühlen Engländer mit ihrer Bezeichnung „mother-in-law" (etwa: Mutter per gesetzlicher Bestimmung) für Schwiegermutter sehr sinnig Rechnung tragen. Was kann man von einer solchen unfreiwilligen Gemeinschaft schon groß erwarten?

Trotzdem ist es in der Realität eigenartigerweise so, dass an die Beziehung Schwiegertochter – Schwiegermutter meist andere, sehr viel höhere Ansprüche gestellt werden – und zwar von allen Beteiligten: Die meisten Schwiegertöchter starten mit den allerbesten Vorsätzen in die neue Situation. Sie wollen ihre neue Schwiegermutter als Partnerin für sich gewinnen, im besten Fall sogar als Freundin. Sie wünschen sich von Herzen, ihr ebenso gut zu gefallen wie ihrem Sohn (na ja, fast zumindest!) und geben sich oft alle Mühe, damit aus dem Nichts eine möglichst vertraute Atmosphäre zwischen ihnen und der Schwiegermutter entsteht. Die Schwiegermutter selbst erwartet von dem neuen

Familienmitglied, dass es ihr dieselbe Achtung und Zuneigung (und eventuell Gehorsam) entgegenbringt, die sie von ihren eigenen Kindern gewohnt ist, während sie selbst gleichzeitig keinesfalls in der sattsam bekannten Schwiegermutter-Schublade landen möchte. Der Sohn-Ehemann wünscht sich natürlich einen guten Kontakt zwischen den beiden Frauen, weiß er doch, dass er im anderen Fall derjenige sein wird, der sofort zwischen die Fronten und mitten ins Kreuzfeuer geraten wird. Und das engere und weitere Umfeld schaut wohlwollend auf den neu geschlossenen Bund fürs Leben und geht wie selbstverständlich davon aus, dass sich alle Beteiligten spätestens nach dem Jawort in den Armen liegen, Tränen der Rührung vergießen und fortan miteinander selig und in Freuden leben.

Eigentlich eine sehr optimistische, um nicht zu sagen unrealistische Erwartungshaltung, finden Sie nicht? Wer jemals versucht hat, sich in den Freundeskreis des Partners zu integrieren, der weiß: Selbst unter den Freunden des Menschen, in den man rettungslos verliebt ist, wird es immer mindestens einen, meist mehrere geben, mit denen man selbst einfach nicht warm wird. Verzweifelt fragt man sich, was der Liebste bloß an diesem Menschen findet, der einem selbst von Herzen zuwider ist. Warum sollten für seine Mutter unbedingt so andere Gesetze gelten? Nur, weil sie mit ihm verwandt ist? Das spricht sogar im Grunde dafür, dass es mit ihr noch schwieriger sein wird – seine Freunde konnte er sich ja immerhin aussuchen, seine Mutter aber nicht! Ob es zwischen Ihnen und Ihrer Schwiegermutter gut oder schlecht läuft, kann einfach eine Frage der zwischenmenschlichen Chemie sein. Manchmal passt sie und manchmal eben leider nicht. Vielleicht lässt sich das Ganze am besten mit einer neuen Kollegin in Ihrem Team vergleichen, die Ihnen ohne Ihre Mitsprache vor die Nase gesetzt wurde (und umgekehrt). Die Chancen, ob Sie beide einander sympathisch finden werden oder einfach unausstehlich, stehen etwa 50:50.

Im Griff der Gene?

Ganz abgesehen von der Frage nach normalen zwischenmenschlichen Sympathien und Antipathien sind manche Evolutionspsychologen der Meinung, dass speziell zwischen Schwiegermutter und Schwiegertochter schon aufgrund ihrer Erbanlagen nur schwer ein wirklich guter Draht entstehen kann. Genetisch betrachtet, verfolgen Sohnes-Mütter und Töchter-Mütter nämlich entgegengesetzte Strategien, mit denen sie dafür sorgen, dass ihr eigenes Erbgut möglichst erfolgreich fortbesteht. Der Grund dafür wurzelt in den unterschiedlichen Voraussetzungen, mit denen ihre jeweiligen Kinder in ihre reproduktive Lebensphase starten.

Männer sind biologisch betrachtet in der Lage, praktisch unbegrenzt viele Kinder zu zeugen, und damit die eigenen Gene (und natürlich die Gene ihrer Mutter) zahlreich zu hinterlassen. Dazu müssen sie im Idealfall mit möglichst vielen verschiedenen Frauen möglichst viele Kinder bekommen. In die anschließende Pflege der Kinder muss der Mann im Grunde – wenn überhaupt – nur sehr wenig investieren, denn viel Aufwand würde sich hier für ihn nicht lohnen. Brutal ausgedrückt: Wenn er im Laufe seines Lebens nur genügend Kinder zeugt, werden unterm Strich auch ohne seine Hilfe anschließend schon ausreichend viele überleben, damit seine Gene erhalten bleiben.

Bei Frauen sieht die Sache anders aus. Bedingt durch die lange und aufwendige Schwangerschaft und Stillzeit, aber natürlich auch durch ihre zeitlich begrenzte Fruchtbarkeit, ist ihre Möglichkeit, den Fortbestand ihrer Gene zu sichern, stark eingeschränkt. Eine Frau kann nicht unbegrenzt viele Kinder bekommen. Für sie ist es sehr viel wichtiger, dass die wenigen, die sie bekommt, wirklich das Erwachsenenalter erreichen und sich ihrerseits fortpflanzen können. Nur so kann sie sicherstellen, dass ihr Erbmaterial nach ihrem Tod weitergegeben wird.

Was bedeuten diese unterschiedlichen männlichen und weiblichen Strategien zum Gen-Erhalt nun für die Mütter von Mann und Frau? Ganz einfach: Der Tochter-Mutter muss sehr daran gelegen sein, dass der Partner ihrer Tochter der Familie als Versorger und Helfer bei der Kinderpflege dauerhaft zur Verfügung steht. Sie will, dass er ihrer Tochter treu bleibt. Damit erhöht sie nämlich die Chancen, dass ihre Enkelkinder einen guten und sicheren Start ins Leben haben und anschließend irgendwann dafür sorgen werden, dass ihre Gene in ihren Urenkeln weiterleben. Mit Vaters Hilfe war das schon immer einfacher als ohne: Zu Neandertalers Zeiten ging es vermutlich eher darum, dass er den Säbelzahntiger von der Familienhöhle vertreiben musste, aber auch heute leben 55 % aller Kinder, die von Sozialhilfe abhängig sind, bei Alleinerziehenden. Mama-Oma tut daher gut daran, ihrer Tochter bei der Familiengründung und Kinderpflege so gut wie möglich zur Seite zu stehen. Soziobiologen nennen das gern „indirekte Brutpflege".

Die Sohnes-Mutter dagegen kann – durch die Brille der Evolution betrachtet – eigentlich kein Interesse daran haben, dass ihr Sohn langfristig nur mit einer Frau Kinder zeugt und dieser Erstfamilie treu bleibt. Denn damit verschenkt er die zahllosen Möglichkeiten, seine – und damit ihre – Gene anderweitig zu verbreiten. Für sie und ihre Gen-Erhaltungsstrategie wäre es günstiger, wenn er die Schwiegertochter möglichst bald wieder verlassen und mit weiteren Frauen Kinder bekommen würde.

Das gilt für Papa-Oma doppelt, weil sie – ebenso wie ihr Sohn – der Frau (und deren Mutter) gegenüber in einer Hinsicht entscheidend im Nachteil ist: Weder der Mann noch seine Mutter können nämlich je wirklich sicher sein, dass das Kind, in das sie ihre Ressourcen investieren, tatsächlich seins ist! Die Mutter (und deren Mutter) dagegen muss sich diesbezüglich keine Gedanken machen. „Mama's baby, Papa's maybe", bringen die

Angelsachsen dieses Ungleichgewicht des Wissens hinsichtlich Vater- und Mutterschaft salopp auf den Punkt. Schätzungen hinsichtlich der sogenannten Kuckuckskinder schwanken zwar nur zwischen 3,5 und 20 %, betreffen also eine vergleichsweise geringe Anzahl der Kinder, doch genetisch betrachtet ist es für Mann und Schwiegermutter nun mal eine Art Super-GAU, wenn die Partnerin des Mannes ihm einen fremden Nachkömmling unterjubelt: Er steckt dann seine ganzen Bemühungen in die Hege eines Kindes, das ihm in Sachen Genweitergabe rein gar nichts bringt! Und das, obwohl er stattdessen die Zeit und Energie so schön hätte nutzen können, um mit anderen Frauen eigene Kinder zu zeugen, die seine (und Mutters!) Chromosomen in die Welt hinaustragen könnten.

Ihre eigene Mutter und die Mutter Ihres Mannes hegen dieser Theorie zufolge also höchst unterschiedliche Interessen, wenn es um Sie und Ihre Kinder geht. Die eine profitiert davon, wenn es zwischen Ihnen beiden gut läuft und Sie alle harmonisch zusammenleben. Die andere büßt dadurch in gewisser Weise einen Fortpflanzungsvorteil ein. Aber ist das wirklich Grund genug, Sie aufs Korn zu nehmen?

Nun, es gibt tatsächlich Untersuchungen, die belegen, dass Enkelkinder im ersten Lebensjahr eine bessere Überlebenschance haben, wenn die Großmutter väterlicherseits **nicht** präsent ist. Eine Studie des Max-Planck-Instituts und der Universität Gießen wies sogar nach, dass Babys während der Zeit der Schwangerschaft und bis zu einem Monat nach der Geburt ein um bis zu 150 % (!) erhöhtes Sterberisiko hatten, wenn ihre Omas väterlicherseits noch lebten. Die Forscher vermuteten als Ursachen hierfür höheren Stress während der Schwangerschaft (durch mögliche Konflikte zwischen den Frauen) und eventuell geringere Fürsorglichkeit der Schwiegermutter gegenüber der (nicht blutsverwandten) Schwiegertochter und dem Enkelkind.

Lebte nur noch die Oma mütterlicherseits, waren die Überlebenschancen des Babys während der Schwangerschaft und im ersten Lebensjahr überdurchschnittlich hoch. Offensichtlich ist die Mutter der Mutter den Enkelkindern in irgendeiner Hinsicht gesundheitlich zuträglicher als die Mutter des Vaters. Dieser Unterschied zwischen dem Einfluss der Mama-Oma und der Papa-Oma trat übrigens weltweit und in unterschiedlichen Kulturen und Epochen auf. Die Schwiegermutter – nicht nur gemein, sondern potenziell sogar tödlich?

Ehe Sie jetzt zum Telefonhörer greifen und Ihre Schwiegermutter anschreien: „Ich hab's ja gewusst, du willst mich aus dem Haus treiben und mein Kind umbringen!" – bremsen Sie sich bitte! Diese Annahme von Evolutionspsychologen ist natürlich alles andere als unumstritten. Selbst wenn sie zutreffen sollte, funktionieren solche Dynamiken – so es sie tatsächlich gibt – vollkommen unbewusst und ohne jede böse Absicht der Beteiligten. Die Forscher sprechen vom „biologischen Imperativ", einem Mechanismus, der sich im Laufe der Evolution herausgebildet hat und unser Verhalten steuert, ohne dass wir das selbst wollen oder merken. Ihre arme Schwiegermutter hätte zu Recht überhaupt keine Ahnung, wovon Sie da plötzlich reden! Bei all den schönen Studien darf man nicht die Tatsache aus den Augen verlieren, dass letzten Endes immer nur ein Zusammenhang zwischen zwei Elementen nachgewiesen werden kann – Korrelation nennen das Statistiker. Über die Ursache für diesen Zusammenhang können die Forscher dann in den meisten Fällen lediglich mehr oder weniger gut begründbar und plausibel spekulieren. Ob es tatsächlich ein solches Geflüster der Gene gibt, das für die gefundenen Zahlen verantwortlich ist, wird möglicherweise nie endgültig festzustellen sein.

Erst mal durchatmen

Wenn Sie dieses Kapitel gelesen haben, ist Ihnen hoffentlich eines klar geworden: Die Selbstverständlichkeit, mit der in aller Regel eine gute Beziehung zwischen Schwiegermutter und Schwiegertochter erwartet, sogar gefordert wird, ist eigentlich unangebracht. Ganz im Gegenteil, Sie sind beide vermutlich sogar unter ausgesprochen schwierigen Bedingungen in Ihre gemeinsame familiäre Verbundenheit gestartet. Ein zufriedenstellendes Verhältnis zwischen Schwiegermutter und Schwiegertochter ist weder von Natur aus gegeben, noch wird es automatisch als nette Dreingabe zum Eheversprechen dazugepackt. Kommt es tatsächlich zustande, ist es entweder Resultat beiderseitigen Bemühens oder einfach ein Glücksfall, auf den nun mal leider kein Rechtsanspruch besteht. Behalten Sie diese Erkenntnis bitte im Hinterkopf – in Kapitel VI werde ich noch näher darauf eingehen, warum sie für die Lösung Ihres Schwiegermutter-Problems sehr wichtig ist.

III. Schwierige Schwiegermütter – kleine Typenlehre

„Wer andere unglücklich macht,
gibt gewöhnlich vor, ihr Bestes zu wollen."

(VAUVENARGUES)

Das Handlungsspektrum von schwierigen Schwiegermüttern ist breit gefächert. Nachfolgend finden Sie zur Illustration eine – bitte mit einem gewissen Augenzwinkern zu lesende! – Auflistung möglicher Schwiegermutter-Modelle. Selbstverständlich gibt es Mischformen zwischen den einzelnen Prototypen. Auch die Methoden, mit denen die beschriebenen Exemplare ihre Schwiegertöchter „im Griff" haben, sind nicht unbedingt nur dem jeweiligen Typus zuzuordnen, sondern werden durchaus auch mal gattungsübergreifend zum Einsatz gebracht. In der Summe sollten Sie aber Ihre schwierige Schwiegermutter irgendwie wiedererkennen.

Die Auster:
„Du bist nicht die Richtige für meinen Sohn!"

Esther (34) erzählt:
„Die Mutter meines Freundes erzählt jedem immer, was für einen schlechten Fang ihr Sohn mit mir gemacht hat. Sie hat überhaupt kein Interesse an mir als Person. Wenn sie anruft und ich bin dran, sagt sie immer sofort, ich solle ihr bitte Stefan geben. Kein Wort zu mir. Auf die Idee zu fragen, wie es mir geht oder

mal ein bisschen Smalltalk mit mir zu machen, kommt sie nicht. An meinem Geburtstag hat sie sich noch kein einziges Mal gemeldet. Kein Anruf, keine Karte, kein Geschenk, nichts. Und dabei sind wir nun über acht Jahre zusammen! Manchmal tut das wirklich verdammt weh."

Katja (26) erzählt:
„Als Ralf mich das erste Mal mit zu seinen Eltern nahm, war innerhalb von zehn Sekunden klar, dass seine Mutter mich nicht ausstehen konnte. Allein der Blick, als sie die Tür aufmachte! Wir waren zum Kaffee gekommen, und sie vermied es fast die ganze Zeit, mich anzusehen, geschweige denn mit mir direkt zu sprechen. Stattdessen bearbeitete sie in einer Tour Ralf. Er hatte ihr vorab am Telefon erzählt, dass wir eine Wohnung gefunden hatten und zusammenziehen wollten. Sie rechnete ihm in allen Einzelheiten vor, dass das der blanke Wahnsinn sei, weil ich damals noch in der Ausbildung war und sehr viel weniger verdiente als er. Als er sagte, das sei ihm egal, wir würden sowieso demnächst heiraten, weil ich schwanger sei, dachte ich, sie wird am Tisch ohnmächtig!

Zu unserer Hochzeit ist sie dann tatsächlich von Kopf bis Fuß in Schwarz erschienen. Als meine Schwester eine Bemerkung dazu machte, sagte sie gerade so laut, dass ich es hören musste: „Für mich ist das heute nun mal ein Trauertag, ich verliere schließlich meinen Sohn!" Im Nachhinein habe ich erfahren, dass meine Schwiegermutter tatsächlich sogar am Tag vor unserer Trauung noch beim Pfarrer war und ihm erklärt hat, sie wisse nicht, ob sie zu unserer Hochzeit überhaupt erscheinen könne. Sie sei so sehr davon überzeugt, dass unsere Ehe in eine Katastrophe führen würde, dass sie nicht guten Gewissens in der Kirche sitzen könne. Man stelle sich das mal vor! Der Pfarrer hat sie dann scheinbar irgendwie beschwichtigt, gekommen ist sie jedenfalls, und sie hat auch keinen öffentlichen Skandal vom Zaun gebrochen. Aber sie hat trotzdem auf ihre Weise dafür gesorgt, dass alle Anwesenden mitbekamen, was sie über diese Ehe und über mich dachte. Mein Schwiegervater hat zu all dem nichts gesagt, der stand total unter dem Pantoffel. Man merkte, dass ihm das Ganze unangenehm war, aber unternommen hat er nichts."

Auster-Schwiegermütter sind eine sehr schwierige Spezies. An sie ist einfach nicht heranzukommen; sie weigern sich einfach, Sie als Schwiegertochter zu akzeptieren. In ihren Augen sind Sie eine schlechte, unpassende Wahl für ihren kostbaren Sohn, und sie nutzen jede Gelegenheit, um das Ihnen und aller Welt mitzuteilen. Das größte Problem dabei ist, dass Sie von einer Auster-Schwiegermutter als gesamte Person oder zumindest aufgrund wesentlicher Charakteristika abgelehnt werden. Das ist für jeden Menschen schwer zu ertragen. Häufig erfolgt die Zurückweisung ohnehin völlig pauschal, ohne dass spezielle Gründe dafür genannt werden, manchmal sogar ohne dass die Schwiegermutter Sie überhaupt persönlich kennengelernt hat. Eine einzelne Information über Sie, die beiläufig im Vorfeld von Ihrem Partner erwähnt wurde, reicht unter Umständen schon aus, um bei der ablehnenden Schwiegermutter „alle Schotten dicht" zu machen. Dabei kann es sich um Ihr schon vorhandenes Kind aus einer früheren Beziehung handeln, Ihr (zu hohes oder zu niedriges) Alter, eventuell Ihre ethnische Zugehörigkeit oder vielleicht Ihren Bildungsstand und Ihre familiäre Herkunft. Auster-Schwiegermütter sagen gerne Sätze wie:

„Diese Frau hat einfach keine Klasse. Ich kann nicht verstehen, was mein Sohn an ihr findet."

„Mein Sohn hätte jede haben können – jetzt bindet er sich an eine Frau, die ihm gleich noch zwei Kinder mit aufhalst!"

„Ich habe wirklich nichts gegen Türken, aber es ist offensichtlich, dass dieses Mädchen nichts für meinen Sohn ist. Da muss man sich nur anschauen, aus welchem Stall sie kommt!"

„Alle unsere Söhne haben Mädchen hier aus der Gegend geheiratet – anständige Mädchen, die wir von klein auf kannten. Und jetzt schleppt unser Jüngster ausgerechnet eine aus der ehemaligen DDR an! Wenn die schon den Mund aufmacht, dieses Gesächsel, furchtbar!"

Was diese Form der Ablehnung so besonders schlimm und schmerzlich macht ist die Tatsache, dass Sie als Schwiegertochter im Grunde nicht die geringste Chance bekommen, sie zu verhindern. Das Urteil über Sie ist gefällt, möglicherweise ehe Sie zum ersten Mal die Hand Ihrer künftigen Schwiegermutter schütteln konnten. Sie können nichts richtig oder falsch machen, weil es nicht darum geht, was Sie *tun*, sondern darum, wer oder was Sie *sind*. Vielleicht sind Sie zu groß oder zu klein, zu dick oder zu dünn, vielleicht entspricht Ihr Aussehen oder Ihr Stil insgesamt nicht den Vorstellungen Ihrer Schwiegermutter. Eine gute Schulbildung und Berufstätigkeit können Sie ins Verderben reißen, weil Sie dann als Karrieristin und Emanzenzicke abgestempelt werden. Ebenso kann Sie aber fehlende Bildung oder Berufstätigkeit die Sympathien der Auster kosten, weil Sie dann als kleines Dummchen und Blutsaugerin gelten, die sich ins gemachte Nest setzen will. Wenn Sie offen und aktiv auf Ihre Schwiegermutter zugehen, sind Sie respektlos, begegnen Sie ihr eher zurückhaltend, ist das ein Zeichen Ihrer Überheblichkeit. Machen Sie der Auster ein Kompliment über ihre Wohnungseinrichtung oder das Essen, das sie gekocht hat, sind Sie eine Schleimerin, machen Sie ihr keines, sind Sie ein unerzogenes Ding ohne Manieren.

Auster-Schwiegermütter verbindet in der Regel die Überzeugung, dass keine Frau auf der Welt gut genug für ihren Sohn ist.

Teilweise wurzelt diese Auffassung vermutlich in der besonders intensiv gefärbten rosaroten Brille, die sie immer dann auf der Nase tragen, wenn sie „ihren Jungen" anschauen: Er ist der Beste, Klügste, Schönste, einfach unvergleichlich! Niemand kann ihm das Wasser reichen, also gibt es auch keine Frau, die ihm angemessen wäre. Teilweise handelt es sich einfach um simple Eifersucht auf die Rivalin, die ihr da den Platz an seiner Seite streitig macht. Schlicht gesagt: Keine Frau auf der Welt ist gut genug für ihren Sohn – außer sie selbst.

Keine Frage, es ist schwer auszuhalten, als Person so in Bausch und Bogen abgelehnt zu werden. Auch wenn Sie nicht gerade zur Empfindlichkeit neigen, ist es ziemlich wahrscheinlich, dass Sie sich vom Verhalten Ihrer Schwiegermutter zunächst verwirrt, verunsichert und gekränkt fühlen werden. Nur sehr wenige Menschen verfügten über ein derart stabiles Selbstwertgefühl, dass sie dabei unbekümmert mit den Achseln zucken und darüber hinwegsehen können. Der wichtigste erste Schritt im Umgang mit einer ablehnenden Schwiegermutter ist daher, dass Sie selbst sich Ihrer Gefühle bewusst werden und sich klar machen, dass Sie jedes Recht auf diese Gefühle haben. Rufen Sie sich dazu die Reaktionen und Kommentare Ihrer Schwiegermutter, die Sie verletzt haben, noch einmal gezielt ins Gedächtnis und nehmen Sie sie genau unter die Lupe: Zielen sie auf einzelne Ihrer (möglicherweise veränderbare) Verhaltensweisen ab oder geht es um einen bestimmten, unveränderlichen Bestandteil Ihrer ganzen Person? Es ist ein großer Unterschied, ob Ihre Schwiegermutter kritisiert, dass Sie nicht gerne kochen, oder ob sie Sie als Dummchen etikettiert, weil Sie keinen Universitätsabschluss besitzen. Der Unterschied zwischen beidem wird Ihnen vielleicht vor allem dann deutlich, wenn Sie sich fragen, was Ihre Schwiegermutter mit ihren Aussagen Ihnen oder Ihrem Partner gegenüber bezwecken möchte: Will sie erreichen, dass Sie etwas an Ihrem Verhalten ändern, was zumindest theoretisch möglich wäre (beispielsweise dass Sie Ihrem Mann ab sofort beim Nachhausekommen regelmäßig ein Drei-Gänge-Menü servieren)? Wäre sie dann bereit, Sie zu akzeptieren? Oder geht es ihr darum zu vermitteln, dass Sie – egal, was für Anstrengungen Sie unternehmen – auf jeden Fall die Falsche für ihren Sohn sind und er Sie besser heute als morgen in die Wüste schicken soll? In letzterem Fall haben Sie es ziemlich sicher mit einer klassischen Auster-Schwiegermutter zu tun.

Sollten Sie tatsächlich ein solch schwieriges Exemplar erwischt haben, hilft Ihnen nur, der Realität entschlossen ins Auge zu sehen, so schmerzlich das auch sein mag: Nein, die Zeit wird nichts an dieser Haltung verändern. Ich kenne Schwiegertöchter, deren Auster-Schwiegermütter noch über den Tod hinaus einen Weg gefunden haben, ihre Haltung deutlich zu machen, indem sie sie beispielsweise explizit von der Erbfolge ausschlossen. Auch eine Heirat (so sie noch nicht stattgefunden hat) oder die Geburt von Enkelkindern (sofern noch nicht vorhanden) bieten nur verschwindend geringe Aussichten auf Verbesserung des Status quo. Und schon gar nicht liegt es in Ihrer Hand, Ihre Schwiegermutter durch besonderes Wohlverhalten von Ihren Qualitäten zu überzeugen. Daran hat sie nämlich überhaupt kein Interesse. Für sie ist es im Gegenteil *wichtig*, Sie weiterhin als den Störfaktor in der Familie, den Fehlgriff ihres Sohnes, als das schwarze Schaf sehen zu können. Lesen Sie deshalb bitte besonders sorgfältig den Abschnitt zum Thema Selbstsabotage in Kapitel VI!

Möglicherweise werden Sie nie herausfinden, *warum* Ihre Schwiegermutter so dringend einen Prügelknaben (oder vielmehr ein Prügelmädchen) braucht, letzten Endes spielen ihre Gründe für Sie keine wichtige Rolle. Akzeptieren Sie die Ablehnung Ihrer Schwiegermutter als ein gegebenes Faktum. Machen

Sie sich klar, dass diese Ablehnung mit Ihnen persönlich wahrscheinlich nicht das Geringste zu tun hat. Sie behauptet zwar, Sie nicht zu mögen, in Wirklichkeit aber liegen die Ursachen dafür in ihrer eigenen Person und im Verhältnis zwischen ihr und ihrem Sohn begründet. Hören Sie auf, sich selbst bis zur Unkenntlichkeit zu verbiegen, um die Auster umzustimmen. Manche abgelehnten Schwiegertöchter verbringen Jahre und Jahrzehnte in dem vergeblichen Bemühen, ihre Schwiegermutter noch für sich zu gewinnen. Sie lassen sich bevormunden und beleidigen und fügen sich schweigend den unmöglichsten Ansinnen, immer in der Hoffnung, auf diese Weise irgendwann noch Gnade vor den Augen der Schwiegermutter zu finden:

Britta (34) erzählt:

„Mein jetziger Mann und ich waren fast zwölf Jahre zusammen, bevor wir letztes Jahr heirateten. Meine Schwiegermutter mochte mich vom ersten Moment an nicht und hat mich das immer spüren lassen. Es dauerte acht Jahre, bis ich meinen Mann davon überzeugen konnte, zu Hause auszuziehen und mit mir zusammenzuziehen, weil sie ihm immer wieder einredete, ich sei nicht die Richtige und er solle sich um Gottes Willen Zeit lassen. Ich weiß nicht, was ich alles versucht habe, um sie für mich einzunehmen. Ständig habe ich mich angepasst, um ihr zu gefallen. Vor allem mein Aussehen war ihr ein Dorn im Auge. Ich war ihr immer zu dünn, an meinen Haaren hat sie rumgemäkelt, sobald ich auftauchte – falscher Schnitt, falsche Farbe, falsche Pflege – und dass ich so gut wie nie Röcke trage, fand sie völlig inakzeptabel.

Als es dann so weit war und die Hochzeit feststand, wollte sie unbedingt mit mir ein Brautkleid aussuchen gehen! Ich hätte einfach keinen Geschmack und sie meine es doch nur gut. Dabei stand für mich von vornherein fest, dass ich in einem cremeweißen Hosenanzug heiraten würde; ich bin nun mal ein Hosen-Typ und fühle mich in Kleidern und Röcken einfach nicht wohl. Sie war tödlich beleidigt. Hinter meinem Rücken hat sie einfach ein – scheußliches! – langes Kleid in Pfirsichrosa gekauft und mir hingelegt. Rüschen, wohin das Auge blickte! Das stünde mir viel besser! Ich habe mich strikt geweigert, es zur Trauung anzuziehen, aber sie hat meinen Freund so lange unter Druck gesetzt, bis er mich angefleht hat, es wenigstens abends bei unserer Feier zu tragen. Was sollte ich machen? Es war unser Hochzeitstag, ich wollte keinen Unfrieden. Ich habe geheult und das Kleid abends angezogen. Gefühlt habe ich mich schrecklich, wie eine überdimensionierte Bonbonniere, aber meine Schwiegermutter hat triumphiert! Genützt hat es übrigens nichts – unser Verhältnis ist so schlecht wie eh und je.«

Drehen Sie den Spieß um. Sie sind ein wunderbarer Mensch und Ihr Partner hat Sie aus gutem Grund ausgesucht, um sein Leben mit Ihnen zu teilen. Ihre Schwiegermutter ist zu bedauern, denn sie ist (weshalb auch immer) einfach nicht in der Lage, dies zu erkennen. Sehr schade für sie! Wahrscheinlich liegt es einfach daran, dass sie mit tief sitzenden Verlust- oder Veränderungs-Ängsten zu kämpfen hat und Sie als willkommene Zielscheibe ausgewählt hat. Oder sie ist einfach von Natur aus äußerst intolerant. Oder sie hat verquere Vorstellungen darüber, dass Ihr Mann eigentlich ihr persönlicher Besitz ist, den sie gegen jeden fremden Zugriff verteidigen muss. Wie auch immer, sie bringt sich damit um die Möglichkeit, mit Ihnen ein gutes, vielleicht sogar freundschaftliches Verhältnis aufzubauen. Kein gemütlicher Frauentratsch bei einer Tasse Kaffee, kein gemeinsamer Einkaufsbummel, keine ungezwungenen und fröhlichen Familienfeste! Was für ein Pech für diese arme alte Frau. Es ist nicht leicht mit anzusehen, wie sehr sie sich selbst im Wege steht.

Gerade für Sie als Opfer einer ablehnenden Schwiegermutter ist es sehr wichtig, mit Ihrem Partner über die Situation intensiv im Gespräch zu bleiben – noch wichtiger als im Umgang mit manch anderen Vertreterinnen dieser Gattung. Auster-Schwiegermütter darf man nämlich keinesfalls unterschätzen: Ihr Ziel ist es nicht, mehr Aufmerksamkeit zu bekommen (wie das Klammeräffchen) oder Einfluss auf Ihr Verhalten zu nehmen (wie die Tyrannosaura), sondern auf ihrer Agenda steht klar, dass sie Sie loswerden wollen. Und das kann für Ihre Partnerschaft sehr gefährlich werden, denn manche ablehnenden Schwiegermütter schrecken auch nicht vor radikalen Maßnahmen zurück: „Wenn du dich nicht von diesem Weib trennst, dann bist du nicht mehr unser Sohn!" – „Solange du mit dieser Schlampe zusammen bist, will ich dich hier nicht mehr sehen!"

Das ist schweres Geschütz, das da gegen Ihren Partner aufgefahren wird, und es erfordert von ihm mehr als nur ein bisschen Mumm, sich dagegen zur Wehr zu setzen. Letzten Endes pocht seine Mutter damit auf ihre älteren Rechte und verlangt von ihm, die Loyalität gegenüber seiner Ursprungsfamilie über die Loyalität zu Ihnen zu stellen. „Sie oder ich!" heißt das im Klartext. Damit stürzt sie Ihren Partner – falls er es schafft, sich auf Ihre Seite zu schlagen – auf jeden Fall zumindest in schwere Schuldgefühle. Und auch wenn Sie den Platz als scheinbare Siegerin verlassen, wird das Ganze nicht spurlos an Ihnen vorübergehen. Sie werden ihm gegenüber Schuldgefühle entwickeln, schließlich sind Sie zumindest scheinbar die Ursache dafür, dass seine Familie mit ihm gebrochen hat. Sie werden sich wahrscheinlich Sorgen machen, ob er Ihnen nicht insgeheim verübelt, dass er zu dieser Entscheidung genötigt wurde. Die in Kapitel VI angesprochenen Strategien, wie Sie Ihren Partner als Verbündeten gewinnen können, sind besonders wichtig für Sie.

Der Sonderfall: Die Austern-Mimikry

So problematisch Ihre Situation ist, wenn Sie tatsächlich das Pech hatten, eine Auster zur Schwiegermutter zu bekommen, lohnt es sich doch, die Dame – vor allem dann, wenn Sie beide noch keine jahrzehntelange Geschichte miteinander verbindet – noch einmal genauer unter die Lupe zu nehmen. Wie in der Tierwelt gibt es nämlich auch unter den Schwiegermüttern eine Gattung, die man vielleicht am besten als Austern-Mimikry bezeichnen könnte: Das sind diejenigen Exemplare, die sich als Austern tarnen – aber nur, um darüber hinwegzutäuschen, dass sie in Wirklichkeit nicht so unknackbar sind, wie sie scheinen. Vielleicht erinnern Sie sich ja aus dem Biologieunterricht noch daran, dass manche harmlosen Schwebfliegen sich beispielsweise als Wespen tarnen, um mögliche Angreifer schon im Vorfeld abzuschrecken. So tun als ob – vor lauter Angst, der andere könnte einem übel wollen.

Besonders am Anfang einer Schwiegermutter-Schwiegertochter-Beziehung passiert es meiner Erfahrung nach nicht selten, dass die Schwiegertochter sich von dieser Maskerade täuschen lässt und sich selbst entweder frustriert in ihr eigenes Schneckenhaus zurückzieht oder eine immense Wut auf dieses unnahbare Gegenüber entwickelt. Das ist schade, denn auf diese Weise entsteht schnell ein negativer Kreislauf von wechselseitiger Distanzierung, der irgendwann nur schwer wieder umgekehrt werden kann.

Sollten Sie selbst erst verhältnismäßig kurz Kontakt zu Ihrer Schwiegermutter haben, lassen Sie sich von einer zu Beginn eher kühlen Fassade nicht gleich entmutigen. Es kann gut sein, dass sich hinter dieser scheinbaren Austern-Haltung vor allem Unsicherheit, vielleicht eine Menge Ängste oder schlichte soziale Defizite verbergen. Nicht jedem Menschen ist es schließlich gegeben, aus dem Stegreif mit einem wildfremden Menschen warm zu werden; nicht jeder wirkt gleichermaßen freundlich und aufgeschlossen auf andere. Vor allem dann, wenn Sie selbst eher extrovertiert sind und sich im Umgang mit anderen leicht tun, ist dieses Verhalten wahrscheinlich für Sie schwer nachzuvollziehen. Und wenn Sie aus Ihrer eigenen Familie einen eher lockeren, unkomplizierten Ton gewohnt sind, wird Ihnen jemand, der formeller auf einen Neuankömmling reagiert, eher steif und ablehnend erscheinen.

Aber auch Generationenunterschiede oder kultureller Hintergrund sind manchmal der Nährboden für derartige Missverständnisse zwischen Schwiegereltern und Schwiegerkindern. Ich selbst kann mich zum Beispiel noch gut daran erinnern, wie konsterniert meine eigene Mutter war – Jahrgang 1925 und hinsichtlich gesellschaftlicher Umgangsformen noch vom richtig alten Schlag! – als meine älteste Schwester nach Kehl zog und aufgrund des dort spürbaren elsässischen Einflusses die französische Sitte des Küsschen-rechts-Küsschen-links selbst zur Begrüßung eher fernerer Bekannten übernahm. Meine Mutter war entsetzt! Für sie war das, was für jüngere Menschen mittlerweile auch bei uns in Deutschland vielerorts ein harmloser Ausdruck von Sympathie und oft nur purer Höflichkeit ist, eine unerträgliche Distanzlosigkeit. Ähnlich irritiert war eine Klientin von mir, die mit einem Franzosen verheiratet ist, als ihre spätere Schwiegermutter zwar gleich beim Kennenlernen fragte, ob sie sie duzen dürfe – umgekehrt aber erwartete, dass die Jüngere erst einmal weiterhin „Sie" zu ihr sagte. In Frankreich ist das durchaus nicht unüblich, aber meine deutsche Klientin fühlte sich zunächst brüskiert von diesem Ansinnen. Es muss aber nicht einmal die deutsch-französische (oder eine andere) Staatengrenze sein – es reicht unter Umständen, wenn Sie selbst beispielsweise eine rheinische Frohnatur sind und Ihr Herz an einen

Mann aus dem hohen Norden verloren haben. Ihre waschechte Hamburger Schwiegermutter wird Ihnen dann im Vergleich zu den Temperamenten, die Sie sonst gewohnt sind, wahrscheinlich recht unterkühlt vorkommen.

Vergessen Sie in so einer Situation nicht, dass Sie vermutlich relativ wenig über diese Frau wissen – möglicherweise hat sie ja mit einer Ihrer Vorgängerinnen schlechte Erfahrungen gemacht und begegnet Ihnen deshalb vorsichtig? Oder sie ist einfach nicht besonders selbstbewusst und gibt sich grundsätzlich neuen Bekannten gegenüber erst einmal reserviert, bis sie Vertrauen gefasst hat? Alles harmlose mögliche Gründe für einen nicht gerade überschwänglichen Empfang, die alle nichts mit Ihnen persönlich zu tun haben müssen – und von Ihnen bitte nicht persönlich genommen werden sollten.

Sehr bedauerlich wäre es, wenn Sie dann zu schnell den Stab über Ihre Schwiegermutter brechen und diese unverdient in der Schublade „Auster" ablegen würden. Es bestehen nämlich bei Austern-Mimikrys richtig gute Chancen, dass sie nach und nach auftauen und zu sehr warmherzigen und liebevollen Schwiegermüttern mutieren. Sie brauchen dafür nur ein bisschen mehr Zeit als andere Schwiegermutter-Typen, weil sie sich nicht im Blitztempo auf die neue Situation (und auf Sie als Person!) einstellen können. Und vielleicht werden sie nie dieselbe emotionale Betriebstemperatur erreichen wie Sie selbst – aber ein anderes Temperament ist ja kein Charakterfehler und sollte sicher kein Grund für ein dauerhaft schlechtes Verhältnis zwischen Ihnen beiden sein.

Besteht also eine kleine Chance, dass Ihre (künftige) Schwiegermutter keine echte, sondern nur eine Mimikry-Auster ist, dann bleiben Sie am besten so locker wie möglich und üben sich erst einmal in Geduld. Machen Sie vor allen Dingen nicht den Fehler, ein Quid pro quo von Ihrer Schwiegermutter zu erwarten, das heißt zu hoffen, dass sie Ihnen in gleichem Tempo entgegenkommt wie Sie ihr. Gerade für Sie ist es in einer solchen Situation sehr wichtig, dass Sie die Konstellation nicht mit Wünschen und Fantasien darüber, wie es zwischen Ihnen beiden Ihrer Meinung nach eigentlich laufen sollte, überfrachten. Sonst überfordern Sie Ihre Schwiegermutter vermutlich rasch und die Enttäuschung bei Ihnen ist vorprogrammiert. Erinnern Sie sich daran, was Sie in Kapitel II über zu hohe Erwartungen an das Verhältnis zwischen Ihnen beiden gelesen haben und schrauben Sie die Ihren erst einmal ordentlich zurück. Auch mit einer nur freundlich-höflichen Schwiegermutter kann man nämlich sehr gut leben, sie muss ja nicht gleich Ihre beste Freundin werden!

Fragen Sie sich noch einmal ehrlich, inwiefern vielleicht eigene Ängste bei Ihnen selbst dazu beitragen, dass die Annäherung in Ihren Augen nicht zufriedenstellend verläuft – der Abschnitt über die „Schatten der Vergangenheit" in Kapitel VI wird Ihnen dabei helfen. Wenn Sie selbst nämlich zum Beispiel insgeheim der Überzeugung sind, dass Sie Ihren Schwiegereltern in irgendeiner Hinsicht nicht gewachsen sind, dann besteht die Gefahr, dass diese Erwartungshaltung bei Ihnen über kurz oder lang zu einer sich selbst erfüllenden Prophezeiung wird.

Ulrike (42) erzählt:
„Ich selber komme aus eher einfachen Verhältnissen. Meine Eltern waren kleine Beamte, bei uns war es am Monatsende immer knapp. Mein damaliger Freund kam aus einer Unternehmerfamilie, in der über Geld nicht gesprochen wird – das hat man einfach. Seine Eltern hatten einen riesigen Landbesitz, dazu noch eine Jagd, in Südfrankreich lag die familieneigene Yacht und sein Vater war Vorsitzender bei den Rotariern. Alle fuhren dicke Autos und trugen maßgeschneiderte Kleidung. Ständig erzählte mir mein Freund beiläufig von irgendwelchen prominen-

ten und wichtigen Leuten, die bei seinen Eltern ein- und ausgingen; Ministerpräsidenten, berühmte Opernsänger, was weiß ich alles. Für ihn war das alles normal, für mich waren das Geschichten aus einer anderen Welt.

Ich wusste, dass Diethard ein sehr enges Verhältnis zu seinen Eltern hatte, besonders zu seiner Mutter, und ich war wahnsinnig aufgeregt, als wir das erste Mal übers Wochenende zu ihnen fuhren, weil er mich vorstellen wollte. Als ich Diethard von meinen Ängsten erzählte, lachte er mich nur aus und meinte, dass seine Eltern völlig normale Menschen seien und mich bestimmt sofort gern hätten. Aber ich glaubte ihm kein Wort. Als wir dort ankamen, bewahrheiteten sich sofort meine schlimmsten Befürchtungen. Sie hatten ‚eine kleine Soirée‘, wie sie das nannten, zu unserer Begrüßung organisiert. ‚Nur ein paar enge Freunde‘, meinte seine Mutter, aber ich war wie gelähmt vor Schreck: Alle Damen hatten elegante Abendkleider an und die Herren waren in Anzug oder Frack gekommen! Ich hatte natürlich überhaupt nichts Passendes zum Anziehen eingepackt (nicht, dass es in meinem Schrank zu Hause etwas Geeignetes gegeben hätte!), und ich fühlte mich sofort noch mehr wie das Aschenputtel auf dem Ball.

Alle waren – wenn ich ehrlich bin – sehr nett, auch Diethards Mutter gab sich eigentlich liebenswürdig. Sie drückte mir ein Glas in die Hand, versicherte mir, dass ich toll aussähe und fing an, mich allen vorzustellen. Für mich war es der reinste Spießrutenlauf; ich hatte das Gefühl, sie zieht jedes Mal, wenn sie meinen Namen sagt, die Augenbrauen innerlich hoch. Die ganze Zeit fragte ich mich, warum zum Kuckuck niemand im Vorfeld diesen Empfang erwähnt hatte, und ich war steif und verkrampft. Mir kam es vor, als würde sie mich vorführen, so nach dem Motto: ‚Da kannst du selber sehen, dass du nicht in unsere Welt passt!‘ Als wir schließlich auf unser Zimmer gehen konnten, brach ich in Tränen aus und machte meinem Freund eine Szene. Er konnte überhaupt nicht verstehen, was mit mir los war, er fand meine Reaktion übertrieben und meinte, ich würde mich da in was hineinsteigern. Wir hatten einen riesigen Krach, ich habe dann darauf bestanden, dass wir sofort am nächsten Morgen wieder zurückgefahren sind. Kurz darauf haben wir uns getrennt. "

Mag sein, dass Diethards Mutter wirklich Folgendes im Sinn hatte: ihrem Sohn, dessen neuer Flamme und aller Welt vorzuführen, dass er sich etwas Unpassendes angelacht hatte, was er schnell wieder loswerden sollte. Mag aber auch sein, dass sie sich lediglich nicht genügend Gedanken darüber gemacht hatte, ob der von ihr gut gemeinte Empfang ein Mädchen aus anderen Kreisen dieses vielleicht verstören und an einem empfindlichen Punkt treffen könnte. Denn das Gefühl, mit Diethards gesellschaftlichem Hintergrund nicht umgehen zu können, hatte Ulrike bereits vor diesem Ereignis gequält. Diethards Mutter war möglicherweise, ohne es zu wollen, in ein Fettnäpfchen getreten. Eigentlich schade, dass Ulrike gleich die Flucht ergriffen hat, finden Sie nicht?

Geben Sie bitte nicht gleich auf, wenn es anfänglich zwischen Ihnen und Ihrer Schwiegermutter ein wenig nach Austern-Beziehung aussieht. Ich würde Ihnen sehr ans Herz legen, in einem solchen Fall zunächst mal über Ihren Schatten zu springen und die „Hierarchie" zwischen Ihnen beiden zu respektieren, auch wenn Ihnen das vielleicht gegen den Strich geht. Die Schwiegermutter ist auf jeden Fall die Ältere, und wird möglicherweise allein aufgrund dieser Tatsache erwarten, dass Sie sich mehr um sie bemühen als umgekehrt. Selbstverständlich können Sie jetzt darüber räsonieren, ob ihr das überhaupt zusteht oder nicht, aber viele Frauen aus der Generation Ihrer Schwiegermutter haben nun mal auch heute noch diese Einstellung. Schaffen Sie es, das einfach zu akzeptieren und offen auf sie zuzugehen, dann wird sich das schnell positiv auswirken. Sie investieren dann nur eine Art kleinen Vorschuss in das Verhältnis, der sich später mehr als auszahlen wird. Ziemlich schnell werden Sie merken, ob Sie tatsächlich an eine Auster geraten sind, wenn Sie versuchen, Ihrer Schwiegermutter ein paar Komplimente zu machen. Das heißt jetzt natürlich nicht, dass Sie krampfhaft Dinge loben sollen, die Ihnen insgeheim nicht gefallen, aber vielleicht achten Sie einfach mal bewusster als sonst darauf, ob Ihnen etwas auffällt, worüber Sie ehrlichen Herzens eine nette Bemerkung machen können. Das wirkt bei Mimikry-Austern meist sofort als Eisbrecher (übrigens nicht nur beim ersten Besuch, sondern auch, wenn man sich schon länger kennt) und entspannt die Atmosphäre spürbar.

Natürlich müssen Sie trotz aller Kompromissbereitschaft Ihrerseits darauf achten, dass der Vorschuss nicht in eine Dauereinrichtung ausartet. Als „Starthilfe" ist Ihre etwas höhere Investitionsbereitschaft in die Beziehung sinnvoll, jedoch nicht als langfristige Basis. Spätestens nach einigen Wochen oder Monaten sollte von der anderen Seite eine angemessene Gegenbewegung spürbar werden, ansonsten müssen Sie davon ausgehen, dass Sie es doch mit einem wahren Austern-Exemplar zu tun haben und Ihre Bemühungen zurückschrauben. Sonst besteht die Gefahr, dass Sie in eine Endlosschleife geraten.

Maria (56) erzählt:
„Ich habe mir am Anfang wahnsinnige Mühe gegeben, meine Schwiegermutter für mich zu gewinnen. Wenn wir zu ihr kamen, habe ich ihr immer ein kleines Geschenk oder einen Blumenstrauß mitgebracht. Immer habe ich mich angestrengt, die Konversation mit ihr am Laufen zu halten, obwohl sie oft genug

einfach nur schweigend dasaß. Dann plapperte ich stundenlang dummes Zeug vor mich hin, immer in der Hoffnung, dass sie mal auftaut und wir einen netten Plausch miteinander halten könnten. Wann immer etwas für sie zu tun war, bin ich geflitzt, ob es nun darum ging, ihr beim Tischabräumen zu helfen oder sie irgendwohin zu kutschieren. Immer und immer wieder habe ich versucht, auf sie zuzugehen. Ich dachte, sie sei einfach nur zurückhaltender als ich und würde schon irgendwann mit mir warm werden, wenn sie mich erst besser kennen würde. Das habe ich wirklich fast zehn Jahre durchgehalten, man stelle sich das vor! Manchmal denke ich, sogar meine Kinder habe ich ihr wie Geschenke dargeboten: Schau mal, ich hab dir ein Enkelkind geboren, magst du mich jetzt?

Aber es hat nicht funktioniert. Sie war nie wirklich gemein oder böse zu mir, ich hatte nie den Eindruck, dass sie mir zur Last fallen will. Sie blieb nur einfach immer kühl, distanziert, höflich, aber nicht liebevoll-zugewandt. Sie hat mir nie zu verstehen gegeben, dass sie mich mag. Mich hat das sehr enttäuscht, ich hatte mir immer eine Schwieger-Freundin statt einer Schwiegermutter gewünscht. Deshalb hat es wahrscheinlich so lange gedauert, bis ich loslassen konnte. Irgendwann habe ich dann akzeptiert, dass wir beide einfach nicht über einen bestimmten Level der Nähe hinauskommen werden. Ich merke, dass sie mich respektiert, ich glaube nicht, dass sie mich ablehnt, aber ich könnte ebenso irgendeine entfernte Verwandte oder Bekannte sein. Mehr ist nicht drin."

Ganz wichtig ist im Zweifel natürlich das Gespräch mit Ihrem Partner. Er kennt seine Eltern viel länger als Sie und kann ihre Reaktionen und Verhaltensweisen viel besser einordnen und bewerten. Fragen Sie ihn ruhig ein bisschen über Ihre Schwiegermutter aus: Was für ein Mensch ist sie, was mag sie, was nicht, wie geht sie mit anderen Leuten um? Worauf legt sie Wert, was ist ihr eher unwichtig? Hat sie irgendwelche Marotten, die Sie kennen sollten? Worauf ist sie stolz? Welche Interessen hat sie? Wie sieht ihr Alltag aus? Was weiß er über ihre Biografie? Mit ein bisschen Fantasie und Neugier können Sie so sicher vieles, was Ihnen an Ihrer Schwiegermutter vielleicht zunächst merkwürdig oder problematisch erscheint, besser verstehen und dann besser damit umgehen. Außerdem bekommen Sie auf diese Weise gute Hinweise auf mögliche Gesprächsthemen und können vielleicht sogar eine kleine Gemeinsamkeit zwischen Ihnen beiden entdecken. Sie erfahren aber auch, ob es irgendwelche kritischen Punkte gibt, die Sie zunächst mal lieber umschiffen sollten. Sonst unterläuft Ihnen vielleicht eine ungewollte Taktlosigkeit, die die Beziehung zwischen Ihnen unnötig belasten könnte.

Solche Klippen umschiffen Sie einfacher, wenn Sie so viel wie möglich über Ihre Schwiegermutter in Erfahrung bringen. Dafür ist es übrigens auch dann noch nicht zu spät, wenn Sie sich schon eine Weile kennen. Doch dann empfiehlt sich neben den Informationen, die Sie von Ihrem Partner einfordern können, auf jeden Fall ein direktes Gespräch mit Ihrer Schwiegermutter. Was spricht dagegen, sie einmal zu einem Frauennachmittag mit Ihnen und einer netten Unternehmung einzuladen? Ob Sie nur einfach gemütlich miteinander Kaffee trinken gehen, einen Einkaufsbummel oder einen Ausflug machen – eine Mimikry-Schwiegermutter wird sicher gern auf dieses Angebot eingehen. Und dann haben Sie die Gelegenheit, in entspannter und angenehmer Umgebung mal zu fragen, wie es für Ihre Schwiegermutter eigentlich war, als Sie in die Familie kamen. Mit ein bisschen Gespür merken Sie dann sehr schnell, ob Ihnen eine Austern-Mimikry gegenübersitzt (die diese Gelegenheit sicher dankbar ergreift, um die Distanz zwischen Ihnen beiden zu verringern) oder ob Sie tatsächlich eine waschechte Auster erwischt haben –

und jetzt einfach lernen müssen, damit zu leben, ohne sich weiterhin an ihrer harten Schale aufzureiben.

Die Tyrannosaura: „Ich habe hier das Sagen!"

Gabriele (53):
„Meine Schwiegermutter wird mich noch mal in den Wahnsinn treiben. Wir wohnen zusammen auf demselben Grundstück (zwar getrennte Häuser, aber gemeinsamer Hof und gemeinsamer Garten). Das hat sich damals, als mein Mann und ich geheiratet haben, so angeboten. Wir waren ja jung und froh, den Baugrund für unser Häuschen umsonst zu bekommen. Heute würde ich das nicht mehr so machen, aber damals schien es für alle einfach die nahe liegende und einfachste Lösung zu sein. Natürlich haben wir gegenseitige Schlüssel, für den Notfall eben oder wenn sie oder wir in Urlaub fahren, zum Blumengießen und Hasenfüttern und so. Wir gehen von uns aus aber nie bei ihr rein, wenn sie uns nicht ausdrücklich dazu auffordert. Sie dagegen schnüffelt bei uns rum, wann immer es ihr einfällt. Ich komme dann von der Arbeit und stelle fest, dass sie die Post aus dem Briefkasten genommen hat, manchmal räumt sie herumliegende Sachen weg oder macht die Fenster auf oder zu.

Natürlich hat sie immer einen guten Grund für alles: Es sah aus, als käme ein Gewitter und sie hatte Angst, es könnte reinregnen; sie hat den Briefträger am Hoftor getroffen und er hat ihr unsere Post gleich mit in die Hand gedrückt oder sonst irgendwas. Ich weiß genau, dass sie in unseren Sachen herumschnüffelt, weil ich schon mal bei ein paar Schubladen morgens kleine Streichholzstückchen zwischen Schieber und Holz geklemmt hatte, und die waren dann am Abend rausgefallen. Selbstverständlich streitet sie alles ab. Mein Mann findet, dass ich alberne Detektivspiele inszeniere, und außerdem sei es nicht so schlimm, schließlich hätten wir nichts zu verbergen. Mich regt das Ganze unheimlich auf, aber ich weiß nicht, was ich tun soll. Ich habe schon überlegt, ihr den Schlüssel wegzunehmen oder einfach heimlich das Schloss auswechseln zu lassen, aber ich befürchte, dass es dann zu einem Riesenkrach kommt. Ich will nicht schuld daran sein, dass die Familie zerstritten ist, aber so kann es nicht weitergehen."

Renate (47) erzählt:
„Vor zehn Jahren haben wir unser Haus gebaut. Mein Schwiegervater war damals schon im krankheitsbedingten Vorruhestand, aber Krankheit hin oder her – auf unserer Baustelle war er dauernd präsent. Uns war das nicht so unlieb, schließlich arbeiten wir beide Vollzeit und es hat uns ziemlich beruhigt zu wissen, dass da jemand ein Auge auf den Fortgang der Bauarbeiten hatte und aufpasste, dass alles glatt ging. Aber dann fing auch noch meine Schwiegermutter an, sich einzumischen. Das Kinderzimmer war ihr zu klein, die Diele zu groß, die Küche lag nicht in der richtigen Himmelsrichtung. Richtig losgelegt hat sie aber erst bei der Inneneinrichtung. Ich hatte wunderschöne überlange Dekoschals für die Fenster gekauft, die ihr überhaupt nicht gefielen – sie fand es ‚unordentlich‘, wie ich den Stoff drapiert hatte. Eines Abends kam ich nach Hause, da hatte sie alle Vorhänge einfach abgenommen, auf Fußbodenlänge eingekürzt und wieder aufgehängt. ‚Jetzt hast du es leichter beim Wischen‘, meinte sie selbstzufrieden zu mir. Ich war fuchsteufelswild! Mein Mann verstand die ganze Aufregung natürlich überhaupt nicht, dem wäre wahrscheinlich nicht mal aufgefallen, wenn die Vorhänge weg gewesen wären.

Den Vogel abgeschossen hat sie dann, als ich beim Umzug meine Kleider aussortiert habe. Ich hatte zwei Säcke voll für die

Altkleidersammlung vor die Tür gestellt, die hat sie einfach mit zu sich nach Hause genommen. Als mein Mann das nächste Mal bei ihr war, hat sie alles vor ihm ausgebreitet und ihm erklärt, dass das alles noch tadellose Sachen seien! Ich sei verschwendungssüchtig und würde ihn noch an den Bettelstab bringen mit meinen Luxusansprüchen. Mein Mann kam mit den beiden Säcken im Schlepptau nach Hause und wollte eine Diskussion mit mir anfangen, da ist mir dann wirklich der Kragen geplatzt. Wir hatten einen Riesenkrach – wegen ein paar aussortierter Pullover, das muss man sich mal vorstellen!"

Haben Sie jemals den Film „Jurassic Park" von Steven Spielberg gesehen? Erinnern Sie sich an den riesigen Dinosaurier? Das war ein Tyrannosaurus Rex. Wo immer er auftauchte, war er der Chef im Ring, sich ihm zu widersetzen, war praktisch unmöglich. Wenn Episoden wie die eben beschriebene zu Ihrem familiären Alltag gehören oder wenn Sie zumindest einige Musteranteile wiedererkannt haben, dann könnte es sein, dass Sie ein weibliches Exemplar dieser Gattung zur Schwiegermutter bekommen haben. Nennen wir sie Tyrannosaura.

Kontrolle, Überwachung, Bevormundung, Grenzüberschreitungen – das sind die Spezialitäten der Tyrannosaura. Sie als Schwiegertochter spüren wahrscheinlich sehr deutlich das Würgehalsband um die Kehle, mit dem Sie jederzeit rüde zur Ordnung gerufen werden können, wenn Sie nicht parieren. Sollten Sie vor der Begegnung mit diesem Schwiegermuttertyp der Überzeugung angehangen sein, Sie seien eine erwachsene Person, deren Entscheidungen Gewicht haben und die einen Anspruch auf Respekt und Privatsphäre hat, dann dürfte dieses Weltbild nach einiger Zeit in der Gesellschaft Ihrer Tyrannosaura ziemlich erschüttert sein. Aller Wahrscheinlichkeit nach fühlen Sie sich dann eher wie eine Dreijährige, die man keinesfalls aus den Augen lassen darf, weil sie dann die erstbeste Gelegenheit benutzt, um Unfug zu treiben. Ihre Tyrannosaura wird Ihnen immer wieder zu verstehen geben, dass Sie auf keinen Fall ohne ihre Hilfe durchs Leben kommen, weil Sie ohnehin alles falsch machen. Und sie wird sehr verwundert und gekränkt reagieren, wenn Sie sich gegen ihre Einflussnahme zur Wehr setzen, schließlich müssen Sie doch einsehen, dass all das nur zu Ihrem eigenen Besten geschieht!

Die Grenze zwischen einer Schwiegermutter, die ehrlich bemüht ist, Ihnen das Leben zu erleichtern und Ihnen hilfreich zur Seite steht, und einer veritablen Tyrannosaura ist nicht immer leicht zu erkennen. Viele Schwiegermütter haben in der Tat nichts anderes im Sinn als sich nützlich zu machen und Ihnen Gutes zu tun. Sie stehen an einem heißen Sonntag überraschend vor der Tür und holen die Enkel für einen Ausflug zum Baggersee ab, damit Sie mal ungestört im Garten faulenzen können. Sie bringen zehn Gläser selbst gemachte Erdbeermarmelade vorbei, „weil ich gerade sowieso am Einkochen war und du genug zu tun hast". Und sie reden ihrem eigenen Sohn energisch ins Gewissen, wenn sie hören, dass dieser mal wieder den Hochzeitstag vergessen hat. Solche Schwiegermütter sind eine tatsächliche Entlastung und Stütze für jede Frau. Die Trennlinie in Richtung Tyrannosaura wird aber in dem Augenblick überschritten, wo Ihre Schwiegermutter versucht, Ihnen ihren Willen *gegen* Ihren Widerstand aufzuzwingen. Wenn Sie sich öfter die Frage stellen müssen: „Um wessen Leben geht es hier eigentlich – deins oder meins?", dann liegt die Vermutung nahe, dass Sie bereits mitten in einem zünftigen Machtkampf stecken. Denn letzten Endes ist es das, worum es der Tyrannosaura geht: die Macht. Sie will die Zügel in der Hand behalten! Solange Sie brav auf (ihrem!) Kurs gehen, gibt es kein Problem, so lange ist sie die Freundlichkeit in Person. Fangen Sie aber an, an der Kette zu zerren, weil Sie in eine andere Richtung wollen als sie, ist der Spaß vorbei.

Haben Sie eine Schwiegermutter der Gattung Tyrannosaura erwischt, dann hat Ihr Partner einen besonders großen Anteil an Ihrer schwierigen Situation. Sie dürfen dann nämlich mit großer Sicherheit davon ausgehen, dass es ihm in der Vergangenheit entweder nie gelungen ist, seine Mutter in die Schranken zu weisen, oder dass ihm (aus Bequemlichkeit? aus Angst?) nie genügend an einer Sache gelegen war, um sich gegen sie durchzusetzen. Er hat es wahrscheinlich nie geschafft, ihr als gleichberechtigter Erwachsener, sozusagen auf Augenhöhe, gegenüberzutreten. Sie ist es einfach nicht gewohnt, auf Widerstand aus seiner Richtung zu treffen, zumindest nicht auf ernsthaften. Zu seiner Ehrenrettung muss man sagen, dass ja auch ganz schön viel dazu gehört, einem Tyrannosaurus Rex die Stirn zu bieten!

Eine Schwiegermutter dieses Typs mischt sich in alle Bereiche Ihres Lebens ein, wenn Sie dies zulassen. Die Krallen, die sie dabei ausfahren kann, wenn sie ihre Machtposition gefährdet sieht, sind scharf und tückisch. Mit ziemlicher Wahrscheinlichkeit gehören Schuldgefühle dazu, die sie gerne mit Sätzen wie „Ich habe es doch nur gut gemeint!“ – „Ich will doch nur dein Bestes!“ – „Sei doch froh, dass ich dir helfe!“ bei Ihnen erzeugen möchte. Zeigen Sie sich dann immer noch halsstarrig und wollen partout nicht einsehen, dass Ihre Schwiegermutter es einfach besser weiß, dann hat sie zweifellos ein ganzes Repertoire an dunklen Prophezeiungen hinsichtlich der schlimmen Folgen parat, die Ihr Widerstand mit sich bringen wird: „Das wird dir noch leid tun, wenn du nicht auf mich hörst!“ – „Wir werden ja sehen, wer Recht behält.“ – „Das ist ein Fehler, aber bitte sehr, es ist ja dein Leben.“

Problematisch an diesen Mechanismen ist vor allem, dass Ihr Partner wahrscheinlich noch sehr viel sensibler auf sie reagiert als Sie selbst. Gerade Schwiegermütter, die unbedingt die Kontrolle über das Leben der jungen Familie behalten möchten, konzentrieren ihre Attacken sehr oft auf ihren Sohn. Sie wissen seit Jahrzehnten, wo er verwundbar ist, wie sie ihn weich kochen und ihren Willen bei ihm durchsetzen können. Sie als Schwiegertochter stehen dann fassungslos vor Ihrem Partner, weil Sie nicht verstehen können, wieso er seiner Mutter nun wieder nachgegeben hat – obwohl Sie beide sich vorher eigentlich klar abgesprochen hatten.

Laura (27) erzählt:

„Die Mutter meines Freundes mischt sich in alles ein und will überall dabei sein. Ein einziges Mal haben wir es in drei Jahren geschafft, ohne sie in Urlaub zu fahren. Ansonsten hat sie Lukas immer rumgekriegt mit ihrer Jammerei, dass sie ohnehin so viel allein sei nach dem Tod ihres Mannes. Er hat dann jedes Mal nachgegeben, auch wenn ich total sauer reagiert habe. Die absolute Krönung war aber die Geburt unseres Sohnes vor einem halben Jahr! Die ganze Schwangerschaft über ist sie mir schon auf die Nerven gegangen mit ihren tausend guten Ratschlägen und ihrer Überbesorgtheit. Dies darf ich nicht tun und jenes muss ich unbedingt tun – es war einfach furchtbar. Ich habe mir viel Mühe gegeben, gute Miene zum bösen Spiel zu machen, weil ich immer dachte, na gut, es ist ihr erstes Enkelkind, kein Wunder, dass es ihr so wichtig ist. Ich habe wirklich versucht, das Ganze als Hilfsbereitschaft zu sehen und nicht als Einmischung.

Der Kragen geplatzt ist mir dann im Kreißsaal: Sie hatte Lukas beschwatzt, dass er sie direkt nach der Geburt mit reinkommen ließ! Die Hebamme hatte mir den Kleinen gerade wieder gegeben; wir hatten noch nicht mal die Gelegenheit, uns wirklich anzuschauen, da kam sie plötzlich reinmarschiert und überschüttete uns alle drei mit ihren Kommentaren von wegen „wie süß“ und „er hat die gleichen Ohren wie sein Papa“ und ähnlichem Quatsch. Sie hat mir diesen wichtigen Moment einfach kaputt gemacht. Ich fing an zu weinen und konnte überhaupt nicht mehr aufhören. Natürlich hat sie Lukas eingeredet, das sei jetzt bloß der Baby-Blues durch die Hormonumstellung. Kennt diese Frau überhaupt keine Grenzen für ihre Unverschämtheit?"

Eine beliebte Strategie der Tyrannosaura ist es, den Sohn für eine Mitarbeit im Familienunternehmen zu gewinnen. Selbstverständlich ist es für einen jungen Mann unter Umständen sehr attraktiv, in einen elterlichen Betrieb einzutreten, den er später einmal selbst zu leiten hofft. Mal abgesehen von der angenehmen Sicherheit, die ein solches Arrangement mit sich bringt, ist vielen auch die Erhaltung der Familientradition ein wichtiges Anliegen. Und tatsächlich soll es Familien geben, in denen das wunderbar funktioniert. Doch leider gibt es viele Fälle, in denen diese Situation mehr Konflikte als Vorteile mit sich bringt. Speziell für eine Tyrannosaura ist die Konstellation – besonders dann, wenn sie selbst in irgendeiner Weise im Betrieb mitarbeitet – natürlich ideal: So hat sie nicht nur das Privatleben ihres Sohnes optimal im Blick, sondern ist auch immer auf dem Laufenden, was er beruflich so treibt. Sie weiß, was er verdient, wie viel er arbeitet, und sie wird sicher immer einen Kommentar zu beidem parat haben. Sie hat auch immer eine Möglichkeit, Einfluss auf ihn (und damit auf Sie!) zu nehmen:

Andrea (31) erzählt:
„Mein Mann ist so einer, der immer den bequemsten Weg geht. Er arbeitet im Betrieb seines Vaters mit, da macht seine Mutter die Buchhaltung. So ist sie immer bestens über alles informiert, was ihn und seine Finanzen angeht. Und natürlich redet sie uns in alles rein. Wenn er heimkommt und ich habe das Abendessen fertig, dann sagt er oft: ‚Ach, lass mal, Mama hat mir noch

schnell was gemacht, bevor ich gegangen bin, ich habe keinen Hunger mehr.' Und dann setzt er sich vor seinen Computer und ich esse mit der Kleinen alleine. Das ärgert mich maßlos, aber wenn ich etwas sage, heißt es immer nur, dass meine Schwiegermutter es doch nur gut meint und ich froh sein soll, dass sie mich zu entlasten versucht!"

Sandra (38) erzählt:
„Wir waren das letzte Mal vor vier Jahren in Urlaub. Dann starb mein Schwiegervater und mein Mann übernahm den Familienbetrieb, eine kleine Autowerkstatt mit drei Angestellten. Meine Schwiegermutter hatte immer schon stundenweise die Büroarbeit dort erledigt; es hieß aber, wenn mein Mann den Betrieb übernehme, dann würde sie diese Aufgabe an mich abtreten. Ich wäre damals gerne mit eingestiegen; unsere Jüngste war gerade in den Kindergarten gekommen und ich war ohnehin auf der Suche nach einem Teilzeitjob als Bürokraft. Es hätte perfekt gepasst. Aber meine Schwiegermutter lamentierte so lange, dass ihr zu Hause alleine die Decke auf den Kopf fiele, dass mein Mann nachgab und mich auf einen späteren Zeitpunkt vertröstete. Ich gab ebenfalls nach – leider!

Heute ist überhaupt keine Rede mehr davon, dass meine Schwiegermutter jemals das Familienunternehmen verlassen wird. Stattdessen hat sie es in all den Jahren geschafft, dass mein Mann kein einziges Mal länger als zwei Tage Urlaub genommen hat. Einmal hatten wir sogar schon zwei Wochen Mallorca mit den Kindern gebucht. Drei Tage vor unserem Abflug kam mein Mann total geknickt nach Hause und eröffnete mir, dass er nicht mitfliegen könne. Seine Mutter hatte mit dem Steuerprüfer einen Bilanzprüfungstermin in diesen zwei Wochen vereinbart, obwohl sie wusste, dass wir da weg sein wollten. Als er ihr Vorhaltungen machte, lieferte sie ihm eine bühnenreife Szene nach dem Motto, ihm sei das Erbe seines Vaters wohl gleichgültig und wenn das sein Vater wüsste, würde der sich im Grab umdrehen – lauter solches Zeug. Mein Mann hat sehr an seinem Vater gehangen, das hat ihn alles furchtbar getroffen. Das Ende vom Lied war, dass ich meine Mutter mitgenommen habe und wir mit den Kindern alleine geflogen sind. Ich hatte eine Riesenwut, das kann ich Ihnen sagen!"

Eine andere, ebenfalls für viel Sprengstoff sorgende Taktik der Tyrannosaura ist die Manipulation aller Beteiligten mittels Geld und Gütern. „Alles im Leben hat seinen Preis; auch die Dinge, von denen man sich einbildet, man kriegt sie geschenkt", soll Theodor Fontane gesagt haben. Denken Sie daran und seien Sie sehr vorsichtig bei der Annahme größerer Geldgeschenke oder auch nur eines Darlehens von diesem Schwiegermutter-Typus. Als Fallstrick schlimmster Sorte erweist sich in so einer Konstellation nahezu immer das Angebot, entweder ins elterliche Haus mit einzuziehen (selbst wenn es sich dabei um eine separate Wohnung handelt) oder auf einem elterlichen Grundstück zu bauen (womöglich noch demselben, auf dem die Eltern leben). Egal, wie verlockend die Rahmenbedingungen sein mögen, egal, wie nachdrücklich die Schwiegereltern Ihnen versichern mögen, dass sie keinerlei Gegenleistung von Ihnen erwarten werden – die Wahrscheinlichkeit, dass Sie auf die eine oder andere Art früher oder später sehr wohl für diese Gefälligkeit zur Kasse gebeten werden, ist erfahrungsgemäß extrem hoch. Sie spielen der Schwiegermutter damit sogar gleich mehrfach in die Hände: Erstens stehen Sie in ihrer (Dankes-)Schuld, zweitens schaffen Sie optimale Voraussetzungen für Einmischungen jeglicher Art. Denn wo hätte die Dame Sie und Ihre Familie besser und mit weniger Aufwand im Blick (und damit unter Kontrolle) als im eigenen Haus? Da muss sie ja nicht einmal mehr einen Fuß vor die Tür setzen, um Sie zu überwachen und zu gängeln! Bequemer können Sie es ihr nicht machen.

Annegret (44) erzählt:
„Als feststand, dass wir heiraten würden, habe ich darauf gedrängt, dass wir uns eine eigene Wohnung suchen. Mein Mann war einverstanden, obwohl klar war, dass das Ganze nicht einfach für uns werden würde. Er verdiente damals noch nicht so gut, München ist teuer und wir wünschten uns beide bald ein Kind, sodass klar war, dass wir über kurz oder lang erst mal mit einem Einkommen auskommen müssten. Die Schwiegereltern waren entsetzt, als sie von unseren Plänen erfuhren. Gemeinsam bearbeiten sie meinen Mann Tag und Nacht, dass das Unsinn und die pure Geldverschwendung sei. Bei ihnen stünde das Dachgeschoss fertig ausgebaut leer; wir wären dort völlig ungestört. Sie wollten doch selbst keine Schwiegereltern aus dem Witzbuch werden. Es klang alles so vernünftig, dass mir bald die Argumente ausgingen. Wir gaben nach und zogen ein.
Der Ärger begann schon am Umzugstag, als wir völlig perplex in einer Einbauküche standen, die die Eltern als Überraschung für uns vorab bestellt und installiert hatten. Leider überhaupt nicht mein Geschmack – Eiche brutal! Ich hatte mir etwas Modernes in Weiß und Blau vorgestellt. Mein Mann beschwichtigte mich; ich schluckte meine Tränen hinunter und versuchte, Freude über das Geschenk zu heucheln. Hätte ich mich mal besser auf dem Absatz umgedreht und wäre wieder gegangen! Seither steckt meine Schwiegermutter ihre Nase in alle unsere Angelegenheiten. Wann ich meine Fenster putzen soll, wie ich meine Balkonblumen zu pflegen habe, wie meine Wäsche auf der Leine sortiert sein muss – alles versucht sie mir vorzuschreiben. Als wir unseren Urlaub in der Türkei buchten, durfte ich mich von ihr fragen lassen, ob wir das Geld, das wir durch die

günstige Miete sparten, nicht sinnvoller verwenden könnten. Sie sei schließlich 20 Jahre lang mit Balkonien zufrieden gewesen, bis das Haus abgezahlt gewesen sei.

Ich beschwere mich immer wieder bei meinem Mann, der ist auch genervt, aber er meint, ich soll einfach weghören. Aber ich bin tatsächlich mittlerweile so weit, dass ich mich richtig von ihr belauert fühle: Kaum öffne ich oben die Wohnungstür, schießt sie unten wie ein Schachtelteufelchen heraus, sodass sie mir zumindest im Vorbeigehen eine auswischen kann."

Mit einem solchen Wohnarrangement spielen Sie Ihrer Schwiegermutter ein Macht- und Druckmittel in die Hände, das eine waschechte Tyrannosaura nicht ungenutzt verkommen lassen kann. Überlegen Sie mit Ihrem Partner sehr sorgfältig, ob Sie das riskieren wollen. Selbstverständlich gibt es viele Fälle, in denen die (ungeschriebenen) Familienregeln hinsichtlich so elementarer Fragen wie der Wahrung von Grenzen, des Respekts vor der Privatsphäre und des toleranten Umgangs ein problemloses Miteinander möglich machen. Bedenken Sie aber, dass wahrscheinlich unterschiedliche Lebensstile und Erwartungen aufeinander prallen werden, wenn Jung und Alt auf so engem Raum miteinander leben. Ganz banale Fragen wie die, ob das Treppenhaus wirklich *jede* Woche nass gewischt werden und bis wie viel Uhr am Samstag der Bürgersteig gekehrt sein muss, können da zu Sprengstoff ungeahnten Ausmaßes werden. Auch die verschiedenen Tagesrhythmen der Beteiligten oder unterschiedliche persönliche Bedürfnisse lassen sich manchmal nur schwer in Einklang bringen. Beispielsweise kann es für den Schichtarbeiter, der dringend seinen Schlaf braucht, zur Folter werden, wenn der pensionierte Schwiegervater als leidenschaftlicher Heimwerker jeden Nachmittag lautstark im Hobbykeller bohrt und sägt. Ärger ist auch mit großer Wahrscheinlichkeit vorprogrammiert zwischen der Schwiegermutter, die es von klein auf gewohnt ist, mit den Hühnern aufzustehen (und mit selbigen wieder ins Bett geht) und der freien Journalistin, die als Nachteule vorzugsweise bis in die frühen Morgenstunden tippt, dann aber gern bis zur Mittagszeit im Bett bleibt.

Tyrannosauren-Schwiegermütter sind hartnäckig in ihrem Bemühen, die Kontrolle über Sie und Ihr Leben in die Krallen zu bekommen. Manchmal helfen da sehr klare Worte, die allerdings vielen Frauen schwer über die Lippen gehen. Zu sehr werden wir im Laufe unserer Erziehung und Sozialisation darauf getrimmt, uns brav in den Dienst der zwischenmenschlichen Harmonie zu stellen und darüber unsere eigenen Bedürfnisse gering zu achten. Energisch für ihre Wünsche einzutreten, ihre Rechte einzufordern, mal unbequem zu sein – das sind Fähigkeiten, die viele Frauen erst relativ spät und unter ziemlichen Mühen erwerben. Wie Sie lernen können, Ihr Bedürfnis nach Harmonie ein wenig zurückzuschrauben und Ihre Tyrannosaura freundlich, aber bestimmt zu stoppen, lesen Sie in Kapitel VI.

Sehr zentral ist bei einer solchen Schwiegermutter übrigens das Verhalten Ihres Partners. Leichtes Spiel hat Ihr Plagegeist nämlich vor allem dann, wenn es ihm gelingt, einen Keil zwischen Sie und Ihren Partner zu treiben. „Divide et impera!" („Teile und herrsche!") wussten schon die römischen Kaiser und sorgten dafür, dass ihre Untergebenen sich untereinander zerstritten, statt sich gegen sie zusammenzuschließen. Diesem Tyrannosauren-Prinzip müssen Sie und Ihr Partner ein energisches: „Einigkeit macht stark!" entgegensetzen. Schafft Ihre Schwiegermutter es, Sie beide gegeneinander aufzubringen, hat sie schon gewonnen. Lesen Sie sich sehr sorgfältig den Absatz „Den Partner als Verbündeten gewinnen" in Kapitel VI durch und suchen Sie in einer ruhigen Stunde – bitte nicht im Streit! – das Gespräch mit Ihrem Partner. Erklären Sie ihm, warum Sie auf seine Hilfe angewiesen sind und entwerfen Sie eine gemeinsame Linie, wie Sie beide Ihrer Tyrannosaura begegnen wollen. Es ist wichtig, dass diese bei jedem noch so kleinen Versuch, Sie beide gegeneinander aufzubringen oder auszuspielen, auf Granit beißt. In diesem Zusammenhang gibt es – ebenso wie bei den kleinen Gefälligkeiten – keine Bagatellen, bei denen es „nicht so wichtig ist", ob Sie beide als Einheit auftreten. Entdeckt sie den kleinsten Haarriss zwischen Ihnen beiden, wird sie erst ein Streichhölzchen hineinzwängen und dann beharrlich einen Keil nach dem anderen nachschieben, bis aus dem Riss ein klaffender Spalt geworden ist. Natürlich dürfen Sie und Ihr Mann unterschiedlicher Meinung sein, aber das diskutieren Sie beide nur hinter verschlossenen Türen aus! Mit der Tyrannosaura setzen Sie sich erst dann auseinander, wenn Sie eine gemeinsame Sprachregelung für die Angelegenheit ausgehandelt haben. Gegenseitige absolute Loyalität ist die wirksamste Waffe, die Sie in diesem Duell zur Verfügung haben.

Ihre Schwiegermutter wird, wenn Sie Ihre Abgrenzungsbemühungen spürt, möglicherweise versuchen, die Fronten über die Schiene der Enkelkinder-Betreuung wieder aufzuweichen. Lassen Sie sich durch solche Manöver nicht aufs Glatteis führen. Eine Tyrannosaura dürfen Sie nur in sehr begrenztem Maße als Großmutter zu Ihrer eigenen Entlastung nutzen. Wohlgemerkt: Es geht hier *nicht* darum, der Oma die Enkelkinder vorzuenthalten! Das sollten Sie, auch wenn das Verhältnis zwischen Ihnen beiden völlig verfahren ist, niemals auch nur ansatzweise tun (siehe hierzu das Kapitel V „Kinder und Enkelkinder zwischen den Fronten"). Wichtig ist aber im Auge zu behalten, dass in Ihrer Situation jegliche Abhängigkeit von Ihrer Schwiegermutter pures Gift für Ihren häuslichen und seelischen Frieden darstellt. Sie müssen eine Entscheidung zwischen Ihrer Bequemlichkeit und/oder finanziellen Vorteilen auf der einen Seite und Ihrer persönlichen Freiheit auf der anderen Seite treffen. Anregungen, wie Sie das hinsichtlich der Kinderbetreuung angehen können, finden Sie in Kapitel VI.

Bleiben alle Ihre Abgrenzungsbemühungen und Unabhängigkeitsbestrebungen ohne Erfolg, gibt es leider nur noch den Weg aus der räumlichen Nähe hinaus. Ohne Frage wird diese Alternative die letzte sein, auf die Sie zurückgreifen wollen, denn Sie hatten ja sicher gute Gründe, sich überhaupt erst für dieses Wohnmodell zu entscheiden. Völlig ausschließen sollten Sie diese Option jedoch bitte nicht. Nähe ist selbst unter den günstigsten Umständen oft ein guter Nährboden für Konflikte, und es gibt Konstellationen, in denen sie nicht zu ertragen ist. Es ist besser, wenn Sie einige Kilometer Abstand zu Ihrer Tyrannosaura wahren, dafür einander aber wieder entspannter begegnen können, als wenn Sie das Unaushaltbare auszuhalten versuchen und dadurch eine dauerhaft vergiftete Alltagsatmosphäre entsteht. Ein solches Klima kann auch nicht im Sinne Ihrer Kinder sein, denn diese leiden nicht nur unter der Gereiztheit aller Beteiligten, sondern verheddern sich auch schnell in äußerst schmerzhafte Loyalitätskonflikte. Wenn ein Kind sich entscheiden muss, ob es für Oma oder für Mama Partei ergreift, ist das für sein Wohl nur wenig abträglicher, als wenn es sich zwischen Mama und Papa entscheiden soll. Beide Bezugspersonen sind wichtig und das Kind muss ohne schlechtes Gewissen beide lieben dürfen. Spätestens dann, wenn dies in der Tür-an-Tür-Situation nicht mehr möglich ist, sollten Sie den Wohnort wechseln.

Die Meckerziege:
„Ständig machst du alles falsch!"

Christine (35) erzählt:

„Sobald meine Schwiegermutter das Haus betritt, schweift ihr Blick wie ein Scheinwerfer hin und her – man könnte meinen, sie käme vom Gesundheitsamt! Es dauert nie lange, bis sie etwas gefunden hat, das sie mir unter die Nase reiben kann. Meistens verpackt sie ihre Kritik in Form besorgter Ratschläge: ‚Kind, die Fenster musst du unbedingt alle vier Wochen putzen, was sollen die Leute sonst denken!' – ‚Wann hast du das letzte Mal den Kühlschrank ausgewaschen, das musst du regelmäßig mit Essigwasser machen, sonst bilden sich da gefährliche Keime!' Unterm Strich geht es aber immer nur darum, dass ich irgendetwas falsch gemacht habe oder nicht schnell oder gut genug."

Angelika (28) erzählt:

„Meine Schwiegermutter will für ihren Sohn nur das Beste – und das ist auf keinen Fall eine Schwiegertochter wie mich, die wegen unseres sechsjährigen Sohnes ‚nur' auf 400-Euro-Basis arbeitet und damit ihrer Meinung nach zu wenig zur Haushaltskasse beiträgt – auch wenn diese eigentlich gut gefüllt ist. Sie selbst hat ihren einzigen Sohn nach Strich und Faden verwöhnt, der kann nicht mal mehr seinen eigenen Dreck wegräumen! Er musste nie irgendetwas selbst machen, weder kochen noch Wäsche machen oder putzen. Höchstens zum Rasenmähen oder für irgendwelche technischen Fragen rund ums Haus wurde er herangezogen. Leider denkt er nun, das sei sein von Gott verbrieftes Gewohnheitsrecht und ich müsste es genauso mit ihm machen! Heute habe ich wieder ewig lang alles Mögliche an Kleidung, Büchern und Krimskrams eingesammelt, was er während des Wochenendes im Haus verstreut hat. Manchmal habe ich das Gefühl, ich habe statt einem Sohn zwei, nur dass ich mit dem zweiten leider verheiratet bin! Meine Schwiegermutter aber ist natürlich die beste Mutter der Welt, die keine Fehler macht. Fehler machen nur die anderen. Sie selbst teilt ständig Kritik aus, kann aber überhaupt nicht einstecken. Eines ist sicher: Für mich wird sie die letzte Schwiegermutter in meinem Leben sein! Schwiegermütter sind in meinen Augen ein Grund, gar nicht erst zu heiraten!"

Wenn Sie eine Meckerziege aus dem großen Schwiegermutter-Lostopf gezogen haben (was nicht so unwahrscheinlich ist, denn diese Spezies ist sehr weit verbreitet) dann befinden Sie sich – ähnlich wie diejenigen, die unter einem Austern-Exemplar zu leiden haben – aller Wahrscheinlichkeit mit ihr in einer direkten Konkurrenzsituation um den Platz an der Seite Ihres Mannes. Die Meckerziege gehört nämlich zu demjenigen Typus, der insgeheim der festen Überzeugung anhängt, eigentlich die einzig richtige Partnerin für ihren Sohn zu sein: Sie allein weiß wirklich, wie er versorgt werden muss, was gut oder schlecht für ihn ist, was er braucht und was er ablehnt. Das ist kein Wunder, schließlich hat sie ihn ja geboren und kennt ihn viel länger als Sie!

Die Art und Weise, wie sie Ihnen das zu verstehen gibt, ist vom persönlichen Temperament Ihrer Meckerziege abhängig. Manche Exemplare kritisieren vom ersten Tag an alles mehr oder weniger offen, was die Schwiegertochter in ihren Augen falsch macht. Die Skala reicht dabei vom direkten Bemängeln – „Der Braten ist ja strohtrocken, hast du ihn nicht regelmäßig mit Flüssigkeit übergossen, während er im Ofen war?" – bis zu subtileren Seitenhieben: „Unsere Nachbarin schafft es auch nicht, ihre Kinder zu anständigem Benehmen bei Tisch zu erziehen." Dieser Kommentar erfolgt selbstverständlich in dem Moment, in dem Ihr Ältester den Inhalt der Apfelsaftflasche über den ganzen Tisch verschüttet hat.

Andere Meckerziegen verlegen sich eher auf die praktische Schiene und drücken durch unerbetene Hilfsdienste in der Versorgung des Kronprinzen (gelegentlich auch der Enkelkinder) mehr oder minder wortlos ihr Missfallen aus. Oft passiert das mit so viel Geschick, dass es zunächst kaum auffällt. Scheinbar uneigennützig erledigt die Schwiegermutter dann alle möglichen kleinen Handgriffe, vordergründig selbstverständlich nur in der liebenswürdigen Absicht, ihre Schwiegertochter zu entlasten oder dem jungen Paar etwas Gutes zukommen zu lassen. Die Schwiegertochter kocht nicht gerne oder nicht nach dem Geschmack des Sohnes? Kein Problem – schon werden regelmäßig fertige Schweinsbraten oder Gemüseeintöpfe à la Mama ins Haus gebracht. „Schließlich koche ich für mich sowieso und da kann ich auch gleich noch zwei Portionen mehr machen und euch bringen, das macht überhaupt keine Mühe!" Die Schwiegertochter ist nicht gerade mit einem grünen Daumen gesegnet und liegt im Garten lieber auf der Sonnenliege statt auf den Knien beim Unkrautzupfen? Kein Problem – Schwiegermutter taucht unaufgefordert in Arbeitsmontur auf und bringt unter viel Stöhnen und Rückenmassieren die Vorgartenbeete auf Vordermann. Sie macht es doch gern!

Hellhörig werden arglose Schwiegertöchter in solchen Situationen meist zu spät. Die Grenze zwischen einem wirklich gut gemeinten „Komm, ich helfe dir!" ohne Hintergedanken hin zu einem übergriffigen „Ich mach das schon, du hast ja keine Ahnung!" ist leider sehr dünn und fließend und oftmals schwer zu erkennen. Wenn die Schwiegertochter nicht von Haus aus mit einem besonders ausgeprägten Misstrauen gegenüber freundlicher Unterstützung durch andere ausgestattet ist, wird sie anfangs wahrscheinlich eher mit Dankbarkeit für die Unterstützung reagieren. Erst nach und nach stellt sich – wenn es sich um eine echte Meckerziege handelt – ein ungutes Gefühl gegenüber der so bemühten Schwiegermutter ein. Irgendwie bleibt dann angesichts des makellosen Vorgartens und des duftenden Eintopfs bei der Schwiegertochter ein schaler Geschmack zurück, der ein deutliches Zeichen dafür ist, dass hier etwas nicht so läuft, wie es auf den ersten Blick anmutet. Ersten leisen Gegenwehrversuchen seitens der Schwiegertochter begegnet die so agierende Meckerziege meist mit einem waidwunden Blick und der vorwurfsvoll gestellten Frage: „Siehst du nicht, dass ich nur versuche, dir zu helfen?"

Meckerziegen beginnen ihre Tiraden sehr gerne mit einleitenden Worten wie „Du solltest besser (nicht) ..." oder „Warum machst du nur ...". Irgendwie schaffen sie es auch, in Aussagen, die eigentlich vordergründig wie ein Kompliment wirken, hinterrücks scharfe Spitzen gegen Sie zu verpacken: „Du hast wirklich eine tolle Figur ... (kleine Pause) ... für eine Frau deines Alters." Eine besonders ungute Dynamik entwickelt sich oft dann, wenn die Meckerziege sich in ihren Ratschlägen und/oder tatkräftigen Einmischungsversuchen auf das Thema Kinder einzuschießen beginnt. Während viele Schwiegertöchter über bissige Bemerkungen hinsichtlich ihrer fehlenden Kochkünste, ihrer Haushaltsführung im Allgemeinen oder ihrer zu ausgeprägten oder zu mangelhaften Karriereorientierung noch mit zusammengebissenen Zähnen hinwegsehen können, hört der Spaß beim Thema Kinder für die allermeisten dann abrupt auf. Das kann übrigens schon pränatal anfangen, ja sogar vor der Zeugung, nämlich bei der Frage, ob und wann und wie viele Enkelkinder in den Augen der Meckerziege nun angemessen sind.

Carina (31) erzählt:
„Ich bin jetzt seit drei Jahren mit meinem Mann verheiratet und seit der Hochzeit muss ich mich quasi im Dreimonatstakt

fragen lassen, warum noch immer nichts bei uns ,unterwegs' ist! So nennt sie das nämlich immer, meine liebe Schwiegermutter. Mein Mann ist ihr ältester Sohn, seine beiden Schwestern sind viel jünger als er, erst 18 und 21, und von denen, das weiß sie, ist erst mal kein Enkelkind zu erwarten, die wollen erst mal studieren. Also macht sie bei uns den totalen Stress diesbezüglich. Am Anfang fand ich das ja noch putzig, ich dachte, wie nett, dass sie sich so auf ihr erstes Enkelchen freut. Allmählich komme ich mir aber vor wie eine Mutterkuh, die bockig das Kalben verweigert! Ständig schneidet sie mir Artikel aus irgendwelchen Zeitschriften über die Risiken bei Spätgebärenden aus, oder sie erzählt von Fernsehsendungen, die sie gesehen hat, in denen es um Fortpflanzungkliniken ging und lauter solches Zeug.

Dummerweise habe ich ihr in einem Anflug von Überschwang vor eineinhalb Jahren erzählt, dass ich die Pille abgesetzt habe, und seither mustert sie mich mit Argusaugen, sobald sie mich sieht. Wenn ich ein Glas Wein trinke, rollt sie gleich mit den Augen und fragt, ob ich das riskieren will? In den ersten vier Wochen weiß man doch oft noch nicht, dass man schwanger ist, und gerade dann ist Alkohol am gefährlichsten für den Fötus! Wenn ich was Bauchfreies anhabe, kann ich mir gleich anhören, dass es so natürlich nichts wird mit dem Baby, weil ich mir die Eierstöcke erkälten werde! Eigentlich bin ich selber ziemlich gelassen, ich habe auch keine Lust, in den natürlichen Lauf der Dinge einzugreifen, ich denke, es wird schon irgendwann klappen, wir sind ja beide noch jung genug. Aber wenn sie nicht demnächst mal mit diesem Theater aufhört, dann werde ich noch selber total nervös. Neulich hatte ich gerade meine Periode, als ich bei ihr war, und musste die Binde wechseln – und ich habe mich tatsächlich nicht getraut, die bei ihr in der Toilette in den Abfall zu werfen! Stattdessen habe ich sie in Klopapier gewickelt und in meine Handtasche gesteckt, um sie zu Hause zu entsorgen. Bin ich eigentlich bescheuert?"

Sind die lieben Kleinen erst mal da, eröffnet sich der Meckerziege natürlich ein schier unerschöpfliches Feld an Möglichkeiten, der Schwiegertochter ungefragt Ratschläge zu erteilen und ihr bei jeder Gelegenheit ihre Defizite als Mutter vor Augen zu führen.

Elisabeth (41) erzählt:
„Meine Schwiegermutter und ich geraten vor allem in Sachen Kindererziehung aneinander, denn immer wenn es um meine Tochter geht, gibt sie mir das Gefühl, sie weiß es besser. Ständig mischt sie sich ein und kommentiert ungefragt alles, was ich tue, obwohl sie das nichts angeht – schließlich bin ich ja die Mutter! Ist die Kleine mal erkältet, kommt todsicher der Spruch: ,Du hast sie halt nicht warm genug angezogen!' Am liebsten hätte sie die Kleine sowieso den ganzen Tag um sich; manchmal kommt es mir vor, als müsste ich für mein eigenes Kind Besuchsrecht beantragen. Mein Mann hat leider kein Verständnis für meinen Ärger. Er meint, ich wäre überempfindlich. Ich solle einfach froh sein, dass sie sich so viel um Svenja kümmert, und nicht hinhören, wenn sie kluge Sprüche klopft, aber das schaffe ich nicht. Sie weiß genau, wie sie mich verunsichern kann, schließlich ist Svenja mein erstes Kind, aber das heißt doch wohl nicht, dass ich zu blöd bin, sie groß zu ziehen?!"

Elisabeth spricht hier einen besonders sensiblen Punkt bei vielen Schwiegertöchtern an, denn selbstverständlich ist eine junge Mutter beim ersten Kind noch nicht so souverän und gelassen, wie sie es vielleicht beim dritten sein wird. Natürlich will sie möglichst gut für das Kind sorgen, macht sich ohnehin viele

Gedanken und fühlt sich in vielem noch unsicher. Daher trifft die Kritik der Meckerziege einen Nerv, umso mehr, als die Ältere sich wahrscheinlich immer wieder auf ihren größeren Erfahrungsschatz beruft und damit jene Selbstzweifel bei der Schwiegertochter nährt, die dieser ohnehin schon das (Mutter-)Leben schwer genug machen.

Daniela (34) erzählt:
„Finn ist ihr erstes Enkelkind, und meine Schwiegermutter hat sich auf ihn gestürzt wie der Falke auf die Maus. Seither weiß sie alles besser als ich. Der Gipfel war dann ein Gartenfest im Sommer beim Bruder meines Mannes. Wir kamen da hin, ich hatte Finn eine leichte Spielhose und ein T-Shirt angezogen. Kaum hatte meine Schwiegermutter uns entdeckt, riss sie mir den Kleinen fast aus dem Arm, marschierte mit ihm zu ihrem Platz und packte dort eine andere Hose und ein kariertes Hemdchen aus, das sie mitgebracht hatte. Sie zog ihn einfach um, ohne nur zu fragen, ob mir das Recht wäre. Als ich zu ihr ging und sie fragte, was sie da mache, meinte sie, sie fände das Shirt, das ich ihm angezogen hätte, schon lange scheußlich, und die Hose sei viel zu dünn für das derzeitige Wetter. Mir blieb der Mund offen stehen! Mühsam schluckte ich meinen Ärger runter, weil ich das Fest nicht mit einem Streit beginnen wollte, aber ich hätte sie wahnsinnig gerne geohrfeigt!"

Leider ist es für Schwiegertöchter von Meckerziegen oft sehr schwierig, ihren Partner für das Thema zu interessieren oder ihn als Verbündeten gegen die Attacken der Schwiegermutter zu gewinnen. Das kann verschiedene Ursachen haben – Sie selbst können wohl am besten beurteilen, welche die wahrscheinlichste in Ihrem Fall ist, wenn Ihr Mann auf diesem speziellen Ohr trotz wiederholter Bitten Ihrerseits offenbar spontan ertaubt ist:

Möglichkeit 1: Die Kritik der Meckerziege an Ihnen und Ihrem Verhalten zielt in eine Richtung, die Ihrem Partner nicht so unangenehm ist – weil sie unterm Strich seiner Bequemlichkeit dienlich ist. Das kann beispielsweise der Fall sein, wenn es sich um Dinge wie Haushaltsführung dreht. Neigt Ihre Schwiegermutter zur Überversorgung – sprich: hat sie Ihrem Mann schon immer alles an der lästigen Hausarbeit abgenommen –, Sie dagegen möchten gerne eine partnerschaftliche Rollenverteilung erreichen? Dann ist es für ihn natürlich praktisch, wenn seine Mutter entsetzt darüber ist, dass Sie schlimme Person verlangen, dass der arme Mann seine Hemden selbst bügelt … und sich stillschweigend hinter Ihrem Rücken über den Wäschekorb hermacht. Vermutlich schaut er Sie unschuldig-verständnislos an, wenn Sie dann wütend reagieren: „Aber Schatz, freu dich doch, die Hemden sind jetzt gebügelt, das ist das, worauf es ankommt, oder?"

Möglichkeit 2: Ihr Partner ist aus seiner Ursprungsfamilie so sehr an kontinuierliche Kritik gewohnt, dass er *tatsächlich* in gewisser Weise auf diesem Ohr taub geworden ist: Wahrscheinlich hat er in all den Jahren, in denen er mit seiner Mutter zusammengelebt hat, eine Strategie perfektioniert, mit deren Hilfe das Genörgel seiner Mutter bei ihm zu einem Ohr rein und zum anderen wieder raus geht, ohne dass er es überhaupt wahrnimmt. Ein bisschen funktioniert das dann wie bei Leuten, die jahrelang dicht an den Bahngleisen wohnen und sich an das Hintergrundgeräusch so gewöhnen, dass sie – darauf angesprochen – nur verblüfft fragen: „Zug? Welcher Zug?" – Ihr Pech ist dann leider, dass Sie selbst diese Taubheit entweder im Schnelltempo entwickeln oder Ihren Partner irgendwie neu sensibilisieren müssen. Sonst begreift er vielleicht gar nicht, wovon Sie da reden.

Möglichkeit 3: Ihre Meckerziege gehört zu denen, die sich schlagartig in ein sanftes Lämmchen verwandeln, sobald Ihr

Gatte in Hörweite auftaucht. Diese Unterart der Spezies Meckerziege ist leider weit verbreitet und in ihrer Technik ziemlich perfide: Sie kritisiert Sie nur dann, wenn Ihr Partner nicht dabei ist, und streitet entrüstet alles ab, was Sie ihr vorwerfen, wenn Sie sich bei ihm beklagen. *Selbstverständlich* haben Sie sie vollkommen missverstanden, als Sie annahmen, sie wolle mal wieder an Ihrem Make-up herummäkeln – sie hatte nur eine besorgte Bemerkung gemacht, dass Sie heute schon wieder so blass aussähen! Reine Anteilnahme! Und als sie Ihnen diesen Artikel über Hyperaktivität bei Kindern vorlesen wollte, da hatte sie damit nicht sagen wollen, dass Sie Ihren Ältesten nicht genügend im Griff haben, um Gottes Willen! – Oder Ihre Schwiegermutter erleidet, wenn Ihr Partner sie auf Ihr Drängen hin nach bestimmten Dingen fragt, die sie an Ihnen kritisiert hat, einen Anfall von Amnesie und erinnert sich einfach nicht mehr, überhaupt *jemals* so etwas gesagt zu haben. Dann steht Ihr Wort gegen ihres – und Ihr Partner fühlt sich wahrscheinlich ganz schön in der Zwickmühle, wenn er jetzt den Schiedsrichter spielen soll. Kein Wunder, dass er schleunigst versucht, das Schlachtfeld zu verlassen!

Schuldzuweisungen an Ihre Adresse gehören bei Meckerziegen ebenfalls zum Standard. Weil Sie so viel arbeiten, hat Ihr Kind eine Vier im Deutschaufsatz nach Hause gebracht. Weil Sie Ihre Schwiegermutter nicht mögen, kommt der Sohn nur noch dreimal im Jahr zu Besuch, obwohl er früher so ein anhängliches Kind war! Wenn Sie nicht darauf bestanden hätten, dass die Kinder einen Garten zum Spielen haben sollten, dann müsste Ihr armer Mann jetzt nicht jeden Samstag Rasen mähen ... Grundsätzlich sind Sie in den Augen der Meckerziege diejenige, die immer irgendetwas falsch gemacht hat. Ihr Mann hat selbstverständlich mit all dem nichts zu tun, er ist ja nur Ihr armes Opfer. Warum bloß?

Dahinter können zwei verschiedene Motivationen Ihrer Schwiegermutter stecken. Vielleicht gehört sie einfach zu denjenigen Menschen, die sich selbst gerne auf Kosten anderer erhöhen. Schließlich gibt es zwei Möglichkeiten, wie man sich selbst größer erscheinen lassen kann: entweder, indem man sich selbst nach der Decke streckt (oft anstrengend!) oder indem man die Menschen um sich herum kleiner macht (oft leichter!). Meckerziegen tendieren meist zur zweiten Variante. Da aber selbst sie eine gewisse Beißhemmung dem eigenen Sohn gegenüber verspüren – was liegt da näher, als statt seiner einfach Sie einen Kopf kürzer zu machen? Vielleicht gehört Ihre Schwiegermutter aber auch zu den Müttern, die ihren Kindern gegenüber einfach blind vor Liebe sind und nicht den kleinsten schwarzen Fleck auf deren strahlendweißen Weste ertragen können. Ob dem so ist, erkennen Sie leicht daran, dass Ihr Partner in so einem Fall in den Augen Ihrer Schwiegermutter einfach nichts falsch machen kann, in allem der Größte und Beste ist und insgesamt ohnehin die fabelhafteste Erfindung seit geschnittenem Brot darstellt. Aller Wahrscheinlichkeit nach ist es Ihrer Schwiegermutter dann zu unangenehm, sich der Wahrheit zu stellen, dass ihr Herzblättchen möglicherweise die eine oder andere Schwäche aufweist – vielleicht, weil sie fürchtet, dadurch sich selbst als Mutter in mancher Hinsicht hinterfragen zu müssen.

Kaja (31) erzählt:
„Mein Mann ist selbstständiger Dachdecker und kann sich über Auftragsmangel nicht beklagen. Im Gegenteil, in den letzten Jahren habe ich mich oft beschwert, weil er so viel gearbeitet hat und so wenig Zeit für die Familie blieb. Deshalb habe ich nie verstanden, warum wir dauernd in Geldnot waren. Er erklärte mir dann immer etwas von hohen Außenständen und darüber, wie schwer es sei, Kunden zu einer anständigen Zahlungsmoral zu bewegen. Ich habe ihm geglaubt.

Letzten Monat ist das Ganze aufgeflogen. Er hat mir gestanden, dass er seit Jahren spielsüchtig ist und immense Summen verloren hat. Das lief wohl hauptsächlich über das Internet, deshalb war ich völlig ahnungslos, ich dachte ja, er arbeitet, wenn er in seinem Zimmer vor dem Computer saß! Gesagt hat er es mir nur, weil uns eine Pfändung ins Haus stand, und ihm wohl klar war, dass er es jetzt nicht mehr länger vor mir verheimlichen konnte. Wir stehen vor dem Ruin. Ich war total geschockt! Heulend lief ich zu meiner Schwiegermutter, aber die ließ mich eiskalt abblitzen. Sie meinte, das sei alles nur meine Schuld, wenn Daniel mit mir glücklich wäre, hätte er so etwas nicht notwendig gehabt. Dabei weiß ich, dass er seit seinem siebzehnten Lebensjahr exzessiv spielt, er hat es mir selbst erzählt. Und sie weiß es auch – sie hat ihm immer wieder Geld zugesteckt, damit sein Vater nicht dahinter kam! Warum tut sie dann jetzt so, als wäre ich dafür verantwortlich?"

Daniels Mutter zieht es offensichtlich vor, die Augen vor einer Realität zu verschließen, die für sie zu schmerzlich und/oder zu bedrohlich wäre, als dass sie sie akzeptieren könnte. Wie viel einfacher ist es, einer Schwiegertochter, mit der sie nicht viel verbindet, den Schwarzen Peter zuzuschieben, als sich selbst einzugestehen, dass sie vielleicht in der Erziehung des eigenen Sohnes ein paar Fehler gemacht hat? Oder dass der Sohn, den sie bisher als makellose Krönung des eigenen Lebenswerkes wahrgenommen hat, vielleicht nur ein normaler, durchschnittlicher Mann mit normalen, durchschnittlichen Mängeln ist?

Im Umgang mit einer Meckerziege ist es wichtig, sehr viel für das eigene Selbstwertgefühl zu tun und sich selbst so liebevoll zu behandeln wie nur möglich. Gerade Frauen tragen aufgrund ihrer Erziehung häufig ohnehin einen extrem strengen „inneren Kritiker" mit sich herum, der es ihnen zum einen schwer macht, ihre eigenen Leistungen angemessen zu würdigen und zum anderen beim noch so kleinsten Fehler unerbittlich über sie herfällt: „Ich hab's ja gewusst, immer mache ich alles falsch!" (Haben Sie schon mal einen Mann diesen Satz sagen hören? Also, ich nicht!) Wenn sich die Meckerziege mit diesem inneren Kritiker verbündet, kann das verheerende Folgen haben. Für Sie sind daher die Strategien zur Selbstwertpflege, die Sie in Kapitel VI finden, absolutes Pflichtprogramm! Dort finden Sie auch zahlreiche Vorschläge, wie Sie mit direkter und indirekter Kritik Ihrer Meckerziege ab sofort besser fertig werden können. Die wirklich hohe Kunst im Umgang mit ihr besteht für Sie jedoch vor allem darin, dass Sie sich immer wieder folgende Punkte ins Bewusstsein rufen:

1. Eine Kritik kann Sie nur dann treffen oder verletzen, wenn Sie selbst das zulassen. Bringt Sie nahezu jede Kritik, die Ihre Schwiegermutter äußert, aus der Fassung, liegt das wahrscheinlich mehr an Ihnen selbst als an ihr. Noch mehr Selbstwertpflege, bitte!

2. Sie haben das Recht auf Ihre Sicht der Dinge, Ihre Schwiegermutter hat ein Recht auf ihre. Es gibt kein Gesetz, das Sie beide zwingen würde, auf einen gemeinsamen Nenner hinsichtlich aller Lebensfragen zu kommen oder sich zu lieben. Ein respektvoller, höflicher Umgang miteinander ist vollkommen ausreichend für den Alltag.

3. Sie haben das Recht, Ihre eigene Position zu vertreten und dafür zu sorgen, dass die von Ihnen gezogenen Grenzen nicht überschritten werden. Wenn Sie das nämlich nicht tun, tut es niemand! Dazu gehört, dass Sie sagen, wenn eine Kritik Sie verletzt oder beleidigt. Solange Sie im Ton und in der Wortwahl angemessen respektvoll und ruhig bleiben, dürfen Sie alles sagen, was Sie wollen. Eine gute Richtschnur ist

dabei immer, sich zu überlegen, ob man das, was man loswerden will, in dieser Form auch zu einer familienfremden Person, beispielsweise einer Kollegin oder einer Nachbarin, sagen könnte.

Eine letzte Variante des Meckerziegentums haben wir bisher noch nicht besprochen: diejenigen unter ihnen nämlich, die quasi das Gegenstück zum „braven Lämmchen" darstellen. Bei dieser Unterart wird die Kritik niemals an Sie direkt gerichtet, sondern lediglich hinter Ihrem Rücken an Ihren Partner oder andere – mehr oder weniger nahe stehende – Personen. Solange Sie selbst in Hörweite sind, fällt in diesem Fall kein böses Wort über Sie, im Gegenteil, oft sind Meckerziegen, die diese Vorgehensweise anwenden, zur Schwiegertochter selbst besonders freundlich und wohlwollend. Bekommt die Meckerziege dieses Schlages aber Ihren Partner alleine zu fassen, öffnen sich die Schleusen ihrer Kritik sofort sperrangelweit. Und nicht nur bei Ihrem Partner zieht eine solche Schwiegermutter gerne und ausführlich über Sie her, sondern auch bei anderen Verwandten, Nachbarn, Freunden, Ihren Kollegen, Ihrem Chef, der Bäckersfrau und dem Gemüsehändler.

Mit einer solchen Schwiegermutter umzugehen, ist eine große Herausforderung, denn diese Taktik ist besonders hinterhältig und schwer auszuhebeln. Bei Licht betrachtet, ist diese Schwiegermutter keine echte Meckerziege. Echte Meckerziegen ziehen ihre Befriedigung nämlich daraus, die Reaktion ihres Opfers auf ihre Kritik direkt mitzuerleben. In welcher Form auch immer sie diese äußern – laut, leise, direkt, indirekt, in Worten oder Taten – sie sorgen dafür, dass Sie als das Ziel ihrer Kritik dabei anwesend sind. Wenn Ihre Schwiegermutter das nicht tut, sondern Sie immer nur über Dritte erfahren, dass sie offensichtlich schlecht über Sie gesprochen haben muss, dann haben Sie möglicherweise keine Meckerziege erwischt, sondern ein Exemplar des nächsten Schwiegermutter-Typs, den ich Ihnen vorstellen möchte: eine Intrigenspinne.

Die Intrigenspinne:
„Ich hab' doch gar nichts gesagt!"

Melanie (25) erzählt:
„Die Mutter meines Freundes war mir gegenüber immer sehr nett, sie machte mir häufig Komplimente über mein Aussehen oder äußerte sich bewundernd darüber, dass ich die Beste in meinem Jahrgang im Jurastudium war. Dass irgendwas nicht so war, wie es sein sollte, merkte ich erst nach einer ganzen Weile. Immer dann, wenn mein Freund allein bei seiner Mutter zum Essen gewesen war – also jeden Mittwochabend – war er irgendwie anders als sonst, verschlossener, als wäre er innerlich weit weg von mir. Er verzog sich dann meist gleich an seinen Computer und surfte den Rest des Abends durchs Internet oder spielte irgendwelche Ballerspiele. Wenn ich nachfragte, hieß es immer nur, dass ich mir da was einbilden würde oder dass er eben müde sei und mal ein bisschen Zeit für sich brauche.

Eine Zeitlang gab ich mich damit zufrieden, aber irgendwann hatte ich es satt und setzte Jens so lange unter Druck, bis er mit der Sprache herausrückte: Seine Mutter nutzte die gemeinsamen Abende mit ihm systematisch, um mich nach allen Regeln der Kunst bei ihm schlecht zu machen. Ich sei zu egoistisch, ich sei zu karrieregeil, ich würde bestimmt mal eine schlechte Mutter werden, weil mir mein Studium und später der Beruf so wichtig seien. Und ob er eigentlich sicher sei, dass ich ihn nicht betrügen würde – schließlich sei ich immer so aufreizend angezogen,

Shorts im Sommer und ausgeschnittene Tops, das sei ja wohl eine Einladung an sämtliche Männer um mich herum. Erst war ich völlig von den Socken – ich hatte schließlich in dem Glauben gelebt, dass sie mich mag –, dann wurde ich furchtbar wütend! Ich schimpfte auf sie, ich schimpfte auf ihn, dass er sich das brav und bieder jeden Mittwochabend anhörte, statt ihr das blöde Abendessen vor die Füße zu kippen und ihr die Meinung zu sagen. Er war ganz kleinlaut, meinte, es sei ihm doch egal gewesen, was sie über mich sagte, sie sei halt eine schwierige Person, und er habe das alles nicht ernst genommen. Aber ich glaube das nicht – wenn mit Dreck geschmissen wird, bleibt immer etwas hängen, und ich bin sicher, dass sie ihn mit ihrem Gerede verunsichert hat!"

Gaby (42) erzählt:
„Wir hatten gerade unser drittes Kind bekommen und ich war überglücklich. Wir hatten schon zwei Söhne, das dritte war endlich das ersehnte Mädchen. Alles sah perfekt aus. Ich wunderte mich nicht einmal, dass meine Schwiegermutter sich relativ zurückhaltend gab und nicht wie bei den beiden ersten Kindern gleich am Tag nach der Geburt im Krankenhaus auftauchte. Ich dachte, es ist halt das dritte, jetzt ist es nicht mehr so spannend für sie.

Ein paar Wochen nach der Entbindung war ich das erste Mal mit Anna-Maria im Kinderwagen auf dem Markt, um einzukaufen. Eine Nachbarin meiner Schwiegermutter kam uns entgegen und blieb stehen, um Anna-Maria zu bewundern. Irgendwann machte sie dann eine Bemerkung, es sei schade, dass die Oma sich ja so gar nicht an ihrer neuen Enkelin freuen könne. Ich wurde hellhörig und bohrte so lange nach, bis sie verlegen damit herausrückte: Meine Schwiegermutter erzählte seit Beginn meiner dritten Schwangerschaft überall im Ort herum, ich hätte meinem Mann das dritte Kind nur abgeluchst, damit es bei uns im Haus ja keinen Platz mehr für sie gäbe, wenn sie mal alt und pflegebedürftig sei! Früher habe er immer zu ihr gesagt, sie werde, wenn sie einmal alt sei, natürlich bei ihm wohnen, aber ich hätte das nie gewollt. Das dritte Kind sei nur dazu da, um sicherzustellen, dass sie im Fall des Falles ins Pflegeheim müsse und nicht bei uns unterkommen könne! Den ganzen Nachhauseweg habe ich geheult. Wie kann man nur so etwas Gemeines denken, geschweige denn sagen? Und dann noch zu ganz fremden Leuten?"

Regina (34) erzählt:
„Als ich mit unserem zweiten Kind schwanger war, veränderte sich das Verhalten meines Mannes irgendwie. Ich habe eine Zeit gebraucht, bis ich auf die Idee kam, dass er vielleicht eine Affäre haben könnte. Als er eines Abends wieder später kam, keinen Hunger mehr hatte und auch noch nach einem fremden Parfüm roch, machte ich ihm eine Szene. Er brüllte zurück, er sei bei seiner Mutter gewesen, ich solle mich nicht so anstellen. Ich glaubte ihm nicht. Er griff zum Telefon, rief meine Schwiegermutter an und sagte, sie solle mir bestätigen, dass er die letzten Stunden über bei ihr gewesen sei. Dann drückte er mir den Hörer in die Hand. Seine Mutter zeterte sofort los, natürlich sei er bei ihr gewesen, ich solle mal meinen Kopf untersuchen lassen, ich sei ja paranoid. Ich ließ den Hörer fallen und dachte, ich verliere noch den Verstand.

Zwei Wochen nach der Geburt unserer Tochter gestand Karsten mir dann, dass er seit über einem Jahr eine Affäre mit einer Kollegin hatte und sich von mir trennen wolle. Seine Mutter hatte die ganze Zeit Bescheid gewusst – sie hat ihm den Rücken frei gehalten und mich damals nach Strich und Faden belogen. Noch am gleichen Tag ist Karsten ausgezogen, zu seiner neuen

Freundin. Heute sind wir geschieden. Mit meiner Ex-Schwiegermutter habe ich nie mehr nur ein Wort gesprochen."

Eine Intrigenspinne ist vielleicht der schlimmste Schwiegermutter-Typ, an den eine Frau geraten kann. Das liegt zum einen daran, dass ihre Manöver so schwer zu durchschauen sind, manchmal gar nicht und manchmal erst viel zu spät. Schwer ist es auch, sich – selbst *wenn* man sie durchschaut hat – gegen sie zur Wehr zu setzen, denn sie bietet einem keine Möglichkeit zu einer unmittelbaren Reaktion. Sie kritisiert Sie nicht direkt, sondern sie versprüht ihr Gift immer gerade außerhalb Ihrer Reich- und Hörweite. Bei der Nachbarin beklagt sie sich darüber, dass Sie sich letzte Woche wieder so unverschämt ihr gegenüber benommen haben, dass sie die ganze Nacht vor Herzbeschwerden nicht schlafen konnte. Bei der Verwandtschaft lässt sie kryptische Andeutungen dahingehend fallen, dass Sie mit Geld nicht umgehen können und Ihr armer Mann sich krumm und lahm arbeiten muss, um Ihre überzogenen Ansprüche zu erfüllen. Ihrer Chorgemeinschaft jammert sie vor, dass sie ihre Enkelkinder kaum noch sehen darf, weil Sie furchtbar eifersüchtig auf das gute Verhältnis waren, das die Kinder zu ihr hatten.

Bis die Vorwürfe und Anschuldigungen bei Ihnen ankommen, haben sie mindestens einen, oft mehrere Adressaten passiert – und in dieser Zeit ungehindert mehr oder weniger massiven Schaden anrichten können. Konfrontieren Sie Ihre Schwiegermutter dann wutschnaubend mit dem, was Sie da gerade in Erfahrung gebracht haben, dann windet sie sich geschickt aus der Sache heraus: „Das habe ich nie gesagt! Ich weiß gar nicht, wie die Frau Meier dazu kommt, so was zu behaupten!" Solange Sie nicht bereits genügend inneren Leidensdruck aufgebaut haben, um Frau Meier umgehend an den Haaren zu sich nach Hause zu schleppen und sie zu zwingen, im Angesicht Ihrer Schwiegermutter zu wiederholen, was diese gesagt hat, stehen Sie auf verlorenem Posten. Oft genug wird es aber so sein, dass die negativen Aussagen über Sie zwar alle um Sie herum erreichen, Sie selbst aber völlig ahnungslos bleiben. Und was man nicht weiß, dagegen kann man sich nicht verteidigen.

Gerne wählt die Intrigenspinne für ihre Attacken Sachverhalte, in denen ein Körnchen Wahrheit steckt, die sie dann aber nach Kräften verdreht, aufbauscht und in ihrem Sinne ausschmückt. Das läuft dann in etwa so ab:

Intrigenspinne (am Telefon): Karin, du musst mich unbedingt gleich morgen früh um viertel vor acht abholen und mit mir zu Aldi fahren! Die haben Sommerblumen im Angebot, ganz billig, da kann ich eine Menge Geld sparen. Aber die sind immer sofort weg, die Leute stürzen sich auf die guten Sachen ja immer wie die Geier. Wir müssen auf jeden Fall vor Ladenöffnung um acht schon da sein, sonst bekomme ich nicht mehr das, was ich will!

Sie: Oh, das ist jetzt aber schlecht, liebe Intrigenspinne, ich habe morgen früh um halb neun einen Termin bei der Kosmetikerin, das schaffe ich nicht, wenn wir vorher noch zu Aldi wollen. Aber um zehn bin ich sicher fertig, dann hole ich dich ab und wir fahren gleich los, ja?

Intrigenspinne: Nein, das geht nicht! Um zehn ist viel zu spät, bis wir dann dort sind, ist es ja halb elf, da ist schon alles weg, ich kenne das schon! Entweder, man ist vor Ladenöffnung da bei diesen Aktionen, oder man kann es sich gleich sparen. Verschieb den Termin bei der Kosmetikerin!

Sie: Aber jetzt ist es schon halb sieben, da erreiche ich die Kosmetikerin nicht mehr! Und morgen früh so kurzfristig absagen möchte ich nicht gern, das ist doch für die Frau blöd, die teilt sich ihre Termine ja ein. Und ich hab's wirklich nötig, ich war schon drei Monate nicht mehr dort! Wir bekommen bestimmt um zehn auch noch deine Blumen. Wenn alle Stricke reißen, fahre ich dich zum Gartenmarkt, da gibt es sicher noch genug.

Intrigenspinne (weinerlich): So, die Kosmetikerin ist dir wichtiger als ich. Bitte, bitte, dann habe ich dieses Jahr halt keine Sommerblumen im Garten. Dabei habe ich mich an denen immer so gefreut! Wer weiß, wie lange ich das noch kann.

Sie: Du, ich habe eine Idee, frag mal deine Nachbarin, Frau Schneider, die kauft ihr doch auch immer bei Aldi, hat sie mal erzählt! Vielleicht fährt die sowieso, dann könntet ihr zusammen ...

Intrigenspinne (spitz): Tja, wird mir wohl nichts anderes übrig bleiben. Dass ich in meinem Alter mal auf die Gnade und Barmherzigkeit meiner Nachbarin angewiesen sein würde, wenn das mein seliger Franzl wüsste ... (legt auf).

Drei Tage später treffen Sie Frau Schneider zufällig beim Zahnarzt im Wartezimmer. Sie geht sofort auf Sie los: „Also wissen Sie, Karin, es ist ja sonst nicht meine Art, meine Nase in anderer Leute Angelegenheiten zu stecken, aber ich muss Ihnen doch einmal sagen: so geht's nicht! Ihre arme Schwiegermutter! Den ganzen Vormittag hat sie bei mir geweint, weil Sie am Telefon so patzig zu ihr waren. Sie soll Sie mit ihrem Kram in Frieden lassen, ihre Blümchen würden Sie nichts angehen, haben Sie gesagt. Und dass Sie Besseres zu tun haben, als eine alte Frau durch die Gegend zu kutschieren. Hören Sie, so können Sie wirklich nicht mit Ihrer Schwiegermutter reden. Die Arme war ja völlig durch den Wind. Wo sie sich immer solche Mühe gibt, niemandem zur Last zu fallen. Und wenn sie Sie dann ein einziges Mal um einen kleinen Gefallen bittet, dann lassen Sie sie so abfahren!" – Wenn Sie dann angesichts dieser Verdrehung der Tatsachen Ihren Mund wieder zubekommen haben, können Sie ja vielleicht versuchen, bei Frau Schneider das eine oder andere richtig zu stellen. Aber ob es viel nützt? Mal ganz abgesehen davon, dass Frau Häberle von gegenüber, Frau Pfeiffer von der Aldi-Kasse und Frau Albert aus dem Drogeriemarkt zu diesem Zeitpunkt ebenfalls längst informiert sind, was Sie für eine schlimme Person sind!

Handelt es sich bei der obigen Geschichte noch um einen verhältnismäßig harmlosen Akt der Tatsachenverzerrung, so müssen Sie im Umgang mit einem solchen Exemplar leider durchaus auch mit schwereren Kalibern von Intrigen rechnen. Wenn eine Intrigenspinne nämlich mal so richtig vom Leder zieht, dann schreckt sie nicht vor Aussagen zurück, die vor Gericht unter Begriffen wie Rufmord, Verleumdung oder zumindest üble Nachrede geführt werden würden. Trifft sie beispielsweise Ihren Kinderarzt beim Einkauf, raunt sie ihm mit besorgt gerunzelter Stirn zu, sie habe schon lange den Verdacht, dass Sie Ihre Kinder bisweilen ... nun ja ... etwas zu grob anfassen würden, Sie seien halt etwas unbeherrscht – er möge bitte besonders auf entsprechende Anzeichen achten, ja? Ihrer Schwägerin vertraut sie unter dem Siegel der Verschwiegenheit an, dass sie seit Ihrem letzten Besuch bei ihr die 200 Euro vermisst, die sie im Küchenschrank liegen hatte. Sie hat es ja immer gesagt, Sie sind nur auf ihr Geld aus – eines Tages werden Sie sie noch umbringen, um früher ans Erbe zu gelangen! Sehr beliebt bei Intrigenspinnen ist leider auch die Unterstellung, die Schwiegertochter habe dem arglosen Sohn ein Kuckucksei untergejubelt. „Dass der Bankert nicht von meinem Sohn ist, sieht man doch auf den ersten Blick", erklärt sie dann allerorten im Brustton der Überzeugung. Selbstverständlich nicht dann, wenn Sie in Hörweite sind und entsprechend reagieren könnten!

Clara (25) erzählt:
„Als ich schwanger wurde, haben mein Freund und ich noch nicht zusammengewohnt. Vom ersten Tag an hat seine Mutter

ihm einzureden versucht, dass das Kind nicht von ihm sei und dass er ja nicht mit mir zusammenziehen solle. Ich wolle ihm nur ein Kuckuckskind unterjubeln, damit mein Bastard einen Ernährer habe. Das hat sie wirklich so gesagt, natürlich nicht dann, wenn ich dabei war. Die Schwester meines Freundes hat mir das erzählt, weil sie mich mochte und weil sie wissen wollte, wie ihre Mutter auf so eine Idee käme. Ich habe meine heutige Schwiegermutter dann darauf angesprochen und gefragt, warum sie so einen Quatsch erzählen würde, da meinte sie, es wisse jeder, was ich für eine Schlampe sei und was ich für eine Vergangenheit hätte. Mir sei nicht zu trauen. Ich war einfach sprachlos, konnte überhaupt nichts mehr sagen.

Irgendwann hatte sie meinen Freund dann so verrückt gemacht, dass er sich tatsächlich von mir trennte. Zwei Tage später stand er heulend vor der Tür und flehte mich an, ihm zu verzeihen. Mittlerweile ist unser Sohn ein dreiviertel Jahr alt, wir haben vor zwei Monaten geheiratet, und meine Schwiegerhexe versucht jetzt auf gut Wetter zu machen. Ich beiße die Zähne zusammen, ich will ja nicht schuld sein, dass mein Sohn ohne seine Oma aufwächst. Trotzdem könnte ich jedes Mal kotzen, wenn sie den Kleinen auf den Arm nimmt."

Ganz klar, solche Unterstellungen sind pures Gift für eine Beziehung. Und dies ist ein weiterer Grund, warum die Spezies der Intrigenspinne so besonders gefährlich für Schwiegertöchter ist. Wohl keiner der anderen Typen wirkt sich so destruktiv auf die Qualität einer Paarbeziehung aus wie dieser. Denn natürlich ist Ihr Partner stets ein bevorzugter Adressat der Intrigenspinne; letztendlich geht es ihr ja vor allem darum, ihn davon zu überzeugen, dass er mit Ihnen einen schlechten Griff gemacht und sich unter Wert verkauft hat. Ihr Partner muss schon ein besonders cleverer, hundertprozentig abgenabelter Mann sein, um dieses Spielchen zu durchschauen. Schließlich ist diejenige, die da die Fäden zieht und spinnt, ja seine Mutter! Ganz schön schwer für einen liebenden Sohn zu erkennen, dass das, was sie da gerade mit seiner Frau anstellt, alles andere als akzeptabel, ja geradezu bösartig ist!

Sensible Informationen, die Sie ihr im guten Glauben anvertrauen, verwendet die Intrigenspinne bei passender Gelegenheit skrupellos gegen Sie, wenn es ihren Zielen dient. Teilnahmsvoll hört sie Ihnen zu, wenn Sie Ihr Herz ausschütten, und gibt Ihnen das warme Gefühl, eine echte Freundin in ihr gefunden zu haben. Umso größer dann der Schock, wenn Sie feststellen, dass das, was Sie da über sich unter dem Siegel der Verschwiegenheit preisgegeben haben, plötzlich zur Waffe in der Hand Ihrer Intrigenspinne wird.

Anita (28) erzählt:
„Mein Vater war Alkoholiker und hat mich als Kind viele Jahre lang sexuell missbraucht. Es hat lange gedauert, bis ich die Folgen dieser Kindheit einigermaßen überwunden hatte; manches belastet mich noch heute. Als ich Jan kennenlernte, dachte ich, nun läge eine unbeschwertere, glückliche Zeit vor mir. Leider hatte ich die Rechnung ohne seine Mutter gemacht. Ich weiß nicht, was Jan ihr im Vorfeld unseres ersten Treffens über mich erzählt hat, er muss wohl zumindest angedeutet haben, dass ich es als Kind nicht leicht hatte. Ziemlich bald fing sie an, mich über meine Familie und meine Vergangenheit auszufragen. Sie machte das sehr geschickt, ich fühlte mich überhaupt nicht ausgehorcht, sondern hatte einfach den Eindruck, dass sie sich wirklich für mich interessierte und möglichst viel über mich erfahren wollte. Irgendwann erwähnte ich dann den Missbrauch und die Tatsache, dass mein Vater nach jahrelanger Alkoholabhängigkeit vor kurzem an Leberzirrhose gestorben

war. Jans Mutter reagierte betroffen und mitfühlend, war sehr lieb zu mir.

Nie hätte ich gedacht, dass sie diese Informationen einfach weitertratschen würde! Ich war völlig ahnungslos, wunderte mich nur, dass Jans Schwester mir bei einer Familienfeier das zweite Glas Rotwein erst einschenkte, nachdem sie mit ihrem Mann einen bedeutungsvollen Blick gewechselt hatte. Eines Tages kam ein Cousin von Jan mit seiner Frau und seiner sechsjährigen Tochter zu Besuch. Ich kannte zwar den Mann, Frau und Tochter sah ich aber zum ersten Mal. Die Kleine gab mir artig die Hand, drehte sich dann zu ihrer Mutter um und fragte arglos: „Mami, das ist die mit dem Vater, der wo sich totgesoffen hat, oder?" Ich erstarrte zur Salzsäule; die Mutter des Kindes wurde flammendrot, murmelte halbherzig was von ‚Kindermund' und versuchte die Sache zu überspielen. Nachdem ich mich einigermaßen gefangen hatte, zog ich Jans Cousin beiseite und drängte ihn, mir die Wahrheit zu sagen. Es war ihm unglaublich peinlich, aber er gab zu, dass Jans Mutter in der ganzen Verwandtschaft mit ihrer Besorgnis hausieren ging, dass ihr heißgeliebter Sohn sich ausgerechnet ‚so ein kaputtes Ding' zur Freundin gesucht hatte. Als wäre ich eine defekte Maschine oder so! Ich habe den ganzen Abend wie ein Schlosshund geheult. Jan wusste überhaupt nicht, was er tun sollte."

Warum sich Intrigenspinnen so hinterhältig verhalten, ist oft nicht leicht zu sagen. Sicher eine Rolle spielt dabei, dass es ihnen natürlich eine Menge Macht verleiht, mithilfe gezielt gestreuter Informationen andere Menschen zu manipulieren. Die Position des Drahtziehers hinter den Kulissen kann sehr reizvoll sein, wenn man an solchen Manövern Freude hat.

Eine wichtige Position im Umgang mit einer Intrigenspinne nimmt wieder einmal Ihr Partner ein. Oft reagieren die Söhne solcher Frauen zunächst instinktiv damit, dass sie sich bemühen, die Unterstellungen und Attacken ihrer Mütter von ihren Ehefrauen fernzuhalten. Sie tun dies nicht aus Bosheit, sondern im guten Glauben, ihnen damit Kummer und Ärger zu ersparen. Leider erreichen sie damit in der Regel das Gegenteil. Unglücklicherweise haben viele Männer wie Jens tatsächlich den Eindruck, dass sie ihren Frauen einen Gefallen damit tun, wenn sie die Behauptungen der Schwiegermutter geduldig anhören. Sie glauben, es sei immer noch besser, ihre Mutter beschwere sich bei ihnen und nicht bei ihrer Frau, weil sie diese so vor deren Angriffen zu schützen glauben. Dass Jens damit im Gegenteil doppelt Schaden anrichtete, war ihm überhaupt nicht bewusst: Erstens spürte Melanie deutlich, dass ihm nach den Abenden bei seiner Mutter etwas zu schaffen machte, und das beunruhigte und verunsicherte sie – mehr vermutlich, als wenn sie von Anfang gewusst hätte, was vor sich ging, denn sie fühlte sich ausgeschlossen. Zweitens beraubte Jens Melanie damit der Möglichkeit, sich gegen die Vorwürfe seiner Mutter direkt zur Wehr zu setzen, während er selbst – wenn überhaupt – nur zu ziemlich lahmen Verteidigungsansätzen in der Lage war. Zu sehr war er selbst in dem Loyalitätskonflikt zwischen den beiden Frauen, die er liebte, gefangen. Schließlich ist niemand von uns gerne gezwungen, sich zwischen zwei ihm lieben Personen zu entscheiden. In einigen Fällen helfen klare Worte oder auch ein vorübergehender Kontaktabbruch, um eine Intrigenspinne zur Räson zu bringen; hartnäckige Exemplare lassen sich aber auch von drastischen Maßnahmen nicht unbedingt beeindrucken und spinnen munter weiter ihre Fäden. Die Beziehung dauerhaft zu beenden ist dann leider die einzige Lösungsmöglichkeit, man sollte sich diese extreme Entscheidung aber für den absoluten Notfall aufheben. Wir werden auf dieses schwierige Problem in Kapitel VI noch näher eingehen. Eine uneinsichtige Intrigenspinne lässt einem aber manchmal tatsächlich keine andere Wahl.

Das Klammeräffchen: „Lass mich nicht allein!"

Carina (31) erzählt:

„Meine Schwiegermutter ist eine echte Nervensäge. Sie ruft ständig wegen jedem Quatsch an, selbst wegen Sachen, die völlig unwichtig sind. Jedes Mal fragt sie dann in so einem wehleidigen Ton, ob wir heute nicht kommen oder ob sie vielleicht ‚kurz' zu uns kommen kann. Dabei sind wir ohnehin zweimal die Woche bei ihr zum Abendessen. Lasse ich mich weich klopfen und sage ja, dann habe ich sie für den Rest des Tages auf dem Hals. Früher ist mir das nie so aufgefallen, aber sie war eigentlich immer schon ein negativ denkender Mensch – Sie wissen schon: das Glas ist immer halb leer, nie halb voll. Seit dem Tod meines Schwiegervaters vor fünf Jahren lässt sie sich total hängen, oder wahrscheinlich sollte ich besser sagen: sie lässt sich tragen, und zwar von uns! Mein Schwiegervater ist ziemlich plötzlich an Bauchspeicheldrüsenkrebs gestorben, und für uns alle war es ein großer Schock. Meine Schwiegermutter wirkte mit einem Mal völlig hilflos, bei allem mussten wir springen. Sie hatte mit ihren 57 Jahren noch nie eine Überweisung alleine ausgefüllt, man stelle sich das mal vor! Sie hatte keine Ahnung von Dingen wie Versicherungen, Geldanlagen, den rechtlichen Belangen rund um ihr Eigenheim und all dem. Das hatte zeitlebens nun mal ihr Mann gemacht, und jetzt fühlte sie sich überfordert von allem, was da auf sie zukam.

Klar, dass wir ihr am Anfang gerne geholfen haben. Wir machten uns große Sorgen um sie, sie wirkte sehr depressiv und eine Zeitlang haben wir sogar gefürchtet, sie könnte sich etwas antun. Also waren wir viel um sie herum, ständig rief einer von uns an und schaute bei ihr vorbei. Als dann die Dinge erstmal grundsätzlich am Laufen waren und der erste Schock überwunden war, so nach eineinhalb Jahren, dachten wir, sie würde nun anfangen, wieder etwas selbstständiger zu leben. Da hatten wir uns aber schön geirrt! Jedes Mal, wenn es darum ging, dass sie langsam mehr ohne unsere Unterstützung klarkommen sollte, hatte sie tausend Gegenargumente. Alleine einkaufen? Geht gar nicht, schließlich hat sie keinen Führerschein und wir können von einer armen alten Frau nicht verlangen, dass sie schwere Einkaufstüten zu Fuß oder mit der Straßenbahn schleppt. Mal alleine oder mit einer Reisegruppe in Urlaub fahren? Um Gottes Willen, wo denken wir hin! Sie scheitert ja schon daran, einen Koffer ohne Hilfe zu packen. Und wenn dann in der Fremde etwas passiert, sie zum Beispiel krank wird, dann muss jemand von uns dabei sein und sich darum kümmern, dass sie optimal versorgt wird.

Wir haben es mit allem möglichen probiert, um uns aus diesem Würgegriff zu befreien. Sie steht finanziell gut da, sie könnte sich alles an Hilfe leisten, was sie will. Wir haben ihr einen Gärtner und eine Haushaltshilfe besorgt, beide hat sie wieder rausgeworfen, denn die könnten sie ja bestehlen. In ein Wohnheim will sie nicht, sie wohnt seit 30 Jahren in diesem Haus und sie verlässt es nur mit den Füßen voran, sagt sie. Wir haben sogar versucht, ihr einen Hund aufzuschwatzen, damit sie sich nicht mehr so alleine fühlt und wieder eine Aufgabe hat, aber nicht mal den wollte sie. Das ist ihr zu viel Verantwortung. Wenn wir schwächliche Versuche unternehmen, ab und zu mal nein zu sagen oder weniger Zeit mit ihr zu verbringen, dann drückt sie so gewaltig auf die Tränendrüse, dass wir wieder nachgeben. Und das Schlimme ist: Egal, wie viel Zeit wir mit ihr verbringen, es ist nie genug. Das Einzige, was sie wirklich zufriedenstellen würde, wäre, wenn wir unser Haus verkaufen und bei ihr einziehen würden, damit sie rund um die Uhr jemanden um sich hat. Bisher habe ich das erfolgreich verhindert – aber wenn sie mal wirklich pflegebedürftig oder auch nur schwächer wird, als sie gerade ist, dann weiß ich nicht, ob mein Mann nicht einbricht. Doch wenn das passiert, dann kann er gleich den Scheidungsanwalt anrufen, das mache ich nicht mit."

Susanne (41) erzählt:
„Das Schlimmste an meiner Schwiegermutter ist ihr dauerndes Gejammer über alles und jedes. Ich glaube, die Frau würde es umbringen, nur einmal auf die Frage, wie es ihr geht, einfach mit ‚danke, gut!' zu antworten. Dabei hat sie objektiv betrachtet eigentlich ein schönes Leben. Sie hat keine finanziellen Sorgen, lebt in einem schönen Häuschen und ist gesundheitlich sehr fit für ihr Alter. Sie war zwar vor einigen Jahren mal sehr krank, hat sich aber ausgezeichnet erholt und ist geistig noch voll auf der Höhe. Doch das ist in ihren Augen alles nichts wert. Man hat den Eindruck, sie sieht überhaupt nicht, was an ihrem Leben alles gut ist. Wenn's mal hier und da ein bisschen zwackt, dann ist das gleich ein Drama.

Das Problem ist, dass mein Schwiegervater meinem Mann quasi am Totenbett das Versprechen abgenommen hat, sich um seine Mutter zu kümmern. Und mein Mann ist so einer, der hält, was er verspricht, egal, was es ihn kostet. Leider ist er ein Einzelkind, alles bleibt an ihm hängen. Seither besteht meine Schwiegermutter darauf, dass er sie jeden (!) Samstag besucht und mit ihr einkaufen fährt, ihren Papierkram erledigt, ihr in häuslichen Dingen hilft und so weiter. Dazu muss er jedes Mal von Karlsruhe nach Stuttgart fahren, aber das ist ihr ja egal, auch wenn es Katzen hagelt oder Eis regnet. Es ist ihr auch egal, dass wir zwei kleine Kinder haben, die ihren Papa unter der Woche sowieso selten sehen, da mein Mann selbstständig ist und sehr viel arbeiten muss. Jedes zweite Wochenende holt mein Mann freitags auch noch seine kleine Tochter aus erster Ehe bei deren Mutter ab und bringt sie Sonntagabend zurück – 300 km einfach! –, aber auch das ist meiner Schwiegermutter egal. Umgekehrt ist es ihr dagegen zu beschwerlich, an Feiertagen wie beispielsweise Weihnachten oder Ostern mal zu uns zu kommen. Dabei würde mein Mann sie sogar abholen und wieder heimbringen, aber allein das Packen und die Vorstellung, nicht über den Heimvorteil zu verfügen, ist ihr so zuwider, dass sie das seit Jahren klipp und klar ablehnt.

Versucht mein Mann, sich mal auszuklinken oder nicht *jeden* Samstag zu kommen, wird meine Schwiegermutter immer gleich sterbenskrank. Entweder, sie bekommt Herzbeschwerden oder Atemnot oder ihr wird schwindlig oder sonst etwas. Dann wird ihm Angst und Bange, und am nächsten Wochenende flitzt er wieder los. Unsere beiden Kinder kommen bei all dem völlig zu kurz, von mir nicht zu reden. Mal spontan über ein Wochenende wegfahren? Nicht, bevor meine Schwiegermutter unter der Erde ist. Und das kann dauern, zäh ist sie!"

Das Klammeräffchen ist eine recht verbreitete Form der schwierigen Schwiegermutter. Meist, aber nicht immer, ist dieser Typus verwitwet; unter berufstätigen Schwiegermüttern findet man ihn eigentlich nie. Sehr häufig ist der Sohn, an den sich diese Schwiegermutter mit aller Kraft hängt, entweder ihr einziger, oder zumindest derjenige ihrer Kinder, der ihrem Herzen am nächsten steht. Wenn mehrere Geschwister vorhanden sind, entscheidet sich die Frage, wer von ihnen bevorzugte Zielscheibe des Klammeräffchens wird, oft nach dem Prinzip „den Letzten beißen die Hunde": Entweder, es trifft dann den Jüngsten in der Familie, oder aber denjenigen, der räumlich am nächsten an der Mutter drangeblieben ist und so auch ganz praktisch für sie am greifbarsten ist.

Sind Sie mit dem Sohn eines Klammeräffchens verheiratet, dann haben Sie wahrscheinlich öfter mal den Eindruck, Ihrer Schwiegermutter einfach nicht entkommen zu können. Sind Sie nicht bei ihr, ist sie bei Ihnen – zumindest kommt es Ihnen die meiste Zeit so vor. Präsenz verschafft sie sich dabei nicht unbedingt immer oder ausschließlich in persona, sondern gerne auch mittels Telefon oder – wenn sie technischen Neuerungen gegenüber aufgeschlossen ist – per E-Mail. Tägliche Anrufe sind dabei keine Seltenheit, in manchen Fällen klingelt das Telefon sogar vier-, fünfmal am Tag oder öfter! Und schaffen Sie es mit großer Mühe, sie ein Wochenende oder gar einen ganzen Urlaub lang abzuschütteln, haben Sie sie trotzdem dabei: als bleischweren Klotz nämlich, der auf Ihrem Gewissen liegt. Denn nahezu alle Klammeräffchen sind Virtuosinnen in der Kunst der emotionalen Erpressung und der sanften Manipulation. Ihre Strategien dabei sind moralische Entrüstung oder Äußerungen, die schlicht an Ihr Mitleid appellieren. Serviert werden diese gewürzt mit Tränen, Jammern und Klagen der Verzweiflung. Wenn es hart auf hart kommt, droht ein echtes Klammeräffchen damit, sich etwas anzutun, oder lässt zumindest unüberhörbar anklingen, dass es des Lebens herzlich überdrüssig sei – selbstverständlich ist das alles Ihre Schuld:

„Das hätte ich nie von dir gedacht, dass du mich so im Stich lässt ...“

„Wenn ich dir nur ein kleines bisschen wichtig wäre, dann würdest du ...“

„Ach, mir wäre es ja so viel lieber, wenn ich dir nicht zur Last fallen müsste, aber ...“

„Ich bin so ein unnützer Klotz an deinem Bein, es wäre am besten, ich wäre nicht mehr da!“

Da es verhältnismäßig schwer ist, aus 300 Kilometern Distanz angemessen intensiv zu klammern, wohnt dieser Schwiegermutter-Typus in der Regel entweder sehr nahe bei dem Sohn seiner

Wahl oder bestenfalls im gleichen Haus oder Grundstück wie die junge Familie. Klammeräffchen-Schwiegermütter drängen ihre Söhne daher meist schon früh, das Dachgeschoss im elterlichen Haus für den eigenen Gebrauch auszubauen, das Grundstück direkt neben dem eigenen zu kaufen oder gemeinsam mit den Eltern ein Doppelhaus zu bauen oder zu erwerben. Wie die Tyrannosaura verfolgt das Klammeräffchen mit diesem Vorgehen von Anfang an bewusst oder unbewusst das Ziel, den Sohn dauerhaft in seiner Nähe festzuhalten und im Idealfall noch durch eine zusätzliche Dankesschuld (beispielsweise durch besonders günstige Miete oder vorzeitig geschenktes Eigentum) möglichst fest zu binden. Selbstverständlich versichern sie im Vorfeld im Brustton der Überzeugung, dass ihnen nichts ferner liegt, als der jungen Familie später zur Last zu fallen oder eine Gegenleistung für die Vergünstigungen in Zeit und Zuwendung einzufordern.

Beate (32) erzählt:
„Wir wohnen seit drei Jahren im gleichen Haus wie meine Schwiegereltern. Nun haben wir das zweite Kind bekommen und ich würde gerne umziehen, weil die Wohnung eigentlich zu klein für vier Personen ist. Aber mein Mann traut sich nicht, weil er furchtbare Angst hat, seine Mutter könnte sich was antun, wenn wir ausziehen. Damit hat sie nämlich schon mehrfach gedroht, wenn das Thema zur Sprache kam. Immer redet sie dann von solchen Sachen wie ,den Kopf in den Gasofen stecken' oder ,Tabletten schlucken' und so. Sie ist wegen Depressionen schon seit Jahren in Behandlung, das schmiert sie jedem aufs Brot, weil sie dann über ihr schweres Leben jammern kann und überall Mitleid bekommt. Natürlich macht das ihre Drohung noch glaubwürdiger, zumal sie eine ganze Schublade voll mit allen möglichen Pillen hat. Mein Mann sieht immer ganz gequält aus, wenn ich versuche, ihn noch zu einem Auszug zu

überreden. Einmal habe ich versucht, unter vier Augen mit ihr zu sprechen, aber sie fing sofort an zu heulen und meinte, ob es nicht genug sei, dass ich ihr ihren Sohn weggenommen hätte, ob ich jetzt auch noch dafür sorgen müsse, dass sie ihn nicht mehr täglich sieht!"

Solche Aussagen sind natürlich starker Tobak, und es erfordert viel Mut und Gelassenheit, sich gegen eine Schwiegermutter dieses Typs zur Wehr zu setzen. Räumliche Distanz zwischen der jungen Familie und der Schwiegermutter ist oft hilfreich, aber schwer zu erkämpfen und auch kein Allheilmittel, schließlich gibt es ja Telefone und Reisemöglichkeiten. In der Regel steckt hinter einem solchen Verhalten eine extreme Unzufriedenheit der Schwiegermutter mit sich selbst und ihrem Leben. Nicht umsonst sind die meisten Klammeräffchen-Schwiegermütter nie berufstätig gewesen. Wie in Kapitel II beschrieben, haben sie sich in der Regel allein über ihre Kinder und ihre Aufgaben innerhalb der Familie definiert. Fällt dieser zentrale Dreh- und Angelpunkt ihres Lebens weg – weil beispielsweise der Mann stirbt und die Kinder aus dem Haus gehen – fallen sie sozusagen ins Leere. Sie wissen mit sich selbst nichts anzufangen und haben nie gelernt, alleine zu sein. Kontakte haben sie in erster Linie nur im Zusammenhang mit Mann und Kindern geknüpft. Da waren die Paare, die man gemeinsam besuchte oder mit denen man etwas unternehmen konnte, die aber jetzt als Ansprechpartner nicht mehr interessant sind, weil man sich als Einzelperson unter ihnen wie das fünfte Rad am Wagen fühlt. Und natürlich die Mütter anderer Kinder, mit denen man das gemeinsame Interesse am Nachwuchs geteilt hat, die aber heute längst mit anderem beschäftigt sind. Einen persönlichen Freundinnenkreis, der in einer solchen Situation tragen würde, haben Klammeräffchen nie oder kaum gepflegt. Auch eigene Hobbys,

Engagement in Vereinen oder gemeinnützigen Einrichtungen und andere familienunabhängige Freizeitinteressen sind ihnen meist völlig fremd. Jahre und Jahrzehnte haben diese Frauen aus zweiter Hand gelebt, indem sie sich auf das Leben ihres Mannes und ihrer Kinder konzentrierten und sich selbst darüber vergaßen. Jetzt, wo sie auf sich selbst zurückgeworfen werden, ist da nichts, was ihnen noch lebenswert erscheint. Plötzlich überfällt sie die Angst vor dem Alleinsein und das Gefühl, von allem Wichtigen im Leben abgeschnitten zu sein. Deshalb versuchen sie alles, um wieder Anschluss an das – vermeintlich – „echte" Leben da draußen zu bekommen.

Angelika (29) erzählt:
„Gestern wollte ich meinen Sohn nicht mit meiner Schwiegermutter zum Spielplatz lassen, weil ich schon was anderes geplant hatte. Er brauchte neue Sandalen, und ich war außerdem mit meiner Freundin in der Stadt verabredet. Also sagte ich nein, und sofort hatte sie wieder das Wasser in den Augen stehen! Sie schafft es jedes Mal, dass ich mich mies fühle, selbst wenn ich weiß, dass ich im Recht bin. Der Nachmittag war für mich gelaufen. Wir sind zwar wie geplant in die Stadt und haben die Sandalen gekauft, Florian hat sich gefreut, den Sohn meiner Freundin zu sehen und hat vergnügt mit ihm gespielt, aber ich habe mich die ganze Zeit nur bei meiner Freundin ausgekotzt, so genervt war ich. Die Arme war ganz verzweifelt am Schluss! Unter einem netten Kaffeeplausch hatte sie sich sicher was anderes vorgestellt – ich mir übrigens auch! Langer Rede, kurzer Sinn: Ich hatte mich zwar durchgesetzt, aber trotzdem hatte sie alles verdorben.

Ich wünschte, sie würde endlich mal anfangen, ihr eigenes Leben zu leben und nicht dauernd wie ein Vampir an unserem saugen. Ich frage mich manchmal, wie sie eigentlich ihre Tage rumbringt – klar putzt sie in ihrer Wohnung, bis alles auf Hochglanz ist, und buddelt in ihrem kleinen Gemüsegärtchen herum, aber ansonsten hat sie keine nennenswerten Interessen. Sie kennt zwar die meisten Leute im Ort, weil sie hier geboren und aufgewachsen ist, aber die Kontakte sind alle eher oberflächlicher Natur, keine echten Freundschaften. Hobbys hat sie auch keine. Ich habe ihr mal vorgeschlagen, sie soll sich irgendwo ehrenamtlich engagieren, damit sie mehr unter Leute kommt, da hat sie mich angeschaut, als hätte ich etwas vollkommen Abwegiges gesagt. So was kommt für sie einfach nicht infrage.“

Versetzt man sich in die Lage dieser eigentlich bedauernswerten Schwiegermütter, kann man wahrscheinlich ihre Angst vor der Einsamkeit und ihren Wunsch nach Versorgtsein durch die Familie noch halbwegs nachvollziehen, vielleicht spürt man sogar einen Anflug von Mitleid mit ihnen. Viele Schwiegertöchter von Klammeräffchen zeigen sich am Anfang der Beziehung daher auch besonders fürsorglich und geben sich Mühe, die Schwiegermutter aus ihrem emotionalen Tief herauszuholen. Sie tun alles, damit die arme alte Frau das Gefühl bekommt, nicht vergessen und ausgeschlossen, sondern geliebter und geschätzter Teil der Familie zu sein. Das Problem dabei: Klammeräffchen-Seelen sind leider ein Fass ohne Boden. Egal, wie viele Familienausflüge, Besuche, Gegenbesuche, Urlaube, Einkaufstouren, Hausarbeitshilfe oder Anrufe die junge Familie dem Klammeräffchen bietet, es ist niemals genug. Der emotionale Hunger dieses Typs Schwiegermutter ist einfach unstillbar. Im Inneren krankt das Klammeräffchen an einer großen Leere, die wie ein Schwarzes Loch alles schluckt und nichts wieder preisgibt, was man an gemeinsamer Zeit und liebevoller Zuwendung hineinstopft.

So schlimm ein solcher Seelenzustand für das Klammeräffchen selbst sein mag, für die Familie kann es dadurch eine riesige

Belastung werden. Versucht sich die junge Familie behutsam dem Zugriff der Schwiegermutter zu entziehen, gerät diese in Panik – wo, wenn nicht hier, soll sie ihre Selbstbestätigung und Daseinsberechtigung bekommen? – und tut das, was in Panik geratene Ertrinkende tun: sich noch fester an den vermeintlichen Retter anklammern. Nicht selten reagiert die Schwiegermutter auch mit tiefer Empörung, wenn man ihr zu verstehen gibt, dass von ihr mehr Selbstständigkeit und Unabhängigkeit erwartet werden, als sie bisher an den Tag gelegt hat. In ihren Augen hat sie sich schließlich durch Geburt und Aufzucht ihres Sohnes das unverbrüchliche Recht erworben, im Alter von ihm betreut und umsorgt zu werden! Wozu hat sie ihn sonst bekommen? Und da es um für sie so existenziell Wichtiges geht, schreckt sie auch vor emotionalen Vorschlaghämmern nicht zurück, um dieses Recht einzufordern. Dann fallen bevorzugt Aussprüche wie:

„Ich verlange doch wirklich nicht viel von dir/euch."
„Das habe ich nicht verdient, dass du mich so behandelst!"
„Ich dachte immer, ich kann mich auf dich verlassen."
„Ich bin dir halt völlig gleichgültig."
„Wie kannst du nur so egoistisch sein!"
„Nach allem, was ich für dich/euch getan habe …"

Klammeräffchen führen übrigens die Rangliste schwieriger Schwiegermütter in Sachen psychosomatischer Beschwerden an – diese gehören zu ihren bevorzugten Druckmitteln. Wann immer man ihnen einen Wunsch nach Nähe und Versorgtwerden verweigert, entwickeln sie bedrohliche Symptome, die ihre Umwelt in Angst und Schrecken versetzen: Herzbeschwerden, Schlafstörungen, Atemnot, Schwindel, Schwächeanfälle und Zusammenbrüche aus ungeklärter Ursache sind probate Methoden, unbotmäßige Familienangehörige zügig wieder auf Kurs zu bringen. Wer besitzt schon die Kaltblütigkeit, zu einer hyperventilierenden Mittsechzigerin zu sagen: „Ich bring dir jetzt eine Plastiktüte, da atmest du schön langsam rein, dann geht's dir gleich wieder besser. Und wir ziehen trotzdem in drei Monaten nach Barcelona."

Dankesbekundungen für erbrachte Hilfeleistungen und Zuwendung werden Sie von einem waschechten Klammeräffchen kaum zu hören bekommen, obwohl gerade dieser Typus meist besonders viel Aufmerksamkeit und Zeit von der jungen Familie erhält. Man hat im Gegenteil oft den Eindruck, dass alles, was man für diese Schwiegermutter tut, einer Art galoppierender Werteinflation unterliegt: Alles wird in Lichtgeschwindigkeit zur Selbstverständlichkeit, nichts wird mehr auch nur ansatzweise gewürdigt. Gegenleistungen oder Anerkennung seitens der Schwiegermutter sind nicht zu erwarten. Der Hintergrund für dieses auf den ersten Blick seltsame Verhalten des Klammeräffchens ist in der Regel Angst: Zeigt sie sich dankbar, vielleicht sogar zufrieden mit dem, was die junge Familie ihr anbietet, könnte diese ja zu dem Schluss gelangen, sie sei nun einmal gut versorgt und könne (zumindest kurzfristig) sich selbst überlassen werden. Das aber ist es ja, was das Klammeräffchen auf keinen Fall will! Der sicherste Weg, den Sohn und die Schwiegertochter bei der Stange zu halten, ist daher in seinen Augen die Zurschaustellung seiner ständigen Unzufriedenheit und Bedürftigkeit. Aus dem gleichen Grund werden alle Hilfsdienste, die von Außenstehenden erbracht werden könnten, abgeschmettert. Es geht ja nicht um die rein praktische Versorgung, sondern vor allem um die emotionale – und die kann weder ein bezahlter Gärtner noch eine Gesellschafterin angemessen leisten. Es *darf* dem Klammeräffchen also niemals wirklich gut gehen, egal, welche Anstrengungen Sohn und Schwiegertochter unternehmen. Ein Teufelskreis, aus dem alle Beteiligten nur schwer ausbrechen können.

Manche Klammeräffchen ziehen es – wie die Schwiegermutter von Susanne – vor, den Sohn und dessen Familie ständig zu sich zu zitieren, andere neigen zu einer Art Dauerpräsenz im Haushalt des Sohnes. Da eine solche Schwiegermutter zu Hause nichts wirklich hält – kein Beruf, keine anderen Bindungen, oft nicht einmal ein Haustier – kann sie sich problemlos über viele Wochen bei der jungen Familie einnisten. Aufgrund ihrer fortdauernden Hilflosigkeit und Schwäche ist sie dort aber in der Regel keine Stütze, sondern eine zusätzliche Belastung für alle Beteiligten: Sie will umsorgt und unterhalten werden, und das bitte schön in ihrem Rhythmus und nach ihren Wünschen. Sich den Gepflogenheiten der jungen Familie anzupassen, fällt ihr nicht ein.

Jasmin (48) erzählt:
„Wenn ich weiß, dass meine Schwiegermutter anreist, was so dreimal im Jahr ansteht, habe ich schon Wochen vorher Magenschmerzen und Alpträume. Kürzer als vier Wochen bleibt sie nie – die Fahrt lohnt sich sonst in ihren Augen nicht, es sind immerhin 200 km! – und in dieser Zeit schmeißt sie uns den kompletten Alltag über den Haufen. Alles muss sich nach ihr richten, sonst ist sie sofort beleidigt oder wird krank. Gekocht werden darf nur, was ihr bekommt, wobei man wissen muss, dass ihr nur das bekommt, was ihr schmeckt! Oder wie sonst wäre es zu erklären, dass sie zwar ohne Schwierigkeiten fetten Gänsebraten verträgt, aber von harmlosem Mangold sofort schreckliche Magenbeschwerden bekommt? Leider decken sich ihre Vorlieben nicht unbedingt mit denen unserer Kinder, sodass ich die ganzen vier Wochen praktisch bei jeder Mahlzeit doppelt kochen darf, wenn ich nicht will, dass meine Jungs die komplette Zeit über bei McDonald's heimisch werden.

Auch unser Tagesrhythmus muss sich dem ihren anpassen. Mein Mann steht immer um fünf auf, um zur Arbeit zu fahren, und ich bin von Natur aus sowieso eine Frühaufsteherin und habe mich die Jahre über daran gewöhnt, mit ihm gemeinsam den Tag anzufangen. Dafür sind wir aber abends gegen neun ziemlich müde und um zehn in der Regel schon im Bett. Meine Schwiegermutter dagegen ist eine echte Nachteule – sie kommt morgens nie vor neun aus den Federn, hält mittags dann noch ein kleines Schläfchen und wird abends gegen zehn erst so richtig munter. Wenn wir dann ins Bett wollen, ist sie eingeschnappt, weil sie sich langweilt. Es spielt keine Rolle, dass sie in der Zeit ohnehin meistens fernsieht, ihr Argument ist einfach, dass sie das daheim schon allein tun muss, wenn sie bei uns ist, will sie Gesellschaft, auch beim Fernsehen. Regelmäßig läuft es dann darauf hinaus, dass sie entweder meinen Mann oder mich beschwatzt, bis Mitternacht oder länger mit ihr sitzen zu bleiben und sie zu unterhalten. Morgens sind wir dann natürlich völlig gerädert. Ein paar Mal haben wir uns durchgesetzt und sind trotz ihres Gejammers schlafen gegangen. Da hat sie dann einfach den Fernseher so laut gestellt, dass wir zwar im Bett lagen, aber kein Auge zubekamen. Unsere Wohnung ist eher klein und die Wände alles andere als schalldicht. Sie behauptet in solchen Fällen immer, sie verstünde sonst nichts. Seltsamerweise ist von dieser Schwerhörigkeit sonst nicht viel zu merken.

Ein einziges Mal, vor drei Jahren, habe ich vorsichtig versucht anzuregen, dass sie die vier Wochen über doch in einer kleinen Pension bei uns um die Ecke logieren könnte. Wir hätten sogar die Kosten dafür übernommen, das wäre es uns wert gewesen. Sie hat mir eine bühnenreife Szene gemacht, so nach dem Motto, wenn sie bei uns nicht willkommen wäre, dann könne sie ja wegbleiben, aber in ein Hotel lässt sie sich nicht abschieben. Ich bin natürlich eingeknickt und habe alles zurückgenommen. Was sollte ich machen?"

Auch im Umgang mit einem Klammeräffchen ist es natürlich von zentraler Bedeutung, wie Ihr Partner sich Ihnen und seiner Mutter gegenüber positioniert. Je weniger er es bisher geschafft hat, sich von seiner Mutter abzunabeln, desto mehr Möglichkeiten, in Ihr Leben einzudringen, bietet er ihr wahrscheinlich. Es lohnt sich für Sie, sich mit dem nachfolgenden Kapitel besonders intensiv auseinanderzusetzen. Sie werden dann hoffentlich besser verstehen, welche Mechanismen in seiner Herkunftsfamilie wirksam waren, die ihn jetzt daran hindern, seiner Mutter emotionale und/oder physische Grenzen zu setzen – und Sie werden Ihre Erkenntnisse hoffentlich nutzen können, um Ihren Partner in dieser Hinsicht zu unterstützen. Weitere Tipps zur Abgrenzung von Ihrem Klammeräffchen und zum Umgang mit seinen emotionalen Erpressungsmanövern finden Sie dann in Kapitel VI.

IV. Wenn zwei sich streiten –
was tut eigentlich der Dritte?

Eines muss man leider einmal in aller Offenheit sagen: Als notwendige Voraussetzung dafür, dass Ihre Schwiegermutter ihr ganzes Waffenarsenal optimal zum Einsatz bringen und Ihnen das Leben so richtig zur Hölle machen kann, braucht die Dame in jedem Fall zumindest einen Verbündeten – nämlich Ihren Mann! Um diese unangenehme Erkenntnis mogeln sich schwiegermuttergeplagte Frauen häufig gerne lange herum. Es ist ja so viel einfacher, den Schwarzen Peter alleine der ungeliebten Schwiegermutter zuzuschieben, als sich klar zu machen, dass der Partner ein gerüttelt Maß zu dem schwelenden Konflikt beisteuert. Ohne seine offene oder latente, bewusste oder unbewusste, gewollte oder ungewollte Unterstützung nämlich werden die schärfsten Klingen in Schwiegermutters Händen blitzschnell stumpf und wirkungslos. Keine Schwiegermutter der Welt hat im Alleingang die Möglichkeit, in Ihrer Familienburg für Ärger zu sorgen. Nur dann, wenn Ihr Mann für sie nicht nur die Zugbrücke herunterlässt, sondern ihr noch den roten Teppich zum Empfang ausrollt, kann sie wirklich loslegen.

Eine der wesentlichsten Aufgaben in einer Ehe, das hat der Psychologe und Paarforscher John Gottman herausgefunden, ist es, ein Wir-Gefühl zwischen den Partnern entstehen zu lassen. Darunter versteht er eine grundsätzliche, unbedingte und uneingeschränkte Loyalität, die die beiden Partner einander entgegenbringen. „Wir beide gegen den Rest der Welt", ist das Motto, das seinen Untersuchungen zufolge dauerhaft glückliche Paare den unglücklichen voraushaben.

Selbstverständlich bedeutet das nicht, dass Sie und Ihr Mann nicht mal unterschiedlicher Meinung sein dürfen oder dass ein handfester Krach zwischen Ihnen beiden ab sofort tabu wäre. Ganz im Gegenteil: Auch glückliche Paare streiten nicht unbedingt weniger häufig oder weniger heftig als unglückliche, konnte Gottman zeigen. Allerdings tun sie es auf eine andere Art, und vor allem können sie sich im Zweifel immer auf die felsenfeste Solidarität ihres Partners Außenstehenden gegenüber verlassen. Sie wissen, wenn es hart auf hart kommt, wird ihr Partner sich in der Auseinandersetzung mit anderen immer auf ihre Seite schlagen und Partei für sie ergreifen – selbst dann, wenn er insgeheim nicht hundertprozentig davon überzeugt ist, dass ihre Sicht der Dinge die richtige ist. Auf der Basis eines solchen Vertrauensverhältnisses ist es dann leicht, auch konfliktreiche Themen miteinander auszuhandeln. Wer weiß, dass der Partner ihm zuverlässig und bedingungslos den Rücken frei hält, wenn es darauf ankommt, der nimmt eine – natürlich in angemessenem Ton vorgebrachte – Kritik besser auf.

Kurz gesagt: Egal, worum es bei den Auseinandersetzungen zwischen Ihnen und Ihrer Schwiegermutter geht, oder ob Ihr Partner Schwierigkeiten hat zu begreifen, was Ihnen eigentlich so zu schaffen macht – Sie haben als seine Frau das Recht darauf, dass er Sie unterstützt und in Konflikten an Ihrer Seite steht, Punktum. Sie haben (jetzt) den ersten Platz in seinem Herzen, und im Zweifel müssen Ihre Interessen für ihn (jetzt) wichtiger sein als die seiner Mutter. Das ist die Botschaft, die er verbal und nonverbal seiner Mutter zukommen lassen und für die er auch unter Druck einstehen muss. Warum ist es für viele (Ehe-)Männer so schwierig, gerade ihrer eigenen Mutter gegenüber direkt und indirekt zu der Frau zu halten, mit der sie den Rest ihres Lebens verbringen wollen? Warum haben sie oft kein Verständnis für die Klagen ihrer Frau über ihre Mutter und scheinen irgendwie blind für deren problematisches Verhalten zu sein?

Um diese Fragen zu beantworten, müssen wir einen Sprung zurück in die Kindheit und Jugend Ihres Mannes machen. Bitte denken Sie beim Weiterlesen daran: Es geht nicht darum, jetzt statt Ihrer Schwiegermutter Ihrem Partner die Schuld an der unerfreulichen Situation zuzuweisen, sondern darum, dass Sie verstehen, warum er sich vielleicht nicht so verhält, wie es für Sie wünschenswert wäre. Auf der Basis dieses Verständnisses wird es Ihnen hoffentlich leichter fallen, ihn als Verbündeten für sich zu gewinnen.

Ganz der Papa

Ein erstes interessantes Puzzleteilchen für das Bild, das wir zusammenzusetzen versuchen, ist das männliche Rollenvorbild, mit dem Ihr Partner aufgewachsen ist. Wenden Sie also für einen Moment Ihre Aufmerksamkeit Ihrem Schwiegervater zu. Was ist (oder war) er für ein Mensch? Was für ein Vater war er für Ihren Partner? Welche offenen und verdeckten Anweisungen darüber, wie ein Mann zu sein hat, hat Ihr Partner wohl von ihm erhalten? Es kann sehr spannend sein, über dieses Thema mal in einer ruhigen Minute mit Ihrem Partner zu sprechen. (Bitte nicht dann, wenn Sie gerade auf 180 sind, weil Schwiegermutti mit ihrem süffisanten Kommentar über die falsch gepflegten Balkonblumen wieder mal einen Nerv bei Ihnen getroffen hat!) Lassen Sie ihn erzählen, wie er selbst seinen Vater als Kind und Jugendlicher erlebt hat. Vielleicht war sein Vater mehr ab- als anwesend und hat sich bei Konflikten in der Familie eher zurückgezogen, anstatt Position zu beziehen? Möglicherweise hat Ihr Partner seinen Vater auch als der Mutter gegenüber eher nachgiebig und/oder unterwürfig erlebt?

Sehr verbreitet ist in vielen Familien eine Struktur, die sich am besten mit der Bezeichnung „Patriarchat nach außen – Matriarchat nach innen" – umschreiben lässt. In solchen Familien tritt in Außenbeziehungen und formellen Dingen der Vater als Familienoberhaupt und Richtungsgeber auf. Auch innerfamiliär ist er scheinbar die höchste Autorität: Er trifft die wichtigen Entscheidungen, verhängt Strafen und verteilt Belohnungen. Insgeheim ist es jedoch die Mutter, die hinter den Kulissen an den Strippen zieht und die eigentliche Oberhoheit innehat. Sie ist die Legislative, er die Exekutive in der Familie: sie bestimmt, er setzt durch. Am offensichtlichsten wird das in Ankündigungen wie: „Warte nur, bis dein Vater heute Abend heimkommt!", die jedem Kind unheilverkündend in den Ohren klingen. Ganz klar: der Vater soll und wird in so einem Fall weder das Strafverfahren neu aufrollen, noch sich eine eigene Meinung hinsichtlich des kindlichen Vergehens bilden. Er wird zum bloßen Handlanger der Mutter degradiert. Andere Manöver, die demselben Ziel dienen, sind weniger leicht durchschaubar, aber in der Summe lassen sie alle im Kind – in diesem Fall Ihrem Mann! – keinen Zweifel darüber aufkommen, wer in dieser Familie die eigentliche Befehlsgewalt innehat.

Mit einem solcherart macht- und einflussarmen Vater als Rollenvorbild hat Ihr Mann es wahrscheinlich schwer gehabt, eine Identität aufzubauen, mit der er seiner Mutter nun die Stirn bieten könnte. Sein Vater hat es ihm anders vorgemacht: es ist besser nachzugeben, Mutters Wünsche zu respektieren, oder einfach aus dem Feld zu gehen und abzuwarten, bis sich der Sturm verzogen hat. Damit riskiert man(n) nicht viel, es kostet weniger Energie als ein offen ausgetragener Konflikt und man(n) hat seine Ruhe und kann ungestört Zeitung lesen. Aber meist ist der Preis, den ein solcher Ehemann zahlt, viel höher, als ihm bewusst ist. Ein ständiges faktisches Machtungleichgewicht in einer Beziehung führt zwangsläufig zu Unzufriedenheit, selbst wenn es noch so gut getarnt daherkommt. Söhne, die in solchen Konstellationen groß werden, pflegen oft ein sehr zwiespältiges Verhältnis zu ihrer Mutter: Einerseits schaffen sie es nicht, sich ihr offen zu widersetzen, andererseits sind sie unterschwellig sehr aggressiv ihr gegenüber. Eine typische Situation sieht in dann etwa so aus:

Sabine (32) und Steffen (34) sind seit vier Jahren verheiratet und haben zwei Söhne, eineinhalb und drei Jahre alt. Steffens Mutter (64) wohnt im Nachbarort. Sie ist schon seit einigen Jahren verwitwet und erwartet von ihrem Sohn und dessen Familie selbstverständlich, dass diese ihr bei allen Arbeiten rund um Haus und Garten zur Hand gehen, die früher ihr Ehemann erledigt hat. Steffen lässt zwar keine Gelegenheit aus, hinter Mutters Rücken wie ein Rohrspatz über sie zu schimpfen, fügt sich aber zähneknirschend ihren Wünschen. Gibt es deshalb Auseinandersetzungen zwischen Sabine und ihm, beteuert Steffen jedes Mal, wie lästig ihm selbst all das sei und wie unmöglich er das Verhalten seiner Mutter finde. Trotzdem springt er am nächsten Samstag – wenn auch murrend – brav wieder ins Auto, wenn seine Mutter einen Auftrag für ihn hat. Konfrontiert Sabine ihre Schwiegermutter mit deren überzogenen Ansprüchen an Zeit und Energie ihres Sohnes, erntet sie nur ein verständnisloses Kopfschütteln und den Hinweis, wenn es Steffen zu viel werde, dann könne er das schließlich selbst sagen. Sabine kann sich nun seufzend ins Unvermeidliche fügen oder einen weiteren fruchtlosen Streit mit Steffen in Angriff nehmen, denn eigentlich ist er ja ihrer Meinung und seine Mutter eine echte Plage, aber ...

Mutters Ersatzmann

Eine ebenfalls häufige Variante in Familien ist der dauernd abwesende Vater, der seinen Platz an der Seite der Mutter nicht oder nur unzureichend ausfüllt. Wie war das in der Familie Ihres Mannes: War sein Vater selten bis nie verfügbar, weil beruflich stark eingespannt, viel auf Reisen, viel mit anderen Dingen als der Familie beschäftigt? Ist der Vater vielleicht mehr oder weniger regelmäßig fremdgegangen? Oder – extremster aller Fälle – ist sein Vater früh verstorben oder hat die Familie verlassen, als Ihr Mann noch im Kindes- oder Jugendalter war? Dann leben Sie vermutlich mit einem Mann zusammen, der aus einer de facto „vaterlosen" Familie stammt – und dürfen sich aktuell mit den Konsequenzen herumschlagen. In Familien mit – im tatsächlichen oder im übertragenen Sinne – abwesenden Vätern wird der Sohn nämlich von der Mutter sehr häufig in eine Art Ersatzpartner-Rolle hineingedrängt. Da der Ehemann für die Mutter nicht oder nicht ausreichend präsent ist, wendet sie sich mit all ihrer Aufmerksamkeit und all ihren unerfüllten Wünschen und Sehnsüchten dem Kind zu. Der Sohn wird zum Vertrauten für alle Sorgen und Nöte der Mutter, zum Ansprechpartner für Themen und Aufgaben, denen er altersgemäß überhaupt nicht gewachsen ist. Da ist dann oft vom „kleinen Mann im Haus" die Rede oder davon, dass der Junge ein echter „Traummann" ist.

Einerseits überfordert die Mutter den Jungen damit, andererseits schmeichelt es natürlich jedem Kind, wenn es von Mama wie ein Erwachsener behandelt wird. Mehr als willig geht es dann darauf ein. Manchmal wird der Auftrag auch stillschweigend erteilt, verfehlt dabei aber niemals seine Wirkung. Kinder spüren unbewusst ungemein genau, was ihre Eltern von ihnen erwarten, und geben sich alle Mühe, die in sie gesetzten Erwartungen zu erfüllen. Ich habe einen Sechsjährigen kennengelernt, der seiner Mutter (die sehr unter der außerehelichen Affäre ihres Mannes litt) eines Abends anbot: „Komm Mama, nicht weinen! Wir grillen jetzt, dann setzen wir uns auf die Terrasse und dann erzählst du mir von deinen Problemen mit Papa!" Das Kind fühlt sich als Stütze der Mutter und will tun, was es kann, damit es dieser besser geht – und die Folgen sind fatal, wenn die Mutter auf dieses Angebot eingeht! Kein Kind kann die Aufgabe eines Erwachsenen schultern, dem ist es einfach nicht gewachsen. Versucht es das trotzdem und lässt die Mutter es gewähren, entsteht im Kind der Eindruck, dass es diese Last tragen müsse.

Das eindrücklichste Beispiel, das ich in meiner Praxis erlebt habe, war ein dreizehnjähriger Junge, dessen Vater seit langem chronisch krank und daher in vielerlei Hinsicht fast seit der Geburt des Jungen nicht mehr in der Lage gewesen war, seiner Funktion als Partner der Mutter gerecht zu werden. Der Junge wirkte nicht nur in Sprache und Verhalten wie ein viel älterer junger Mann, er war extrem fürsorglich und liebevoll seiner Mutter gegenüber, übernahm viel Verantwortung und gebärdete sich gern als ihr Beschützer. Da sie eine recht zierliche, klein gewachsene Frau war, war er mit ihr inzwischen auch rein körperlich sozusagen auf Augenhöhe angekommen. Am deutlichsten aber zeigte sich sein Auftrag als Partnerersatz darin, dass er seit seiner Geburt jede Nacht neben seiner Mutter im Ehebett verbracht hatte, während der Vater in einem speziellen Krankenbett im Wohnzimmer schlief. Die Mutter ließ ihn gewähren. Das Verhältnis der beiden hatte nichts Inzestuöses im eigentlichen Sinne; es war nie zu tatsächlichen körperlichen Übergriffen von der Mutter auf den Sohn oder umgekehrt gekommen, dennoch war klar, wer in dieser Familie der Mann im Haus war!

Auch wenn in den meisten Fällen die Umstände nicht so extrem sind und die Rollenzuweisung an den Sohn subtiler erfolgt, finden sich ähnliche Strukturen doch viel häufiger in Familien, als man meinen möchte. Systemische Familientherapeuten sprechen in derartigen Fällen gern von einer Verschiebung der „Ordnung" innerhalb der Familie. Diese Ordnung im Familiensystem wird bestimmt durch den Zeitpunkt der Geburt der einzelnen Familienmitglieder: Paare werden beispielsweise zu Eltern, wenn sie ein Kind bekommen, und rücken damit systemisch betrachtet eine Generation auf, sind also den Kindern hierarchisch vorgeordnet, so wie sie selbst ihren eigenen Eltern nachgeordnet sind. Geschwister erhalten ihren Platz in der Ordnung entsprechend der Reihenfolge ihrer Geburt: ältere kommen demnach vor jüngeren. Zwischen den Generationen verlaufen sogenannte Generationengrenzen, die gleichzeitig eine wichtige Rolle bei der Zuschreibung von Pflichten und Verantwortungen spielen. Dieses Modell geht davon aus, dass das System gut und reibungslos funktioniert, solange jedes Familienmitglied innerhalb der Ordnung den ihm zustehenden Platz einnimmt und die mit diesem speziellen Platz verbundenen Aufgaben erfüllt.

Verlässt aber ein Familienmitglied den für ihn vorgesehenen Platz – nimmt also seine Verantwortung nicht oder nicht mehr wahr –, entsteht ein Vakuum an dieser Stelle, das für Unordnung und Ärger im System sorgt: Es entwickelt (wie jedes Vakuum) eine Art Sogkraft, die ein anderes Familienmitglied gleichsam an diesen Platz „zieht", der aber nicht sein eigener ist. Um beim Beispiel des dreizehnjährigen Jungen zu bleiben: Der Platz des Vaters war leer, da er selbst seiner Frau kein wirklicher Partner mehr sein konnte. Also wandte sie sich ihrem Sohn zu. Der Junge wurde mehr und mehr zuständig für das, was eigentlich Aufgabe seines Vaters gewesen wäre: die Bedürfnisse seiner Mutter zu erfüllen.

Neben der Tatsache, dass ein Kind – egal welchen Alters – immer hoffnungslos damit überfordert ist, wenn es im Familiensystem den „Job" eines Erwachsenen übernehmen soll, entsteht auf diese Weise eine sehr ungute, weil zu stark symbiotische Beziehung zwischen Mutter und Sohn. Die Mutter missbraucht ihren Sohn hier zwar nicht im körperlichen Sinne, so doch im emotionalen. Er ist dafür zuständig, ihr die Zuwendung, den Halt und den Trost zu geben, den sie von seinem Vater nicht bekommt. Er soll sie glücklich und zufrieden machen, die Leere und Einsamkeit in ihrer Partnerschaft füllen und ihrem Leben Sinn geben. Sollte diese Konstellation auf die Herkunftsfamilie Ihres Mannes passen – wundert es Sie dann noch, dass Ihre Schwiegermutter diesen wichtigen „Traummann" an ihrer Seite nicht kampflos an Sie abtreten will?

Bevor Sie jetzt wieder in Versuchung geraten, ein wütendes Telefonat mit Ihrer Schwiegermutter zu führen, lassen Sie sich sagen, dass solche Prozesse völlig unbewusst und ohne böse Absicht der Beteiligten ablaufen. Ihre Schwiegermutter wüsste also schon wieder einmal nicht, wovon Sie da eigentlich reden! Wenn Sie an den Vater aus unserem Beispiel denken, so wäre er sicher lieber gesund und stark gewesen und hätte seinen Platz an der Seite der Mutter eingenommen. Wäre er nicht krank, sondern einfach nur – wie es viele „abwesende" Männer sind – zu stark von seiner Arbeit in Anspruch genommen gewesen, um sich angemessen den Bedürfnissen seiner Frau zu widmen, hätte er das sicher im Bemühen getan, damit seiner Familie ein sicheres Einkommen zu verschaffen. Dass damit eine Lücke entstehen würde, die seinen Sohn in Bedrängnis bringen könnte, wäre ihm sicher nicht klar gewesen. Manchmal wird der Platz an der Seite der Mutter nur frei, weil der Vater vorzeitig stirbt – und das tut er selten freiwillig! Selbst wenn Väter die Familie verlassen, weil sie sich von der Mutter trennen, ist ihnen in den seltensten Fällen bewusst, was für Konsequenzen das oft für ihre Söhne hat. Für die Beteiligten solcher Verstrickungen ist es kaum möglich, genügend Distanz zu entwickeln, um die verborgene Dynamik selbst aufzudecken. Oft ist es im Gegenteil sogar dergestalt, dass Kinder sich vordergründig in der Rolle als Partnerersatz ihrer Eltern sehr wohl fühlen, ja, diesen Platz gegen mögliche Rivalen – beispielsweise einen anderen Mann, in den sich die Mutter nach der Trennung vom Vater verliebt – mit Zähnen und Klauen verteidigen. Wie sollten sie erkennen, dass ihnen diese Rolle langfristig schwer schadet und sie als Preis dafür möglicherweise für den Rest ihres eigenen Lebens mit Beziehungsproblemen kämpfen werden?

Wenn Ihr Partner Schwierigkeiten hat, Sie gegenüber seiner Mutter angemessen in Schutz zu nehmen, lohnt es sich möglicherweise, das Geschehen in seiner Herkunftsfamilie einmal unter diesem Blickwinkel zu betrachten. Wollte oder musste er seiner Mutter der Mann sein, den sie sich wünschte, der sein Vater nicht sein wollte oder konnte? Dann hat er damit, dass er Sie als seine Frau nach Hause brachte, schon ein großes Maß an Widerstand gegen diese ihm aufgenötigte Rolle unter Beweis gestellt, das Ihren Respekt verdient! Ein bisschen ist es dann so, als wäre er schon verheiratet gewesen und hätte Sie offiziell als seine Zweitfrau ins Haus gebracht. Eigentlich war der Platz an seiner Seite nämlich schon an Mutti vergeben. Ganz schön mutig von ihm! Aber wenn er sich über diese Zusammenhänge nicht im Klaren ist und die unterschwellige Dynamik noch ungehindert wirken kann, bezahlt er nun vermutlich mit schweren Schuldgefühlen seiner „Erstfrau" gegenüber, ganz so, wie es ein ungetreuer Ehemann in diesem Fall täte. Diese Schuldgefühle hindern ihn, die Gefühle seiner Mutter noch weiter zu verletzen, als er es mit seinem Treuebruch ohnehin schon getan hat, und Sie gegen Schwiegermutters wütende (weil eifersüchtige) Attacken angemessen in Schutz zu nehmen.

Mamas Liebling

Studien belegen es immer wieder: Auch heute noch müssen Mädchen mehr im Haushalt helfen und werden stärker an Haus und Familie gebunden als Jungen. Jungen bekommen Kipplaster und eine Cowboyausrüstung geschenkt, Mädchen Barbiepuppen und ein Prinzessinnen-Kostüm.

Liegt es an den archaischen Rollenbildern, den schon erwähnten „Seelenbildern" in unseren Köpfen, die diese geschlechtsspezifische Erziehung unbewusst begünstigen, selbst wenn wir vordergründig nach Gleichbehandlung unserer Kinder streben? Oder haben Tiefenpsychologen Recht, wenn sie vermuten, dass Mütter – die ja immer noch in den meisten Familien die hauptamtlichen Erziehungsverantwortlichen sind – die Tochter eher nach ihrem eigenen Ebenbild formen, den Sohn aber verwöhnen und nachsichtig behandeln, da er für sie immer eine Art „kleinen Geliebten" darstellt? Vor allem Mütter gehen mit ihren Söhnen auch heute noch anders um als mit ihren Töchtern, allen guten Vorsätzen zum Trotz. Die Jungen dürfen sich in ihr Zimmer oder auf den Sportplatz verkrümeln, während die Mädchen als Hilfe bei Haushaltätigkeiten herangezogen werden.

Selbstverständlich ist das den Söhnen alles andere als unangenehm. Erstens ist es bequem für sie, zweitens – so die Erklärung der renommierten Soziologin Carol Hagemann-White – entwickeln sie so ihre Geschlechtsidentität: Männlichkeit stellt für sie nämlich in erster Linie eine Abgrenzung zur Weiblichkeit dar. Anders gesagt: Da das männliche Rollenvorbild, der Vater, meist kaum oder nie anwesend ist, müssen sie sich überwiegend an der Mutter orientieren. Alles, was sie tut, gilt als weiblich, sprich nicht-männlich. Ziel des Jungen ist es, sich in seinem Verhalten möglichst stark von ihr zu unterscheiden. Da Hausarbeit auch heute noch selbst in modernen Partnerschaften Frauensache ist – laut IFES-Frauenbarometer 2005 sind 80 % aller Frauen hauptverantwortlich für die Organisation des Haushaltes zuständig, unabhängig davon, ob sie berufstätig sind oder nicht – speichert der Sohn diese Tätigkeiten als „nicht-männlich" und damit für ihn als nicht relevant und/oder erstrebenswert ab. Und die Mutter fördert durch ihr Verhalten unbewusst und ungewollt genau diesen Prozess, statt ihm gezielt entgegenzuwirken.

Die mütterliche Bevorzugung und Verwöhnung des Sohnes kann sehr unterschiedlich aussehen. Vielleicht umsorgt die Mutter ihren Sohn besonders intensiv auf der Basis seiner alltäglichen Bedürfnisse: sie kocht häufig seine Leibgerichte und scheucht ihn liebevoll lachend aus der Küche, wenn er Anstalten macht, mal eine Zwiebel selbst zu schälen. Sie wäscht und bügelt immer noch seine Wäsche („das kann der Junge doch gar nicht!"), während seine ein Jahr jüngere Schwester dies mit ihren Sachen längst selbst tun muss. Sie räumt (wenn auch murrend) sein Zimmer auf, wenn das Chaos mal wieder überhand nimmt. Sie organisiert seine Freizeittermine für ihn und chauffiert ihn jederzeit auf Zuruf durch die Gegend. Möglicherweise findet das Ganze aber auch etwas weniger offensichtlich statt und seine Sonderstellung wird in anderer Weise zementiert: Mutter verbündet sich dann gern mit ihm gegen den Vater, wenn dieser ihrer Meinung nach zu streng mit dem Jungen verfahren ist. Papa konfisziert den Gameboy als Konsequenz für irgendein Vergehen für drei Tage – Mama rückt ihn auf dringendes Bitten und gegen das Versprechen, dem Vater nichts davon zu sagen, vorzeitig wieder heraus. Papa verkündet energisch, dass es kein Extra-Geld fürs Popkonzert gibt, wenn am Monatsende das Taschengeld alle ist – Mama steckt dem Sohnemann heimlich 20 Euro zu, damit er eine Karte kaufen kann.

Eine praktische Sache, so eine heimliche Mutter-Sohn-Allianz, das merkt der Filius ziemlich bald. Und so ist es nicht erstaunlich, was eine Erhebung des Statistischen Bundesamtes von 2004 zutage förderte: Junge Männer machen es sich im Durchschnitt deutlich länger als junge Frauen im „Hotel Mama" gemütlich. Während mit 24 Jahren noch fast die Hälfte der Söhne zu Hause wohnte, hatten 66 % der Töchter das Elternhaus bereits mit 22 Jahren verlassen. Mit 30 Jahren wohnten immerhin noch 14 % der Söhne (aber nur noch 5 % der Töchter) unter dem elterlichen Dach. Und von den Nachkommen, die noch mit 40 unter Mamas Fittichen ausharrten, waren 5 % männlich (aber nur 1 % weiblich). Männliche Abenteuerlust und Freiheitsdrang? Fehlanzeige! Warum auch, wenn Mutti es einem Sohn zu Hause so gemütlich macht?

Wenn Ihr Mann zu denjenigen gehört, die ihr ganzes Leben lang aufopferungsvoll von ihrer Mutter gehegt worden sind, dann genießt er jetzt wahrscheinlich seine Rolle als „Hahn im Korb", der nicht nur von einer, sondern von zwei Frauen umworben und umsorgt wird, die beide darum wetteifern, wer es besser kann. Seien wir ehrlich: Was hatten die Männer durch die Einführung partnerschaftlicher Hausarbeit im Zuge des feministischen Gleichberechtigungskampfs zu gewinnen? Nichts – nur zu verlieren! Ein offizieller Widerstand gegen diese Entwicklung ist von ihnen mittlerweile aus Gründen der „political correctness" nicht mehr gut zu leisten; außerhalb der Stammkneipe brüsten sich nur die wenigsten Männer noch mit völliger Haushalts-Abstinenz. Aber ein versteckt-passiver Widerstand? Jederzeit! (Sie kennen wahrscheinlich diese hartnäckige Begriffsstutzigkeit bei ansonsten intelligenten Männern, die auch nach der zehnten geduldigen Einweisung die Spülmaschine nicht erfolgreich bedienen können? Oder die spontanen Anfälle von Amnesie, wenn es darum geht, nach der Arbeit bitte noch Milch einzukaufen?) Diese Taktik ist oft extrem erfolgreich, denn die wenigsten Frauen haben genügend Zeit und Nerven, diesen zermürbenden Kleinkrieg durchzustehen. Irgendwann, wenn er unter viel Ach und Weh sein Hemd mit dem Bügeleisen weniger glättet als in eine Art Origami-Kunstwerk verwandelt, reicht es ihr. „Gib her, ich mach's selber!", zischt sie dann wütend – und schon verlässt er zwar äußerlich geknickt ob seiner haushalterischen Niederlage, aber innerlich erleichtert die Arena als heimlicher Sieger.

Noch sehr viel wirkungsvoller wird dieser Widerstand mit der willigen Unterstützung einer liebenden Mutter, die Ihnen als der anstrengenden, fordernden Schwiegertochter in Worten und Taten zu verstehen gibt, dass Sie nicht richtig für ihren armen Jungen sorgen und dass er nicht genügend Anerkennung (in Form von selbst gebackenen Kuchen und frisch gebügelten Hemden) für seine aufreibende Berufstätigkeit von Ihnen bekommt. Gleichzeitig bringt sie ihrem lieben Sohn damit immer wieder in Erinnerung, wie einfach und bequem er es eigentlich haben könnte, wenn Sie nur endlich einsehen würden, wo Ihr Platz ist („Eine Frau gehört an den Herd und der Herd gehört ins Schlafzimmer!") und sich in die natürliche, gottgewollte Rollenverteilung fügen würden. Ob sie das nun auf die sanfte Tour tut („Ich habe dir mein Rezept für den Schweinebraten aufgeschrieben, so isst er ihn einfach am liebsten!") oder mit der Brechstange vorgeht („Hans-Peter, du hast ja schon wieder abgenommen, bekommst du nichts Gescheites zum Essen?") – lachender Dritter in diesem erbitterten weiblichen Konkurrenzkampf um seine Gunst ist eindeutig Ihr Mann, denn er hat in Mutti ein prima Sprachrohr für seine geheimen Wünsche nach Rundumversorgung. Natürlich hält er dann gerne still in diesem Konflikt! Und Ihnen gegenüber kann er ja unschuldig beteuern, er verstünde gar nicht, warum Sie sich so aufregen ... Mutti meint es doch nur gut!

Heike (29) erzählt:

„Mein Freund will jeden Sonntag zu seiner Mutter. Er schläft dann lange aus und setzt sich pünktlich um zwölf bei ihr an den gedeckten Tisch. Ich wünsche mir, dass er mal früher aufsteht und mit mir etwas unternimmt, vielleicht einen Ausflug macht oder mal zum Brunchen geht, aber das fällt ihm nicht ein. Er muss ja unter der Woche früh raus, sagt er, am Sonntag ist ihm das alles zu anstrengend. Nicht mal anständig zusammen frühstücken können wir, denn bis er mal aufgewacht ist, ist es meistens schon halb elf, und dann sagt er, dass wir lieber nichts mehr essen sollten, sonst haben wir ja um zwölf keinen Hunger. Und später als um zwölf zu essen, das käme bei meiner Schwiegermutter in spe nie infrage. Jeden verdammten Sonntag dasselbe Theater! Heute habe ich mal wieder auf stur geschaltet und habe ihn alleine fahren lassen, aber zufrieden bin ich nicht. Schließlich sehen wir uns unter der Woche nur wenig, ich finde, der Sonntag sollte dann schon gemeinsam verbracht werden. Aber nicht immer vor Schwiegermutters Rostbraten! Manchmal fühle ich mich total überflüssig."

Nun, sind Ihnen beim Lesen dieses Kapitels ein paar Lichter aufgegangen, warum gerade Ihr Partner in der Auseinandersetzung zwischen Ihnen und Ihrer Schwiegermutter vielleicht oft weniger solidarisch an Ihrer Seite steht, als Sie sich das wünschen? Sehr gut – dann behalten Sie diese Erkenntnisse bitte für Kapitel VI im Hinterkopf, in dem es darum gehen wird, wie Sie ihn trotzdem als Verbündeten für sich gewinnen können!

V. Kinder und Enkelkinder zwischen den Fronten

Alles eine Frage der Perspektive – Teil II

> *„Ob eine schwarze Katze, die Ihren Weg von links*
> *nach rechts kreuzt, Einfluss auf Ihr Leben hat*
> *oder nicht, hängt von einer einfachen Frage ab:*
> *Sind Sie Mensch oder Maus?"*
>
> (ECKHART VON HIRSCHHAUSEN)

Eines dürfen Sie bei allem berechtigten Zorn auf Ihre schwierige Schwiegermutter bitte nie aus den Augen verlieren: Sie mag für Sie eine Nervensäge, ein Alptraum oder schlicht die Ausgeburt der Hölle sein. Für Ihre Kinder aber ist sie etwas anderes, nämlich einfach die Oma. Und als solche eine sehr zentrale, wichtige Bezugsperson. Ob Ihnen das nun gefällt oder nicht.

Großeltern können – wenn die Beziehung stimmt – für die junge Familie ein Segen sein. Umfragen zeigen, dass das nicht mal so selten der Fall ist: Immerhin 67 % aller verheirateten Deutschen finden laut Wickert-Institut ihre Schwiegereltern „in Ordnung". Das bezeugt auch die sehr aktive Rolle, die Schwiegereltern im Alltag junger Familien übernehmen: In Deutschland, das ergab 2007 eine Studie des Deutschen Jugendinstituts, wird über ein Drittel aller Kinder unter sechs Jahren mindestens einmal wöchentlich von den Großeltern versorgt. Der Altersforscher Heribert Engstler vom Deutschen Zentrum für Altersfragen bezeichnet Großeltern als „Feuerwehr der Familien": Wo staatliche Betreuungsangebote knapp oder wenig flexibel sind, da springen die Omas und Opas der Nation ein. In Familien, bei denen die Arbeitszeiten der Mutter außerhalb der Hortöffnungszeiten liegen, wird sogar rund die Hälfte aller Kinder unter 14 Jahren von den Großeltern betreut. Das funktioniert nur so gut, weil fast 95 % der deutschen Großeltern in der näheren Umgebung ihrer Kinder und Enkel leben (d. h. maximal eine Autostunde von ihnen entfernt). Aber auch die Lebenserwartung, die in den letzten 100 Jahren stark gestiegen ist, spielt dabei eine Rolle. Im Durchschnitt werden Frauen heutzutage mit 52 Jahren das erste Mal Oma und haben statistisch betrachtet noch fast 30 Jahre gemeinsam mit ihren Enkelkindern vor sich. Davon konnten Großmütter früherer Generationen nur träumen.

Auch jenseits dieser praktischen Alltagshilfe stellen Großeltern für ihre Enkelkinder eine kaum zu überschätzende Ressource im Leben dar. Sie haben den großen Vorzug, dass sie sich nicht mehr an vorderster Front mit den Enkelkindern auseinandersetzen müssen. Autoritäts- und Machtkämpfe haben sie mit den eigenen Kindern durchexerziert – jetzt dürfen sie sich zurücklehnen, die unangenehmen Seiten der Erziehungsarbeit dem jungen Paar überlassen und die angenehmen Seiten eines Lebens mit Kindern in vollen Zügen genießen. Das wissen die Enkelkinder sehr zu schätzen: Bei Oma und Opa gibt es keinen Stress, wenn die Hausaufgaben nicht rechtzeitig erledigt sind. Gekocht wird, was das Kind gerne isst. Nachtisch ist nichts, was man sich vorab durch das Aufessen ekliger Dinge wie Spinat oder Brokkoli verdienen müsste, sondern integraler Bestandteil jeder Mahlzeit. Oma hat Zeit und Geduld, zum fünfzigsten Mal in Folge die Geschichte vom kleinen Maulwurf, der wissen wollte, wer ihm auf den Kopf gemacht hat, vorzulesen. Opa sorgt dafür, dass man beim Mensch-ärgere-dich-nicht und beim Uno-

Spielen regelmäßig gewinnt. Wenn das Taschengeld wieder mal vorzeitig alle ist, gibt es einen Schein extra, damit der Monat nicht so lange dauert. Und der Übernachtungsbesuch wird zum Highlight, weil man bei Süßigkeiten und Chips satt selbstverständlich länger aufbleibt als sonst und – ausnahmsweise!! – den Krimi mit schauen darf. Für Kinder ein paradiesisches Refugium fernab des täglichen Leistungs- und Konkurrenzdrucks, dem sie heute schon in jungen Jahren oft viel zu sehr ausgesetzt sind, und gleichzeitig eine Insel der Stabilität angesichts ständiger Veränderung und Neuanpassung.

Großeltern können aber auch gut die Rolle des Schlichters und Vermittlers übernehmen, wenn es zwischen Eltern und Kindern im Getriebe knirscht – was erfahrungsgemäß vor allem in der Zeit der Pubertät der Fall ist. Gerade Teenager, hat die amerikanische Sozialpsychologin Laura Carstensen festgestellt, verstehen sich mit den Großeltern oft besser als mit den eigenen Eltern. Klar, denn auch hier gilt: Die Großeltern müssen sich nicht mehr so stark abgrenzen oder ihre Ansichten durchsetzen. Der größere Abstand – in Jahren ebenso wie im räumlichen Sinne – tut dem Verhältnis gut. Im Idealfall hören die Großeltern einfach interessiert zu, geben den Jugendlichen das Gefühl, ihre Meinung sei wichtig und akzeptiert, und wirken im Streitfall mit den Eltern begütigend und ausgleichend. Im Übrigen sind Großeltern von Teenagern nur in seltenen Fällen noch selbst berufstätig und angespannt. Sie bringen sehr viel mehr Freizeit und Energie in die oft turbulenten Phasen der Pubertät der Enkel mit als die vom Berufsalltag ausgepowerten und gereizten Eltern. Gerade in Krisenzeiten – übrigens auch dann, wenn zwischen Mama und Papa der Haussegen mal schief hängt – können sie gut die Rolle des ruhenden Pols für die Kinder übernehmen.

Und last but not least stellen die Großeltern einen wichtigen zusätzlichen Wissens- und Erfahrungsschatz in der Familie dar, von dem die Enkelkinder sehr profitieren können. Ob es dabei nun darum geht, das Rezept für den weltbesten Kartoffelsalat weiterzugeben, ob Oma lustige Anekdoten aus der Zeit erzählt, als Mama und/oder Papa selbst noch klein waren, oder ob Opa als Zeitzeuge Historie lebendig werden lassen kann, die sonst nur zwischen Geschichtsbuchseiten zu finden wäre – die Großeltern bieten den Kindern einen sehr direkten und persönlichen Zugang zur Vergangenheit. Gerade in unserer schnelllebigen Zeit mit ihren dauernden Veränderungen ist dieser Erfahrungs- und Wissensschatz umso kostbarer und unersetzlicher geworden.

Die Geburt eines Enkelkindes ist in Familien manchmal wirklich ein Faktor, der zur Entspannung der Beziehung zwischen Schwiegertochter und Schwiegermutter beiträgt. Die Gründe dafür können vielschichtig sein: Manche Schwiegermutter tut sich schwer damit, den modernen Lebensstil junger Frauen zu akzeptieren und kann mit den Karriereambitionen ihrer Schwiegertochter so gar nichts anfangen. Bekommt diese dann aber ein Kind, ist das endlich etwas, womit sich die Schwiegermutter uneingeschränkt identifizieren und der Jüngeren ehrlichen Herzens Anerkennung zollen kann. Viele Schwiegertöchter, an denen über Jahre hinweg kein gutes Haar gelassen wurde, weil sie entweder zu dick, zu dünn, zu attraktiv, zu unattraktiv, zu häuslich, zu arbeitssüchtig oder was auch immer waren, sind dann ganz verdutzt, wenn sie von heute auf morgen plötzlich mit Begeisterungsstürmen angesichts des „goldigen Knuddels" überhäuft werden, den sie da in die Welt gesetzt haben. Mit einem Mal kann dann die bisher so kritische Oma nicht mehr aufhören die Schwiegertochter zu loben, weil sie das so gut hingekriegt hat.

Zudem spüren viele Schwiegermütter bei der Geburt des Enkels, dass sie jetzt mehr denn je auf das Wohlwollen ihrer Schwiegertochter angewiesen sind, wenn sie ihr Enkelkind regelmäßig sehen wollen. Denn meistens sind es auch heute noch die Frauen, die die Hauptlast bei der Kinderbetreuung und -erziehung tragen und die naturgemäß dann auch darüber bestimmen, wann das Kind wo ist – und wo eben nicht. Konnte die Schwiegermutter zuvor noch darauf bauen, dass ihr Sohn unter genügend Druck auch ohne den Segen seiner Frau regelmäßig bei ihr auftauchen würde, so besteht diese Aussicht bei einem neugeborenen Enkelkind natürlich nicht. Mehr noch: selbst ihr Einfluss auf den eigenen Sohn wird Studien zufolge mit der Geburt des ersten Enkels eher geringer als größer, da der Mann meist von seiner Frau nun stärker in die Pflicht genommen wird und seine Aufmerksamkeit jetzt vor allem seiner neuen Familie gilt. Bei vielen Schwiegermüttern führt das Bewusstsein um die eigene geschwächte Position in dieser neuen Situation dazu, dass sie sich mit ihren Schwiegertöchtern zumindest einigermaßen gut zu arrangieren versuchen – vielleicht zähneknirschend, aber doch.

Die Enkelkinder als Waffe

Aber natürlich hat all dies seine Kehrseite, wie Sie aus eigener Erfahrung aller Wahrscheinlichkeit nach sehr wohl wissen: Mit der Geburt des Enkelkindes öffnen sich der Schwiegermutter jede Menge neuer Möglichkeiten, sich in das Leben des jungen Paares einzumischen, zu allem ungefragt ihre Meinung abzugeben und sich als die oberste Autorität in Sachen Kinderpflege und -erziehung zu profilieren. Ist das schon nervig genug, entsteht in manchen Fällen darüber hinaus noch eine ungute Konkurrenzsituation zwischen Oma und Mutter um die Zuneigung des Kindes praktisch von der Geburt an. Eifersüchteleien statt Kooperation sind dann die Regel:

Cosima (31) erzählt:
„Meine kleine Tochter ist fünf Monate alt. Zurzeit stille ich noch voll und ich genieße jede Minute mit ihr. Leider macht mir meine Schwiegermutter ziemlich Stress, weil ich ihr die Kleine (noch) nicht alleine überlassen will. Jedesmal, wenn wir zu Besuch sind, drängt sie mich, ich müsse das Kind mal abgeben, ich mache ja ein völlig verzogenes Mamakind aus ihr. Ich solle sie ihr wenigstens für eine Stunde da lassen und mal zum Friseur oder zum Einkaufen gehen. Sie lässt einfach nicht locker, sie ist wild darauf, die Kleine für sich alleine zu haben. Ich fühle mich langsam richtig bedrängt, dabei habe ich ihr schon x-mal erklärt, dass ich das Kind lieber bei mir behalte und überhaupt keine Probleme damit habe, meine Sachen mit der Kleinen gemeinsam zu erledigen. Letzte Woche war sie dann total beleidigt und hat meinem Mann eine Heul- und Jammerszene hingelegt. Ich würde ihr das Kind vorenthalten, ich hätte kein Interesse daran, dass sie eine gute Beziehung zu der Kleinen entwickelt und so weiter und so fort. Mein Mann war hilflos und wusste nicht, wie er reagieren sollte. Auch ich hatte ein schlechtes Gewissen. Aber ich will mir mein Kind nicht gegen meinen Willen wegnehmen lassen!"

Silke (37) erzählt:
„Meine Ex-Schwiegermutter hat vom ersten Tag an versucht, bei meinem Sohn Mutterstelle einzunehmen und mich von meinem Platz zu verdrängen. Je älter er wurde, desto extremer wurde dieses Verhalten – klar, am Anfang war sie ja noch im Nachteil, weil ich ihn stillte, das zumindest konnte sie nicht. Aber ansonsten ließ sie nichts unversucht, einen Keil zwischen uns zu treiben, übrigens kräftig unterstützt von meinem damaligen Mann. Bei jeder Gelegenheit überschüttete sie ihn mit Geschenken und Süßigkeiten (oft so viel, dass der Kleine völlig überfordert war

und am Schluss nur noch schrie), Grenzen gab es keine. Wollte ich ihn wegen irgendetwas in ihrer Gegenwart zurechtweisen oder ihm etwas verbieten, hieß es immer: ,Ach, lass ihn doch!' Klar, dass er das sehr schnell heraus hatte und begriff, dass die Einzige in der Familie, bei der es unbequeme Regeln und gesundes Essen gab, die Mama war! Nach einem Wochenende in der Obhut meiner Schwiegermutter konnte ich darauf warten, dass er nach mir trat oder schlug, wenn ich ihm etwas verbot, und herumschrie, dass er mich hasse – etwas, das er sonst nie tat.

Mein Mann ist ein echtes Muttersöhnchen, er hat nie zu mir gehalten, immer nur zu seiner Mutter. Wir sind mittlerweile getrennt und ich bin mit Jakob aus dem Ort, wo er und meine Schwiegermutter wohnen, weggezogen. Seither ist mein Verhältnis zu meinem Sohn besser geworden. Leider kann ich jetzt nicht verhindern, dass er jedes zweite Wochenende und die Hälfte der Ferien die meiste Zeit bei seiner Oma zubringt, da mein Ex-Mann viel arbeitet. Kürzlich rief ich an so einem Wochenende an und fragte, wie es Jakob gehe (er hatte eine fiebrige Erkältung). Mein Ex meinte, er wisse es nicht, er sei gerade erst vom Arbeiten gekommen. ,Jakob ist noch bei seiner Mutter', sagte er. Natürlich meinte er eigentlich ,bei *meiner* Mutter', er hat seinen Versprecher dann gleich vom Tisch gewischt und darüber gelacht. Aber eigentlich war es kein Versprecher. Eigentlich war es das, was die beiden immer gewollt hatten."

Manuela (39) erzählt:
„Als mein Sohn etwa zwei Jahre alt war, hat sie immer zu ihm gesagt: ,Deine Mama brauchen wir nicht, die kann gehen, aber du bleibst bei mir.'"

Neben der Konkurrenzsituation zwischen Mutter und Oma entwickelt sich oft auch ein Wettstreit der beiden Großmütter darum, wer nun die „Lieblingsoma" der Enkelkinder ist. Mit aufwendigen Geschenken wird um die Gunst der Kinder gebuhlt, beide Großmütter überschlagen sich darin, die jeweils Nachsichtigere, Fürsorglichere und Großzügigere zu sein. Die Oma mütterlicherseits ist dabei häufig im Vorteil, da sich die junge Mutter naturgemäß mit ihren Sorgen und Anliegen hinsichtlich der Kindererziehung meist erst einmal an ihre eigene Mutter wendet. Da diese dann oft häufiger als Babysitterin präsent ist, ist die Bindung zwischen ihr und den Enkeln oft enger als die zur Großmutter väterlicherseits. Entsprechend gekränkt reagiert dann unter Umständen die Schwiegermutter und schiebt natürlich auch diese Entwicklung dem negativen Einfluss der Schwiegertochter zu. Je nachdem, wie sie selbst dann veranlagt ist, zieht sich die Oma eventuell schmollend zurück – schade für die Enkel, die nicht verstehen, warum die Geburtstagsgeschenke mit einem Mal kleiner werden oder ausbleiben. Vielleicht versucht die Oma aber auch, die Enkel moralisch unter Druck zu setzen: „Gell, du hast deine andere Oma lieber als mich, weil sie mehr Geld hat und öfter kommen kann?" Und im schlimmsten Fall wird dann gleich noch gegen die Mutter geschossen: „Die Omi ist ganz traurig und krank, weil die Mama dich so selten zu mir kommen lässt!" So oder so – das Kind gerät zwischen die Fronten und versucht vergeblich, es allen Recht zu machen. Mit solchen Spannungen können Kinder und Jugendliche nicht umgehen. Je nach Situation und persönlicher Prädisposition des Kindes kann es sein, dass es physische oder psychische Verhaltensauffälligkeiten zeigt: Konzentrationsstörungen, Schulprobleme, Ängste, Ess- und Schlafstörungen, scheinbar grundlos aggressives oder autoaggressives Verhalten sind nur einige der Möglichkeiten, wie diese Kinder und Jugendlichen dann reagieren.

Vanessa (32) erzählt:

„Meine Schwiegermutter hat es mir nicht verziehen, dass ich ihr einmal gründlich die Meinung gesagt habe. Seither weigert sie sich, unser Haus zu betreten; sie ruft sogar nicht einmal mehr an! Letzte Woche hatte unsere Tochter Geburtstag, sie wurde fünf. Im Briefkasten lag eine Glückwunschkarte mit 50 Euro darin von der Oma, als ich die Post reinholte. Sonst nichts! Ich war zuerst sprachlos, dann habe ich wütend meinen Mann im Büro angerufen. Er fand das Verhalten seiner Mutter völlig daneben, sagte dann aber nur, ich solle machen, was ich will, er wolle mit dem Ganzen nichts mehr zu tun haben. Ich habe hin und her überlegt, ob ich die Karte kommentarlos zurückschicke, aber das wollte ich meiner Tochter dann nicht antun. Sie fragte sowieso immer wieder, ob die Oma diesmal nicht an ihrem Geburtstag käme. Schließlich habe ich ihr die Karte gezeigt und ihr erklärt, dass die Oma leider diesmal keine Zeit hatte und dass wir ihr von dem Geld aber etwas Schönes gemeinsam aussuchen würden. Sie hat dann Ruhe gegeben, aber enttäuscht war sie doch irgendwie, das war nicht zu übersehen. Ich bin wahnsinnig wütend, dass meine Schwiegermutter jetzt unsere Tochter für mich büßen lässt!"

Laura (38) erzählt:

„Meine Schwiegermutter wohnt zwei Häuser weiter. Wenn es nach ihr geht, sollen die Kinder mindestens dreimal die Woche direkt nach der Schule zu ihr zum Essen kommen und dann bis zum Abendessen dableiben. Weil das nicht geht – schließlich haben sie Hausaufgaben zu machen, gar nicht zu reden von anderen Aktivitäten wie Klavierstunden, Reiten oder Freunden – erzählt sie überall im Ort herum, ich sei ein bösartiges Weib, das ihre Enkel nicht zu ihr lassen will. Dabei sind wir jeden zweiten Sonntag zum Essen bei ihr; sie kommt fast jeden Tag zu uns und an Feiertagen wie Weihnachten oder Muttertag besuchen wir sie ohnehin alle gemeinsam. Aber das reicht ihr alles nicht.

Kürzlich kam meine Tochter weinend von der Schule und wollte nicht mehr zum Reiten gehen, obwohl Pferde eigentlich ihr Ein und Alles sind. Eine Klassenkameradin hatte ihr eingeredet, dass sie schuld sei, wenn ihre Oma bald vor Kummer sterben würde, weil sie lieber reiten ginge als sie zu besuchen. Da ist mir der Kragen geplatzt. Ich bin rüber und habe meine Schwiegermutter angebrüllt, ob ihr klar sei, was sie den Kindern antut. Genutzt hat es nichts. Sie betrachtet die Enkel als ihr von Gott gegebenes Eigentum, das ich ihr vorenthalte."

Auch wenn man in diesem Fall wirklich nicht von Vorenthalten sprechen kann – gar nicht so selten werden die Enkelkinder tatsächlich auch von der wütenden Schwiegertochter als Waffe gegen die Schwiegermutter eingesetzt. Da die meisten Großmütter sehr an ihren Enkeln interessiert sind, selbst dann, wenn sie deren Mutter nicht besonders mögen oder sogar ablehnen, ist hier sozusagen ihr schwächster Punkt. Ihre Liebe zu den Enkelkindern macht sie angreifbar. Eine sehr verführerische Situation, vor allem für eine Schwiegertochter, die sich schon lange schlecht behandelt und gleichzeitig hilflos gefühlt hat. Endlich kann sie mal zurückschlagen und sicher sein, dass sie die verhasste Schwiegermutter da trifft, wo es richtig weh tut!

Jessica (27) erzählt:
Meine Schwiegermutter mischt sich in alles ein – sie wollte mir bei unserem Umzug sogar vorschreiben, wie ich unsere Küchenschränke einräumen sollte. Ständig sagt sie mir, was ich tun und lassen soll. Ich habe weder Lust noch Zeit, mindestens einmal die Woche bei ihr anzurufen und mich nach ihrem Befinden zu erkundigen, wie sie sich das so vorstellt. Spannungen gab es ei-

gentlich schon immer zwischen uns, aber vier Wochen nach der Geburt unseres Sohnes – er ist jetzt ein halbes Jahr – hatten sie und ich dann mal so richtig Krach. Sie hat mich beschimpft und behauptet, ich hätte ihr erst ihren Sohn genommen und wollte ihr jetzt ihren Enkel vorenthalten. Umgekehrt habe ich ihr natürlich auch so einiges an den Kopf geworfen.

Seither ist Funkstille, da habe ich mich klar durchgesetzt, obwohl mein Mann sehr unter der Situation leidet. Aber mir hat es einfach gereicht. Ich will nicht, dass mein Sohn Kontakt zu einer Großmutter hat, die Lügen über seine Mutter erzählt. Das Risiko, dass sie ihm ein völlig falsches Bild von mir rüberbringt, ist mir einfach zu groß, das macht mir Angst. Ich will, dass sie ihn nie wieder sieht! Bisher hat sie sich nicht bei mir gemeldet; mein Mann telefoniert zwar mit ihr, aber den Jungen lass ich ihn nicht mitnehmen, wenn er zu ihr fährt, da bin ich knallhart. Wenn es sein muss, gehe ich vor Gericht und erzwinge ein Umgangsverbot. Ich lasse mich nicht so behandeln."

Mareike (39) erzählt:
„Meine Schwiegermutter bekommt unsere Tochter seit einem halben Jahr nicht mehr alleine, da kann sie jammern, wie sie will. Sie kann sie hier bei uns besuchen oder mein Mann fährt mit dem Kind zu ihr, aber mehr nicht. Anfangs hatte ich kein Problem damit, aber sie hat sich einfach nicht an meine Anweisungen gehalten und die Dinge so gemacht, wie sie wollte. Zum Beispiel wollte ich nicht, dass sie ihr Fanta gibt, keinen Kuchen am Nachmittag, und sie sollte sie auch kein Fernsehen schauen lassen. Hat sie aber trotzdem immer gemacht. Irgendwann hatte ich die Faxen dick und habe gesagt, das war's jetzt. Wenn du dich nicht an meine Anforderungen hältst und ich dir da nicht vertrauen kann, dann hast du Pech gehabt. Ich bin die Mutter, ich weiß besser, was für mein Kind gut ist."

Kein Zweifel, dass die Schwiegertochter in diesem Zusammenhang (endlich!) einmal wirklich am längeren Hebel sitzt. Verweigert sie den Großeltern den Zugang zu den Kindern, haben diese schlechte Karten. Zwar haben sie die Möglichkeit, ihr Umgangsrecht gerichtlich einzuklagen. Hier haben sie aber nur dann wirklich Aussicht auf Erfolg, wenn sie eine gute Beziehung zum Kind nachweisen können und die Besuchskontakte somit „dem Kindeswohl dienen", wie das im Amtsdeutsch so schön heißt. Sie sind in jedem Fall in der Beweispflicht, und allein das schreckt viele Großeltern ab. Ansonsten hat das Erziehungsrecht der Eltern grundsätzlich Vorrang – und allein die Tatsache, dass die Angelegenheit gerichtlich geklärt werden soll, deutet ja schon auf ein schwer gestörtes Verhältnis zwischen Eltern und Großeltern hin. Manch ein Richter wird daraus schließen, dass Kontakte in einer so spannungsgeladenen Atmosphäre dem Kindeswohl eher ab- als zuträglich sind.

Leicht macht sich so eine Entscheidung wahrscheinlich keine Schwiegertochter. Und aus rein menschlicher Sicht ist es mehr als verständlich, dass es einer Mutter schwer fällt, ihr Kind freiwillig zu einem Menschen zu schicken, von dem sie weiß oder zumindest ahnt, dass dieser hinter ihrem Rücken schlecht über sie redet, die mühsam ausgekämpften Regeln hinsichtlich der Erziehung bei jeder Gelegenheit unterläuft oder versucht, die Mutterstelle für sich selbst zu beanspruchen. Die Lösung „dann bekommt sie die Kinder eben nicht mehr!" scheint da recht nahe liegend.

Das Problem, das sich für die Kinder damit stellt, ist jedoch schwerwiegend. Egal, wie Ihre Schwiegermutter sich Ihnen gegenüber verhält, sie ist und bleibt nun mal die Großmutter der Kinder, die Mutter des Vaters. Und das bedeutet, dass Ihr Mann 50 % des Erbguts Ihrer Schwiegermutter in sich trägt und Ihre Kinder immerhin noch 25 %. Das ist unveränderliche Tatsache.

Ohne Ihre Schwiegermutter (die Ihnen so herzlich auf die Nerven geht) gäbe es Ihren Mann (den Sie lieben) nicht oder nicht in dieser Form, und auch nicht Ihre Kinder. Die Existenz dieser Menschen ist für alle Zeiten untrennbar verknüpft mit der Existenz genau dieser Schwiegermutter. Alle Beteiligten wissen und spüren das. Was passiert nun, wenn Sie Ihre Schwiegermutter komplett ablehnen und ihr den Umgang mit ihren Enkelkindern verbieten? Um es pointiert zu sagen: Da die Kinder fühlen, dass ein Teil des Menschen, der da so negativ beurteilt und ausgegrenzt wird, auch in ihnen selbst steckt, müssen sie diesen Teil in sich zwangsläufig mit ablehnen, wenn sie ihre Großmutter ablehnen sollen. Das ist nicht gut und führt zu oft schweren Belastungen. Wir Menschen gedeihen ebenso wie andere wachstumsorientierte Lebewesen auf lange Sicht gesehen einfach schlecht, wenn wir von unseren Wurzeln abgeschnitten werden.

Besonders schwierig ist ein Kontaktabbruch oder auch nur eine starke Einschränkung des Kontakts für Kinder zu verarbeiten, die die Großeltern bereits kennen und schon eine Bindung zu ihnen aufgebaut haben. Je nach Alter des Kindes stehen die Eltern dann vor dem Problem, wie sie ihm diesen drastischen Schritt erklären sollen. Oft verlegen sie sich dann auf Ausflüchte wie „Oma hat keine Zeit" oder „Das verstehst du noch nicht, das erkläre ich dir später, wenn du älter bist". Damit entsteht für das Kind eine zusätzliche Unsicherheit, die ein Nährboden für ungute Fantasien ist. Denn die meisten Kinder haben eine fatale Neigung, sich für alles und jedes in ihrem Umfeld verantwortlich zu fühlen – was liegt da näher, als anzunehmen, die Oma wolle einen nicht mehr sehen, weil sie einen nicht mehr lieb habe? Im Rahmen einer Familientherapie fragte ich kürzlich eine Siebenjährige, ob sie mir erklären könne, warum sie die Mutter ihrer Mutter zwar regelmäßig sehe, die Mutter ihres Vaters aber seit einigen Jahren nicht mehr. Wie aus der Pistole geschossen kam die

Antwort: „Die Oma aus B. ist böse auf mich, weil ich beim letzten Mal, als ich bei ihr war, ihre Leberknödel nicht essen wollte. " Die daneben sitzende Mutter fiel aus allen Wolken – selbstverständlich hatte der Kontaktabbruch zur Oma vollkommen andere Gründe gehabt. Da diese aber dem Kind nicht erklärt worden waren (teils aus der Überzeugung, es damit zu schützen, teils aus der Überzeugung, es sei noch nicht in der Lage, die komplexe Situation zu verstehen), hatte sich das Kind seine eigene Erklärung zurechtgeschnitzt. Dass es an dieser schwer zu tragen hatte, auf diese Idee war die Mutter nicht gekommen.

Lassen Sie mich eines noch einmal klarstellen: Ich möchte Ihnen *keinesfalls* raten, sich dauerhaft auf dem Altar des Familienfriedens zu opfern, nur um Ihren Kindern einen Gefallen zu tun. Ganz im Gegenteil – im nächsten Kapitel wird es nur darum gehen, wie Sie besser als bisher für Ihre eigenen Bedürfnisse sorgen und sich gegen Angriffe Ihrer Schwiegermutter erfolgreich zur Wehr setzen können. Und es ist wichtig und richtig, wenn Sie dabei versuchen, Ihren Partner zur Unterstützung für sich heranzuziehen. Für Ihre Kinder aber gilt, dass Sie sie aus dem Konflikt zwischen Ihnen und Ihrer Schwiegermutter so weit wie möglich heraushalten sollten, ja müssen! Lassen Sie nicht zu, dass sie zu Spielbällen in den Auseinandersetzungen der Erwachsenen werden. Dieses Bemühen wird Sie große Anstrengung kosten und möglicherweise nicht immer hundertprozentig erfolgreich sein. Dennoch: je näher Sie diesem Ziel kommen, desto besser für Ihre Kinder. Es ist Ihre Aufgabe als Mutter, Ihre Kinder nicht für Ihre Bedürfnisse nach Abgrenzung oder Vergeltung Ihrer Schwiegermutter gegenüber zu instrumentalisieren.

Vielleicht hilft es Ihnen ja, wenn Sie sich dabei vor Augen halten, dass Kinder niemals genug Menschen um sich herum haben können, die sie lieben. Aus der Resilienzforschung weiß man mittlerweile, dass zusätzliche positive Bezugspersonen neben den Eltern für Kinder einen wichtigen Schutzfaktor in Krisensituationen darstellen. Voraussetzung ist natürlich ein liebevolles, nicht schädigendes Verhältnis zwischen Enkeln und Großmutter, aber dieses ist in den meisten Familien gegeben. Erhalten Sie es für Ihr Kind und denken Sie daran, dass das, was zwischen Ihnen und Ihrer Schwiegermutter im Argen liegt, nicht die Schuld Ihres Kindes ist – und darum auch nicht seine Angelegenheit.

Eine letzte Konstellation im Krieg der Frauen haben wir bisher noch unerwähnt gelassen. Der Zorn mancher Schwiegertochter entzündet sich nämlich gar nicht an zu viel Einmischung und Präsenz der Schwiegermutter in Bezug auf die Enkel, sondern im Gegenteil an zu wenig.

Karla (31) erzählt:
„Meine Schwiegermutter schert sich einen Dreck um unsere Kinder. Sie kommt zu keinem Geburtstag, weil ihr der Weg zu weit ist. Außerdem jammert sie immer, dass sie keine großen Geschenke machen kann, aber dann fährt sie mit ihrer Freundin 14 Tage nach Italien in Urlaub!"

Isabell (33) erzählt:
„Meine Schwiegermutter hat nie Lust, auf unser Kind aufzupassen. Es ist ihr wichtiger zu arbeiten, einzukaufen und ins Fitnesscenter zu gehen. Mit ihr planen kann ich überhaupt nicht – jedes Mal geht es schief, weil sie kurzfristig absagt, und ich muss in letzter Minute einen Ersatz organisieren. Jetzt habe ich mir eine Tagesmutter für Marie gesucht, da kann ich mich wenigstens drauf verlassen, dass es klappt. Sie wird schon sehen, was sie davon hat – wenn sie das nächste Mal Lust hat, Marie zu sehen, dann habe ich eben keine Zeit und sie hat das Nachsehen."

Die Geschichten dieser Frauen zeigen sozusagen die Kehrseite des „modernen Schwiegermuttertyps": Jung geblieben, aktiv und vielseitig interessiert, haben diese Omas offenbar anderes im Sinn, als sich mit ihren Enkelkindern zu beschäftigen. Sie haben ihre eigenen Kinder großgezogen und damit in ihren Augen ihr Soll erfüllt – jetzt haben sie keine Lust mehr, sich noch einmal um eine weitere Generation im Heranwachsen zu kümmern. Bei den Schwiegertöchtern kommt das nicht gerade gut an, denn sie haben sich von der Großmutter Unterstützung und Zuwendung erhofft. Natürlich könnten sie sich ebenso gut freuen, dass ihre Schwiegermütter ihnen und den Kindern so wenig Aufmerksamkeit widmen – schließlich bleiben ihnen damit viele andere Probleme erspart: Keine Schwiegermutter, die sich in alles einmischt, keine Schwiegermutter, die hinter dem Rücken schlecht über einen redet oder dauernd wie eine Klette an der jungen Familie hängt. Dazu ist dieser Schwiegermuttertyp viel zu beschäftigt. Und das ist dann den Schwiegertöchtern auch wieder nicht Recht. Jetzt wird der moralische Zeigefinger erhoben: „Du musst dich wenigstens ein bisschen mehr für deine Enkelkinder interessieren!", lautet dann die entrüstete Botschaft.

Muss sie wirklich? Bei allem Verständnis für die Enttäuschung und Gekränktheit der jungen Mütter, die ihrem Nachwuchs gerne eine Bilderbuch-Oma mit hausgemachtem Kartoffelpüree und Strickzeug in der Hand präsentieren würden, finde ich das eigentlich nicht. In aller Regel werden Schwiegermütter nicht um ihr Einverständnis gebeten, bevor ihnen Enkel vor die Nase gesetzt werden. Niemand käme auf den Gedanken, sie zu fragen, was sie davon halten, jetzt Großmutter zu werden. Man setzt einfach voraus, dass sie sich angesichts des putzigen kleinen Wesens in der Wiege wie die Schneeköniginnen freuen. Selbstverständlich sollen sie das in gebührendem Abstand und mit dem gebotenen Respekt tun, und am besten sollen sie sich nicht aufdrängen oder ungefragt Kommentare von sich geben. Sie sollen möglichst ein perfektes Gespür dafür haben, wann sie gebraucht und gern gesehen sind – und wann sie bitte schön wieder aus dem Dunstkreis der jungen Familie zu verschwinden haben, weil man jetzt wieder unter sich sein möchte.

Wer so denkt, vergisst, dass die Großmutter ebenso wenig verpflichtet ist, ihre Enkel zu lieben, wie sie verpflichtet ist, ihre Schwiegertochter zu lieben. Sie behält auch dann ihr Recht auf ein eigenständiges Leben, wenn sie gerade Oma geworden ist. Natürlich ist es verständlich, wenn sich die Schwiegertochter für das Kind eine Traum-Oma wünscht. Aber wie bei der Frage nach der Traum-Schwiegermutter gibt es auch hier leider keinen Rechtsanspruch: Wer eine bekommt, hat großes Glück, wer nicht, muss sich nach anderen Alternativen umschauen, um die Bedürfnisse zu befriedigen, die die Schwiegermutter nicht abdecken kann und will. Genervten Schwiegertöchtern in dieser Situation kann ich nur raten, die Haltung der Oma gelassen zu akzeptieren und sie nicht unnötig aufzubauschen. Überprüfen Sie noch mal Ihre eigenen Erwartungen und beantworten Sie ehrlich die Frage, ob eher Sie oder eher das Kind unter der vermeintlich schwierigen Situation leiden. Kinder sind nämlich meist erstaunlich flexibel im Umgang mit unterschiedlich engagierten Großmüttern: sie nehmen einfach jeweils das von ihnen, was sie angeboten bekommen, und holen sich das, was sie eventuell noch vermissen, anderswo. Was Ihre eigenen Bedürfnisse nach Entlastung und Anerkennung durch die Schwiegermutter angeht, können Sie da nur von den Kleinen lernen! Tipps, wie Sie sich hier anderweitig behelfen können, finden Sie reichlich in Kapitel VI.

Was tun?

Wenn Sie das Gefühl haben, Ihre Kinder sind bereits auf die eine oder andere Weise zwischen die Fronten geraten, dann ist es jetzt höchste Zeit gegenzusteuern und sie aus dem Sperrfeuer zu holen.

Prüfen Sie noch einmal ehrlich: Wer hat hier mit wem ein Problem? Selbstverständlich sollen Sie Ihre Kinder keinen schädlichen Einflüssen oder Gefahren aussetzen. Sollten Sie zu der Überzeugung gelangen, dass Ihre Schwiegermutter die Kinder allein nicht angemessen gut versorgen und/oder betreuen kann, dann ist es nicht nur Ihr gutes Recht, sondern sogar Ihre Pflicht als Mutter, sie ihr auch nicht alleine zu überlassen. Das kann zum Beispiel der Fall sein, wenn Ihre Schwiegermutter Alkoholikerin ist oder unter einer schweren psychischen Erkrankung, zum Beispiel Demenz leidet. Sorgen Sie aber dafür, dass der Kontakt trotzdem bestehen bleiben kann. Wenn Sie selbst nicht in der Lage oder willens sind, die Schwiegermutter gemeinsam mit den Enkeln zu besuchen oder ihre Besuche bei sich zu Hause zu akzeptieren, dann sollten Sie Ihren Mann oder ein anderes Familienmitglied bitten, die Kinder bei diesen Kontakten mit im Auge zu behalten. Nehmen Sie Ihren Mann hier ruhig in die Pflicht, schließlich ist es *seine* Mutter!

Seien Sie aber bitte nicht überkritisch in der Beurteilung des „Schädigungsfaktors Oma"! Viele – gerade junge – Mütter haben sehr strenge und genaue Vorstellungen davon, was ihrem Kind gut tut und was ihm schadet. Das ist ja auch wunderbar so und spricht nur für ihr großes elterliches Engagement. Trotzdem muss wohl fast jede Mutter zugeben, dass Kinder im Regelfall nicht sofort schwere Gesundheitsschäden davontragen, wenn sie hin und wieder Süßwaren in größeren Mengen in sich hineinstopfen (Diabetiker-Kinder seien hier mal ausgenommen!) oder bis zum Umfallen aufbleiben dürfen. Umgekehrt können Kinder auch sehr gut mit etwas strengeren Vorgaben durch die Großeltern umgehen und erleiden nicht sofort ein Trauma, wenn Opa und Oma das gemeinsame Kuscheln im Bett oder das Frühstück im Schlafanzug ablehnen.

Hinterfragen Sie deshalb in einer ruhigen Minute bitte noch einmal wirklich: Wo ärgert es mich einfach, dass meine Schwiegermutter nicht meinen Anweisungen Folge leistet und wo sehe ich in der Tat das Risiko einer gesundheitlichen Schädigung meines Kindes? Im letzteren Fall müssen Sie sich selbstverständlich durchsetzen – im ersteren dagegen würde ich Ihnen sehr ans Herz legen, fünfe gerade sein zu lassen. Machen Sie den Großeltern so wenig Erziehungsvorschriften wie möglich für die Zeit, die sie die Kinder betreuen (manche Schwiegertöchter kommen tatsächlich mit einem Mammut-Regelwerk unter dem Arm für eine Stunde Babysitten daher!). Sinnvoll ist es, klare Grenzen zu ziehen und diese allen Beteiligten – auch den Kindern – gegenüber zu kommunizieren: Wenn das Kind bei der Schwiegermutter ist, gelten deren Spielregeln, wenn das Kind bei Ihnen ist oder Sie alle gemeinsam unterwegs sind, gelten Ihre Spielregeln. Klare Absprachen, was wo erlaubt ist und wo nicht, sind da sehr hilfreich, und es macht überhaupt nichts, wenn diese voneinander abweichen. Viele Eltern haben Angst, ihr Kind zu verwirren, wenn es bei den Großeltern manche Sachen darf, die bei den Eltern nicht erlaubt sind und umgekehrt. Sie legen viel Wert auf eine durchgängig konsistente Erziehung. Wie, so fragen sie sich, kann ich meinem Kind Schokolade vor dem Essen verbieten, wenn es bei der Oma nach Belieben in die Süßigkeitenschublade greifen darf?

Wenn Sie sich diesbezüglich Sorgen machen, unterschätzen Sie das Differenzierungsvermögen und die Anpassungsfähigkeit Ihres Kindes erheblich! Kinder sind schon mit etwa zwei Jahren sehr wohl in der Lage, unterschiedliche Kontexte als solche wahrzunehmen und sich entsprechend zu verhalten. Selbstverständlich registrieren sie dabei, dass in einem Zusammenhang etwas erlaubt sein kann, was in einem anderen verboten ist, und selbstverständlich hinterfragen sie diese Unterschiede gezielt. Das bedeutet aber nicht, dass sie nicht fähig wären, gezielt abzuspeichern, welche Regeln wo gelten und diese Unterschiede in ihr kindliches Weltbild zu integrieren. Das müssen sie übrigens ständig tun, ohne dass Sie dies verhindern könnten und ohne dass sie dabei Schaden nähmen, denn es ist ein wichtiger Teil ihres Sozialisationsprozesses. Was im Kindergarten noch erlaubt war – einfach aufstehen, losrennen, laut herausplatzen – ist in der Schule verboten. Was man auf dem Spielplatz darf – mit Sand und Wasser herumpantschen, auf alles klettern, was da so herumsteht – ist im Wohnzimmer zu Hause verboten. Was bei Freund Lukas aus dem Nachbarhaus erlaubt ist – mit dem Bobbycar im Hausflur herumfahren – ist bei Freund Stefan zwei Häuser weiter verboten.

Lassen Sie sich auch nicht auf das beliebte Spielchen „Oma ist aber viel lieber als du, die erlaubt mir das!" ein. Das ist nichts als ein netter kleiner Manipulationsversuch Ihres Kindes, man könnte es auch emotionale Erpressung nennen. Gönnen Sie der Oma wenn möglich ohne Eifersüchteleien die Gelegenheit, ihre Enkelkinder nach Herzenslust zu verwöhnen und über die Stränge schlagen zu lassen. Sie haben es in keiner Weise nötig, mit ihr um die Liebe Ihres Kindes zu konkurrieren. Ihr Kind wird Sie immer mehr als jeden anderen lieben – Sie sind schließlich seine Mutter.

Für immer wiederkehrende Streitpunkte, die Ihnen wichtig sind, suchen Sie nach Möglichkeit gemeinsam mit Ihrem Mann und Ihren Schwiegereltern nach einer klaren Vereinbarung. Beispielsweise können Sie sich darauf einigen, dass die Großeltern vor Geburtstagen und Weihnachten eine Geschenkeliste bekommen, aus der sie auswählen dürfen – insgesamt darf aber ein bestimmter Betrag nicht überschritten werden. Wenn Ihre Schwiegermutter noch zur alten Garde gehört, die der Meinung ist, dass ein Klaps noch niemandem geschadet hat, Sie aber keinesfalls wollen, dass Ihr Kind körperlich gezüchtigt wird, dann müssen Sie das miteinander aushandeln. Auf der Einhaltung dieser Absprachen sollten Sie dann energisch bestehen, aber nicht, indem Sie im Fall eines Verstoßes mit Kindesentzug drohen.

Mogeln ist übrigens keine gute Idee. Manche Schwiegertochter, die im Clinch mit der Schwiegermutter liegt, scheut den offenen Konflikt, den ein Kontaktabbruch zwischen Enkelkindern und Großmutter mit sich brächte. Sie wählt dann stattdessen eine Art „inoffizielle" Kontaktsperre als Lösung. Das kann auf sehr unterschiedliche Weise passieren: Vielleicht greift sie, wenn eigentlich beide Großmütter Zeit hätten, sich um die Enkel zu kümmern, ausschließlich auf ihre eigene Mutter zurück und lässt die väterliche Oma so außen vor. Oder sie fördert auf andere Weise eine engere Bindung zur Oma mütterlicherseits. Solche unterschwelligen Polarisierungen sollten Sie ebenso unterlassen wie doppeldeutige Botschaften an Ihre Kinder. Verbal und offiziell wird den Kindern in diesem Fall zwar gesagt: „Geh ruhig zur Oma, wenn du das gern möchtest!" Unterschwellig und nonverbal wird aber gleichzeitig das Signal übermittelt: „Aber wenn du es tust, bin ich traurig, weil ich die Oma hasse und nicht möchte, dass du bei ihr bist!" Kinder haben extrem sensible Antennen gerade für solche inoffiziellen Botschaften ihrer Eltern und geraten dann oft in noch schlimmere Zwickmühlen als bei offen ausgetragenen Konflikten. Sie sagen dann irgendwann scheinbar von sich aus, dass sie nicht mehr zur Oma möchten – aber nicht, weil sie dafür wirklich einen Grund haben, sondern weil sie ihre Mutter vor negativen Gefühlen schützen wollen. Manche Kinder bleiben ihr ganzes Leben lang in dieser Rolle der „Mutter der Mutter" stecken und führen für die Mutter dann immer wieder Stellvertreterkriege. Bitte ersparen Sie das Ihrem Kind! Versuchen Sie stattdessen, sich so weit wie möglich in die Gefühle und Bedürfnisse Ihres Kindes einzufühlen und zu erspüren, was es sich wünscht, ohne sich dabei von Ihren eigenen Gefühlen irre machen zu lassen.

Möglicherweise sehen Sie für sich aber irgendwann wirklich keinen Ausweg mehr als den Kontaktabbruch zwischen Ihnen und Ihrer Schwiegermutter. Wir werden auf diese schwierige Entscheidung in Kapitel VI noch detaillierter eingehen. An dieser Stelle nur schon vorab die Bitte: Beschränken Sie diesen Kontaktabbruch in so einem Fall auf die Beziehung zwischen Ihnen beiden und dehnen Sie ihn nicht auf Ihre Kinder aus. Was dafür vor allem erforderlich ist, ist eine Qualität, die unter Fachleuten gerne als „Beziehungstoleranz" bezeichnet wird. In dieser schwierigen Situation müssen Sie in sich die Fähigkeit entwickeln, Beziehungen des Kindes zu Menschen, die Sie selbst ablehnen, zu tolerieren, unter Umständen sogar zu fördern, wenn diese Beziehungen für das Kind wichtig sind. Das ist eine große persönliche Herausforderung an Sie! Wie halten Sie es aus, dass Ihr Kind diese Oma, die für Sie nur Ihr persönliches Kreuz ist, heiß und innig liebt? Je besser Ihnen das gelingt – aushalten und zulassen – desto weniger wird Ihr Kind unter den Spannungen zwischen Ihnen beiden zu leiden haben.

Es gibt viele Möglichkeiten, wie Sie Ihren Kindern die Verbindung zur Oma erhalten können, ohne dass Sie selbst mit ihr in Berührung kommen müssen. Da ist zum einen wieder Ihr Mann, der in der Pflicht steht, vielleicht gibt es andere Familienangehörige oder Freunde, die die Kinder zu den Großeltern begleiten können, solange sie noch zu klein sind, um diese alleine zu besuchen. Wenn alle Stricke reißen, können Sie sich an den Kinderschutzbund in Ihrer Region wenden: Hier können Sie nachfragen, ob es die Möglichkeit für einen betreuten Umgang zwischen Großeltern und Enkelkindern gibt. Dabei begleitet eine Fachkraft die Kinder zu regelmäßigen Treffen mit den Großeltern. Selbst diese Variante ist für die Kinder besser als ein völliges Besuchsverbot.

Kontakt beschränkt sich zudem nicht nur auf persönliche Begegnungen. Ihre Kinder können die Beziehung zur Großmutter auch anders bewahren: Lassen Sie sie öfter mal telefonieren, Briefe oder Kärtchen schreiben und ermuntern Sie sie, Fotos oder selbst gemalte Bildchen oder Geschenke zu schicken. Diese Form der Kontaktpflege sollten Sie dann besonders unterstützen, wenn Ihre schwierige Schwiegermutter zum (scheinbar) „desinteressierten" und wenig proaktiven Typus gehört. Sie müssen es ja nicht übertreiben, aber drängen Sie besonders kleinere Kinder sanft dranzubleiben, auch wenn die Oma nicht immer oder selten gleich mit einem Antwortschreiben reagiert. Sind die Kinder schon älter und zeigt sich über Jahre keine Änderung im Verhalten der Großmutter, reicht es, wenn die Kinder nur zu Feiertagen oder zum Geburtstag einmal einen Gruß schicken. Ich würde Ihnen aber sehr empfehlen, zumindest dieses Minimalangebot in Richtung Ihrer Schwiegermutter dauerhaft aufrechtzuerhalten. Es kostet weder Sie noch die Kinder besonders viel Anstrengung, signalisiert aber immer wieder, dass Ihre Türe geöffnet bleibt. Spätestens zu dem Zeitpunkt, an dem die Großmutter einmal nicht mehr lebt, kann es sowohl für Sie als auch für alle anderen sehr wichtig sein zu wissen, dass man selbst alles getan hat, was möglich war.

Robert (24) erzählt:
„Meine Oma ist nie zu meinen Geburtstagen gekommen, weil sie meine Mutter nicht ausstehen konnte. Meine Familie hat

dann den Kontakt zu ihr irgendwann abgebrochen. Ich habe aber sehr darunter gelitten, als sie dann im Sterben lag."

Wenn Sie den Kontakt zu Ihrer Schwiegermutter abbrechen oder einschränken, sprechen Sie mit dem Kind – je nach Alter – so offen wie möglich über die Gründe dafür. Auch relativ kleine Kinder können mit einer Erklärung wie: „Oma und Mama haben sich gestritten und wollen sich im Moment nicht so gerne sehen", etwas anfangen – das kennen sie von ihren eigenen Freundschaften ja auch. Älteren Kindern können Sie komplexere Erklärungen geben, versuchen Sie aber, dabei nicht zu viel von Ihren negativen Gefühlen bei ihnen abzuladen. Erzählen Sie nicht jedes einzelne Detail; das verwickelt das Kind nur zu sehr in die Auseinandersetzung und verführt es, Partei zu ergreifen. Es genügt, wenn das Kind im Großen und Ganzen begreift, was los ist. Es ist kein Problem, wenn das Kind Sie beispielsweise weinen sieht, erklären Sie ihm einfach, dass Sie traurig über die Situation sind, das versteht es mit Sicherheit und kann damit sehr viel besser umgehen, als wenn Sie krampfhaft versuchen, ihm etwas vorzuspielen. Sehr wichtig ist es gerade bei jüngeren Kindern, die – wie oben erklärt – zu falscher Verantwortungszuschreibung neigen, immer wieder zu erklären: „Das hat nichts mit dir zu tun, das ist nur eine Sache zwischen Oma und Mama. Du kannst nichts dafür." Sagen Sie das immer wieder, umso häufiger, je jünger das Kind ist. Machen Sie immer wieder deutlich: „Es ist nicht deine Aufgabe, dieses Problem für uns zu lösen. Das kannst du nicht. Wir sind die Erwachsenen, wir werden uns darum kümmern." Damit entlasten Sie das Kind ungemein.

Hören Sie Ihren Kindern zu, wenn diese von ihren Gedanken und Gefühlen bezüglich der Situation und bezüglich der Großmutter erzählen wollen. Sind die Kinder sehr verschlossen, fragen Sie ruhig einmal intensiv nach. Es ist wichtig, dass sich das Kind wahr- und ernstgenommen, nicht ausgeschlossen fühlt. Vermitteln Sie dem Kind immer wieder: „Es ist in Ordnung, wenn du Oma lieb hast. Sie hat dich auch lieb. Dass Oma und Mama gestritten haben, hat damit überhaupt nichts zu tun."

Wenn Sie den Eindruck gewinnen, Ihr Kind wird mit der Situation nur schwer fertig, oder wenn Sie sich selbst in irgendeiner Hinsicht überfordert fühlen, zögern Sie nicht, sich Unterstützung bei Fachleuten zu holen. Eine gute Anlaufstelle ist beispielsweise der Kinderschutzbund bei Ihnen vor Ort. Die Adresse finden Sie im Internet oder in Ihrem regionalen Telefonbuch. Hier bekommen Sie kostenlos Beratung und Unterstützung. In den meisten größeren Orten existieren darüber hinaus Erziehungsberatungsstellen verschiedener öffentlicher Träger (beispielsweise der Caritas oder der Diakonie). Auch deren Angebot ist meist entweder kostenfrei oder kostengünstig. Spezialisierte Psychologen und Pädagogen können Ihnen dort helfen, gemeinsam mit Ihrem Kind mit der schwierigen Situation besser fertig zu werden. Unter **www.bke.de** bietet die Bundeskonferenz für Erziehungsberatung e.V. ein Online-Verzeichnis aller Beratungsstellen für Kinder, Jugendliche und Eltern an, in dem Sie nach Postleitzahlen geordnet suchen können. Zeigt Ihr Kind bereits Auffälligkeiten wie Ess- und Schlafstörungen, Wiedereinnässen oder -koten, Aggression und/oder Autoaggression wie Nägelkauen, selbstverletzendes Verhalten oder depressive Verstimmungen, sollten Sie in jedem Fall unverzüglich einen Kinderarzt oder einen Kinder- und Jugendlichenpsychotherapeuten zu Rate ziehen.

VI. Zeit zum Handeln: Mit mir nie wieder, Schwiegermutter!

„Auch der längste Weg beginnt mit dem ersten Schritt."

(AUS JAPAN)

Viele genervte Schwiegertöchter verstehen sich selbst nicht: Normalerweise sind sie eigentlich zupackende, belastbare und durchsetzungsstarke Persönlichkeiten, die sich nicht gleich von jeder Kleinigkeit aus dem Gleichgewicht werfen lassen. Nur im Umgang mit der Schwiegermutter verwandeln sie sich wie von Zauberhand entweder zurück in ein kleines, hilfloses Mädchen oder verfallen in eine Art Schockstarre, statt sich angemessen zur Wehr zu setzen. In diesem Kapitel soll es deshalb zunächst darum gehen, die unheilvollen Strategien zu beleuchten, mit denen wir Frauen uns gerne in schwierigen Situationen selbst torpedieren – und natürlich darum, wie man endlich damit aufhören kann! Des Weiteren beschäftigen wir uns mit der Frage, wie Sie Ihren Partner aus seiner passiven Rolle locken und ihn als Ihren Verbündeten gewinnen können. Und schließlich lernen Sie noch eine Reihe von Techniken und Taktiken kennen, die Ihnen helfen sollen, im Alltag besser mit Ihrer persönlichen schwierigen Schwiegermutter zurechtzukommen. Manche dieser Techniken wirken besonders gut bei einer bestimmten Schwiegermutter-Spezies, aber die meisten sind bei allen Exemplaren anwendbar. Sie werden wahrscheinlich rasch merken, dass Ihnen selbst manche Techniken eher zusagen und leichter umsetzbar erscheinen als andere. Das ist völlig in Ordnung so!

Betrachten Sie dieses Kapitel unter dem Aspekt eines guten Werkzeugkastens: Wählen Sie, welches Instrument Ihnen spontan passend erscheint, und probieren Sie seine Handhabung aus. Wie bei jedem Werkzeug gehört ein gewisses Maß an Übung dazu, bis man es souverän beherrscht, deshalb sollten Sie sich nicht zu schnell entmutigen lassen, falls Sie nicht sofort einen hundertprozentigen Erfolg verbuchen können. Experimentieren Sie ein wenig herum und seien Sie geduldig mit sich selbst. Selbstverständlich dürfen und sollen Sie alle Strategien flexibel handhaben und Ihren persönlichen Bedürfnissen entsprechend anpassen, verändern und erweitern. Vielleicht stöbern Sie nur mal durch den Werkzeugkasten und lassen von dem, was Sie in ihm finden, Ihre eigene Fantasie anregen. Selbst wenn Ihnen keine einzige der Taktiken auf Anhieb sinnvoll erscheint, sollten die Vorschläge zumindest dazu geeignet sein, Ihnen als Inspirationsquelle für Ihr weiteres Vorgehen zu dienen.

Schluss mit der Selbstsabotage

„Hoffen und Harren macht manchen zum Narren."

(SPRICHWORT)

In Kapitel IV haben wir uns bereits mit der Rolle Ihres Partners im Konflikt zwischen Ihnen und Ihrer Schwiegermutter beschäftigt. Auch über mögliche Motive Ihrer Schwiegermutter, sich so und nicht anders zu verhalten, haben Sie hoffentlich mittlerweile ein paar neue Erkenntnisse gewonnen. Nun wird es Zeit, dass wir uns den Strategien zuwenden, mit denen Sie selbst sich wahrscheinlich schon eine ganze Weile (unbewusst) am Handeln hindern. Vielleicht wird es Ihnen im ersten Moment nicht gefallen, das zu hören, aber Sie wirken an dem Szenario, unter dem Sie so leiden, viel stärker mit, als Ihnen wahrscheinlich klar ist. Und ob Sie es glauben oder nicht: das ist vielleicht die beste Neuigkeit, die Sie im Rahmen dieses Buches erfahren werden! Denn selbstverständlich ist es einfacher und auch ganz menschlich, erst einmal der bösen Schwiegermutter (und gegebenenfalls gleich noch dem illoyalen Ehemann) die ganze Schuld an der Misere zuzuschieben. Doch abgesehen von einer kurzen Erleichterung und einer ordentlichen Portion Selbstmitleid wird das keine spürbare Veränderung Ihrer Situation mit sich bringen, da Sie sich damit gleichzeitig wesentlicher Einfluss- und Handlungsmöglichkeiten berauben. Ein wichtiger Satz hierzu, den Sie sich am besten mit roter Tinte geschrieben an gut sichtbarer Stelle aufhängen sollten, lautet: **Wem ich die Schuld gebe, dem gebe ich die Macht!** Wenn ich die Macht über ein Geschehen aber vergeben habe – was bleibt dann mir selbst übrig, außer ohnmächtig zu erdulden, was man mir antut?

Es wird daher Zeit, dass Sie die reine Opferhaltung verlassen, damit Sie die Situation nach Ihren Wünschen verändern können. Keine Sorge, einige Abschnitte weiter unten werden wir detaillierte Strategien entwickeln, die Ihnen dabei helfen werden. Damit Sie aber besser entscheiden können, welche dieser Strategien für Sie persönlich besonders hilfreich sind und wie Sie sie am besten einsetzen, wird es an dieser Stelle zunächst um eine wichtige Frage gehen: Was hat Sie überhaupt dazu gebracht, sich die Macht über die Situation so aus der Hand nehmen zu lassen? Welche versteckten Muster tragen dazu bei, dass Sie – die Sie wahrscheinlich in anderen Situationen doch durchaus fähig sind, für Ihre Rechte zu kämpfen und sich gegen Übergriffe zur Wehr zu setzen – in dieser speziellen Schwiegermutter-Konstellation wie das Kaninchen vor der Schlange erstarren und hilflos darauf warten, dass Ihnen der Kopf abgebissen wird?

Aller Wahrscheinlichkeit setzt sich die vertrackte Selbstsabotage, die Sie da klammheimlich betreiben, aus drei verschiedenen Mosaiksteinchen zusammen, die wir kurz unter die Lupe nehmen wollen: Ihr Wunschdenken, Ihr (zu ausgeprägtes) Harmoniebedürfnis und die Schatten Ihrer Vergangenheit.

Schluss mit dem Wunschdenken

Es sind vor allem drei leider meist unberechtigte heimliche Hoffnungen, die gestresste Schwiegertöchter daran hindern, zu ihrem eigenen Selbstschutz angemessen aktiv zu werden. Die erste dieser heimlichen Hoffnungen lautet:

„Wenn wir erst verheiratet sind, wird sie mich schon irgendwann akzeptieren!"

Vielleicht sind Sie ja derzeit noch gar nicht die offizielle Schwiegertochter, die bereits mit Ring und Stab dem Sohnemann vermählt wurde, sondern noch die Freundin, Lebensgefährtin, Partnerin des Mannes, den Sie lieben. Einigermaßen ernst scheint das Verhältnis zwischen Ihnen beiden aber schon zu sein, sonst könnten Sie sich ja entspannt zurücklehnen in dem beruhigenden Wissen, dass mit dem Lebensabschnitt, den Sie mit diesem speziellen Mann zu verbringen gedenken, auch die schwierige Beziehung zu dessen Mutter enden wird. Dass Sie stattdessen dieses Buch lesen, lässt zumindest vermuten, dass Sie andere Absichten hegen. Und vielleicht hoffen Sie angesichts der frostigen, besitzergreifenden oder unverschämten Haltung der Mutter Ihres Partners insgeheim, dass sich das schon noch ändern wird.

Sobald erst einmal durch den Treueschwur vor dem Altar auch dieser Dame deutlich werden muss, dass er in Ihnen eben keine seiner üblichen Liebschaften auf Zeit sieht, sondern die Frau fürs Leben, wird sie schon einlenken.

Auch wenn diese Hoffnung nur allzu verständlich ist, sollten Sie sich diesbezüglich keine großen Illusionen machen. Natürlich gibt es auch heute noch Mütter, die das Wort „Lebensabschnittsgefährtin" in einem Ton aussprechen, der keine Zweifel darüber aufkommen lässt, dass es sich dabei in ihren Augen um eine äußerst dubiose Angelegenheit handelt. Aber weder die eventuell sehr komplexe Beziehung Ihres Mannes zu seiner Mutter, noch die Motive Ihrer Schwiegermutter werden plötzlich verschwinden, nur weil Sie jetzt einen hübschen Ring am Finger tragen und zwei Wochen auf den Malediven geflittert haben. Warten Sie also mit Ihren Schritten zur Veränderung bitte nicht, weil Sie auf ein Wunder hoffen.

Aber möglicherweise sind Sie ja tatsächlich schon verheiratet oder so lange mit Ihrem Partner liiert, dass Sie sich selbst mit dieser Hoffnung eigentlich nichts mehr vormachen können oder wollen. Wenn das so ist, dann prüfen Sie einmal, inwieweit Sie vielleicht zu den Anhängerinnen der zweiten fatalen Hoffnung gehören:

„Wenn wir erst ein Kind haben, wird alles besser werden!"

Interessanterweise stimmt diese Annahme in manchen Fällen sogar – in Kapitel V haben Sie einiges darüber gelesen. Gelegentlich sorgt ein Enkelkind tatsächlich für das ersehnte Tauwetter zwischen Schwiegermutter und Schwiegertochter, vor allem dann, wenn es das erste ist. Die Begeisterung über den goldigen neuen Familienzuwachs wiegt dann vieles auf und lässt die ungeliebte Schwiegertochter plötzlich in milderem Licht erscheinen. Es gibt mit einem Mal ein gemeinsames Gesprächsthema, wo vorab nur kühle Distanz herrschte, und das muntere Ablenkungsprogramm durch ein fröhlich krabbelndes und brabbelndes Baby sorgt für eine entspannte und heitere Atmosphäre, in der für Konflikte einfach weniger Raum ist.

Nichtsdestotrotz sollten Sie sich klarmachen, dass Sie die Rechnung hier möglicherweise ohne die Wirtin machen. Das Ganze funktioniert keineswegs so zuverlässig, wie viele Schwiegertöchter annehmen. Erinnern Sie sich hier an Kapitel III und die Typen von schwierigen Schwiegermüttern, die darin vorgestellt wurden. Je nachdem, zu welcher Kategorie Ihre Schwiegermutter gehört, ist die Anwesenheit eines Neugeborenen vielleicht sogar richtig Wasser auf ihre Mühlen. Vor allem die Meckerziegen und Tyrannosauren unter den Schwiegermüttern blühen in solchen Situationen oft geradezu auf! Die Gelegenheiten, in denen sie Ihnen nun ihre eigene, umfangreiche Erfahrung als Mutter um die Ohren hauen kann, sind Legion. Ebenfalls nicht unproblematisch ist das Erscheinen eines Enkelkindes auf der Bildfläche oft im Umgang mit einem Klammeräffchen. In den Augen dieses sehr bedürftigen Schwiegermuttertyps ist ein Enkelkind unter Umständen vor allem eines: ein Konkurrent um Ihre Aufmerksamkeit und Zuwendung und natürlich auch die Ihres Mannes. Denn all die Energie und Zeit, die Sie nun in das Baby stecken, ist nicht mehr für andere verfügbar, auch nicht für Ihre Schwiegermutter. Leider finden sich Klammeräffchen-Schwiegertöchter nach einer Geburt nicht selten in einer Zerreißprobe zwischen den Bedürfnissen des Kindes und denen der Schwiegermutter wieder (von ihren eigenen nicht zu reden). Und auch Intrigenspinnen können mit der Steilvorlage eines Enkelkindes oftmals erst so richtig vom Leder ziehen. Erinnern Sie sich an die Erzählung von Gaby, deren Schwiegermutter überall herumerzählte, dass das dritte Kind nur dazu dienen sollte, ihr den Pflegeplatz im Hause des Sohnes zu verweigern? Oder die von Clara, deren Schwiegermutter die Vaterschaft ihres Sohnes anzweifelte?

Richtig kritisch wird es, wenn Sie bezüglich des Kindes nun stärker auf die Unterstützung Ihrer Schwiegermutter (in welcher Form auch immer) angewiesen sein sollten. Damit haben Sie ihr nämlich eine wunderbare zusätzliche Waffe in die Hand gespielt, mit der sie Sie nach Belieben unter Druck setzen und in die Rolle des demütig-dankbaren Bittstellers zwingen kann. Wollen wir wetten, dass Sie dann ziemlich schnell mit den Zähnen knirschen werden? Denken Sie noch mal darüber nach, ehe Sie Pille oder Spirale in den Mülleimer werfen, nur um Ruhe vor Ihrer Schwiegermutter zu haben!

Kommen wir nun zur dritten Variation des Wunschdenkens, mit dem sich betroffene Schwiegertöchter oft selbst vom Handeln abhalten:

„Wenn ich mich nur genügend um sie bemühe, wird sie mich schon irgendwann mögen."

Ganz falsch ist diese Denke natürlich vom Ansatz her nicht. Selbstverständlich sollen Sie Ihrer Schwiegermutter freundlich, höflich und respektvoll gegenübertreten und sie nicht absichtlich kränken oder schlecht behandeln. Wie Sie in Kapitel III über die Schwiegermutter, die als Austern-Mimikry daherkommt, gelesen haben, bin ich darüber hinaus durchaus der Meinung, dass Sie als die Jüngere und als der „Neuzugang" in der Familie eine gewisse Bringschuld Ihrer Schwiegermutter gegenüber haben. So, wie Sie sich auch dann, wenn Sie zum Beispiel als neue Kollegin in ein Team kämen, erst einmal besonders darum bemühen sollten, einen guten Kontakt zu den Altgedienten herzustellen, so ist es sinnvoll und völlig in Ordnung, wenn Sie am Anfang in Sachen Beziehungsaufbau mit der Schwiegermutter etwas in Vorleistung gehen.

Das Schlüsselwort lautet in diesem Zusammenhang allerdings „etwas". Die Entwicklung zwischenmenschlicher Beziehungen verläuft im Regelfall bei beiderseitiger Sympathie und Interesse nach einem Quid-pro-quo-Prinzip. Das bedeutet: Ich komme jemandem ein Stück entgegen (indem ich zum Beispiel etwas Nettes sage oder für ihn tue, oder indem ich etwas Privates, Intimes über mich preisgebe), und dann ist der andere dran, durch eine in etwa gleichwertige „Gegenleistung" zu signalisieren, dass auch ihm etwas daran liegt, die Beziehung positiv voranzutreiben. Dann bin wiederum ich an der Reihe und so weiter. Normalerweise haben wir alle ein sehr gutes Gespür dafür, ob dieser Prozess einigermaßen ausgewogen voranschreitet. Machen wir ein-, zweimal in dieser Hinsicht ein Angebot an jemanden, das dieser ignoriert (verweigert er also die zu erwartende Gegenleistung), registrieren wir schnell: Aha, der- oder diejenige mag mich nicht oder hat zumindest kein Interesse daran, mit mir eine intensivere Beziehung einzugehen. Dann stellen wir unsere Bemühungen meist – wenn auch vielleicht einigermaßen enttäuscht – wieder ein und akzeptieren das.

Selbstverständlich beherrscht Ihre Schwiegermutter diese Spielregeln der menschlichen Interaktion. Sie weiß, dass Sie nach einigen Angeboten an sie mit einer Gegenbewegung auf Sie zu rechnen dürfen. Vielleicht lässt sie Sie ein bisschen länger zappeln, als das beispielsweise eine neue, aber gleichaltrige Bekannte von Ihnen tun würde. Trotzdem, es gibt einen Punkt, an dem ist beiden Parteien instinktiv klar: Jetzt ist die angemessene Wartefrist abgelaufen. Wenn sie sich jetzt immer noch verschlossen und abweisend gibt, dann wird sich das wahrscheinlich nie ändern und hat mit Ihrem Verhalten vermutlich nichts zu tun.

Es ist daher eine gefährliche Selbstüberschätzung, wenn Sie glauben, dass es allein in Ihrer Macht läge, ob Ihre Schwiegermutter Sie als Person mag oder nicht. Es kann sehr viele Gründe haben, warum Sie mit Ihren Bemühungen erfolglos bleiben. Vielleicht mag sie es grundsätzlich nicht, wenn „Eindringlinge" in die Familie kommen, vielleicht kann sie nicht über ihren eifersüchtigen Schatten springen, weil Sie ihr in ihren Augen den Sohn wegnehmen, vielleicht passt ihr einfach Ihre Nase nicht. Das Warum spielt im Grunde keine große Rolle – wichtig ist, dass Sie nicht endlos in einer Warteschleife stecken bleiben und auf die große Wende hoffen, die vielleicht nie kommt.

Verabschieden Sie sich hier und heute von den drei aufgeführten Illusionen, wenn Sie ihnen bisher aufgesessen sind. Sie halten Sie davon ab, sich angemessen gegen Ihre Schwiegermutter zur Wehr zu setzen, indem sie Sie mit dem Versprechen auf eine schönere Zukunft einlullen, die Sie vermeintlich mit einem Akt der Selbstbehauptung aufs Spiel setzen würden. Damit blockieren sie Sie in Ihrer Fähigkeit, die Situation positiv zu verändern und ersticken Ihre Motivation, aktiv zu werden. Schluss damit! Die Zeit für das „Hoffen und Harren" ist vorbei – jetzt ist Handeln angesagt!

Schluss mit der Harmoniesucht

Eines ist ziemlich sicher: Manch andere Frau in Ihrer Situation hätte nicht so viele Anstrengungen unternommen, den Haussegen gerade zu rücken. Oder sie würde die spitzen Bemerkungen Ihrer Schwiegermutter, die Sie jedes Mal bis ins Mark zu treffen pflegen, mit einem Achselzucken einfach abschütteln. Vielleicht hätte diese andere Frau bei einigen Gelegenheiten einmal ordentlich auf den Tisch gehauen und die Schwiegermutter entschieden in ihre Grenzen gewiesen – und zwar so, dass ihr persönlicher Hausdrache es sich wohl überlegt hätte, ob sich eine weitere Konfrontation mit einer solchen Gegnerin lohnt.

Sie dagegen ziehen es vermutlich vor, Ihr eigenes Verhalten und Ihre Gefühle von Verletztheit infrage zu stellen, damit Sie der Wahrheit nicht ungeschminkt ins Gesicht sehen müssen. Verzweifelt bagatellisieren Sie innerlich die Situation, um sie erträglicher für Sie zu machen. („Wahrscheinlich meint sie es gar nicht so.") Statt Ihrer Schwiegermutter eine dringend notwendige Veränderung des Status quo zuzumuten, muten Sie sich selbst lieber psychischen (und physischen) Dauerstress zu? Warum bloß? Kann es sein, dass Ihnen Ihr Harmoniebedürfnis zu sehr im Wege steht? Sind Sie vielleicht harmonie*süchtig*?

Gegen harmonische Beziehungen mit anderen Menschen ist erst einmal grundsätzlich nichts einzuwenden. Abgesehen von einigen passionierten Streithammeln ist es uns allen wohl lieber, uns mit unserem sozialen Umfeld im Einklang zu wissen und Konflikte und Spannungen auf das unbedingt notwendige Maß zu beschränken. Aus dieser sinnvollen **Suche** nach Harmonie wird aber an dem Punkt eine gefährliche **Sucht**, wo der Betreffenden nichts wichtiger ist als ein harmonisches Verhältnis mit möglichst allen Personen, mit denen sie in ihrem Leben zu tun hat. Harmoniesüchtige Menschen wünschen sich Anerkennung, Wohlwollen und Sympathie von anderen so sehr, dass sie diesem Bedürfnis oberste Priorität einräumen. Dabei vernachlässigen sie sich notgedrungen selbst: Als Erstes bleiben legitime eigene Bedürfnisse auf der Strecke, da die Harmonie wiederhergestellt werden muss, koste es, was es wolle – und das geht nun mal meist am einfachsten und schnellsten zu Lasten der eigenen Wünsche und Ziele. Auch der Energiehaushalt ist bei Harmoniesüchtigen meist sehr aus dem Gleichgewicht: Wer immer für alle da sein und den Ansprüchen aller gerecht werden muss, dem bleibt kaum noch

Zeit und Kraft für die Dinge, die er selbst will; ja oft verliert er sogar aus den Augen, *was* er überhaupt will. Immer wieder unterdrückter Ärger über andere, Enttäuschungen und Kränkungen hinterlassen ihre Spuren im vegetativen Nervensystem und führen nicht selten über kurz oder lang zu psychosomatischen Erkrankungen. Der Volksmund kennt viele passende Ausdrücke, um diesen Zusammenhang abzubilden: Da „schlägt einem etwas auf den Magen", man „frisst etwas in sich hinein", man „nimmt sich etwas zu Herzen" oder „schluckt etwas hinunter" – alles um des lieben Friedens willen. Tut man all dies zu oft, kommt es zu einem chronischen Anstieg des Stresshormonpegels im Körper, der längerfristig für gesundheitliche Störungen sorgt.

Last but not least opfern Harmoniesüchtige aber vor allem ihre eigene Selbstachtung. Sich selbst weniger wichtig zu nehmen als andere geht nämlich nur, indem man sich selbst weniger achtet. Für sich selbst kann derjenige, der harmonieabhängig ist, nicht das einfordern, was er selbstverständlich allen anderen um sich herum zugesteht, denn er selbst und seine Bedürfnisse haben in seinen Augen den geringsten Stellenwert. Klar, dass es sich damit auf Dauer nicht gut lebt, oder?

Die Ursachen eines übersteigerten Harmoniebedürfnisses sind so vielfältig, dass man problemlos ein weiteres Buch mit ihnen füllen könnte. An dieser Stelle muss es uns daher genügen, die beiden wesentlichsten Quellen kurz zu umreißen: Erziehung und gesellschaftliche Erwartungen.

Während unserer Kindheit bekommen wir alle von unseren Eltern eine Reihe von Geboten und Verboten vermittelt, für deren Befolgung es Lob und Anerkennung gab, während eine Missachtung mit Sanktionen quittiert wurde. Wir lernen, unseren kleinen Bruder nicht zu verhauen, auch wenn er unsere Sandburg gerade ruiniert hat, der Oma das „schöne Händchen" zu geben, „bitte" und „danke" zu sagen. Wir lernen gleichzeitig, dass es nicht gern gesehen wird, wenn wir unsere Wünsche und Bedürfnisse gegen den Willen anderer durchzusetzen versuchen. „Sei nicht so egoistisch", bekommen wir dann zu hören, „nimm gefälligst Rücksicht!" Wir lernen, dass wir Wohlwollen und Zuwendung bekommen, wenn wir das tun, was andere von uns erwarten – und Missbilligung und Ablehnung riskieren, wenn wir uns anders verhalten. Was wir als Kinder nicht wirklich erkennen können, sind die Grenzen unserer Verantwortung. Wir nehmen deshalb auch Schuldzuweisungen wie diese leider für bare Münze:

„Wenn du deinen Teller nicht aufisst, dann ist die Mama ganz traurig!"

„Wenn du so unartig bist, bekomme ich Kopfweh!"

„Deinetwegen habe ich meinen Beruf aufgegeben/haben der Papa und ich überhaupt geheiratet."

Welches Kind fragt dann schon vernünftig zurück, was ein paar Bissen Nudelsalat mehr oder weniger für einen Unterschied in der seelischen oder körperlichen Befindlichkeit eines erwachsenen Menschen ausmachen können? Oder inwiefern es eigentlich für Mutters und Vaters mangelhaften Umgang mit Verhütungsmethoden verantwortlich gemacht werden könne?

Alle Eltern meinen es gut mit ihren Kindern, und selbstverständlich müssen Kinder soziale Regeln und moralisches Verhalten lernen. Doch je ausgeprägter diese Form der Manipulation in Ihrem Elternhaus dafür eingesetzt wurde, Sie zu erziehen, desto anfälliger sind Sie vermutlich für eine emotionale Abhängigkeit von der Anerkennung anderer Menschen geworden. Als Mädchen und später als Frau hatten Sie dabei noch schlechtere Karten als Sie sie als Junge gehabt hätten, denn die Erwartungen unserer Gesellschaft an das Verhalten von Jungen und Mädchen (bzw. Männern und Frauen) sind immer noch sehr unterschiedlich. Jungs dürfen auch mal toben, sich raufen oder auf andere Weise aggressives Verhalten zeigen. „Er ist eben ein temperamentvoller kleiner Racker", heißt es dann (oft sogar mit einem gewissen Stolz) über den Jungen, der da den halben Spielplatz aufmischt. Von Mädchen dagegen wird eher erwartet, dass sie nett miteinander spielen, hilfsbereit sind und nicht als Wildfang auffallen. „So was tut ein liebes Mädchen aber nicht!", bekommt man zu hören, wenn man sich weigert, die geliebte Barbiepuppe an das Nachbarskind auszuleihen (von dem man weiß, dass es sie sofort in ihre Einzelteile zerlegen und ihr die Haare abschneiden wird!).

Die Folge dieser unterschiedlichen Erziehung? Mädchen und Frauen lernen, dass es nicht gerne gesehen wird, wenn sie ihre Aggressionen nach außen, gegen die Quelle ihres Ungemachs richten. Doch wohin mit der Wut? Darf sie nicht nach außen, so bleibt ihr nur der Weg nach innen. Und in der Tat zeigen vergleichende Untersuchungen, dass Mädchen in belastenden oder kritischen Situationen sehr viel stärker mit autoaggressivem Verhalten reagieren als Jungen: sie kauen an den Nägeln, verletzen sich selbst, entwickeln eine Ess-Störung, reagieren mit psychosomatischen Erkrankungen, greifen zu Tabletten oder Drogen, werden depressiv – die Palette ist breit gefächert. Kurz gesagt: Jungen wenden ihren Zorn gegen ihren (vermeintlichen oder realen) Angreifer, Mädchen wenden ihn gegen sich selbst. Ehe sie Zuneigung und Anerkennung ihres Umfelds aufs Spiel setzen, riskieren sie lieber das eigene Wohlbefinden und werden harmoniesüchtig. Sie auch?

Schluss mit den Schatten der Vergangenheit

Vielleicht sind es aber auch die „Spurrillen" unerfüllter kindlicher Wünsche, die Ihnen im Umgang mit Ihrer Schwiegermutter besonders zu schaffen machen. Das ist oft dann der Fall, wenn Frauen in ihrer Kindheit einen Mangel an elterlicher Liebe und Anerkennung erfahren haben. Vielleicht sind die Eltern besonders kritisch mit dem Mädchen umgegangen oder gingen nach der schwäbischen Devise „nicht geschimpft ist genug gelobt!" vor. Denn nichts brauchen Kinder für die Entwicklung eines gesunden Selbstbewusstseins dringender als das elterliche Lob. Wenn die Eltern eher kritisch, gleichgültig oder ablehnend mit dem Kind umgehen, dann bleibt dieses wichtige Bedürfnis des Kindes ungestillt. Es entsteht eine Art Loch in der Seele, ein Vakuum an einer Stelle, an der elterliche Anerkennung und Zuneigung hätten sein sollen. Manche Menschen leiden ihr Leben lang unter einem solchen Mangel und trauern um das, was sie als Kind nicht bekommen haben. Sie sind dann ständig damit beschäftigt, es auf irgendeine Weise doch noch zu erlangen, und es dauert lange, bis sie sich von dieser Sehnsucht verabschieden können.

Dieser Verzicht ist mit sehr viel Schmerz verbunden, und es ist eigentlich kein Wunder, dass viele Menschen sich diesem Prozess nicht stellen wollen. Oft ist ihnen nicht einmal bewusst, dass da etwas fehlt, wonach sie verzweifelt und erfolglos suchen. Doch wenn wir uns weigern, diese Entwicklung in Angriff zu nehmen, kann es sein, dass wir unser Leben lang nach etwas hungern, was wir nicht mehr bekommen können – und dass wir in unserer Verzweiflung möglicherweise sogar an der falschen Stelle suchen. In Ihrem Fall würde das bedeuten, dass Sie vielleicht Ihre Schwiegermutter unbewusst als eine Art Ersatzmutter sehen und versuchen, von ihr nun das zu bekommen, was Sie von Ihrer eigenen Mutter nicht bekommen haben. Wenn Sie das Gefühl haben, dass Sie auf Ihre Schwiegermutter vielleicht einige (oder viele) der Erwartungen übertragen haben, die Ihre eigene Mutter nicht erfüllt hat, dann blättern Sie vielleicht noch einmal zurück zu Kapitel II und lesen Sie sich den Abschnitt „Erst mal durchatmen!" noch einmal durch. Möglicherweise sind nämlich dann diese unerfüllten kindlichen Bedürfnisse und Sehnsüchte die Quelle von unrealistischen Erwartungen an die Haltung Ihrer Schwiegermutter Ihnen gegenüber. Damit machen Sie sich das Leben unnötig selbst schwer. Ihre Schwiegermutter könnte – selbst wenn sie es wollte – ohnehin nie den Mangel beheben, den Ihre Mutter in Ihnen hinterlassen hat (das können nur Sie selbst). Mehr noch: es ist nicht ihre Aufgabe. Ihre Schwiegermutter ist nicht verpflichtet, Sie zu lieben; sie muss Sie nicht einmal mögen. Wenn sie es tut, dann ist das der erwähnte seltene Glücksfall, ein Geschenk, über das Sie sich von Herzen freuen sollten. Aber wenn sie es nicht tut, dann ist es besser, diese Tatsache realistisch zu akzeptieren.

Die Spurrillen der Vergangenheit können aber auch mit einem negativen Vorzeichen versehen sein. Manche Konflikte mit unseren Eltern lösen wir nie wirklich zu unserer Zufriedenheit, sondern schleppen sie als seelisches Gepäck unser ganzes Leben lang mit uns herum. Gelegentlich passiert es dann, dass wir auch hierfür die Lösung an einer falschen Stelle suchen.

Birte (43) erzählt:
„Was mich am meisten auf die Palme gebracht hat, war, wenn meine Schwiegermutter mein Aussehen nur ansatzweise kritisiert hat. Eigentlich würde ich mich nicht als besonders dünnhäutig bezeichnen, aber das war einfach ein wunder Punkt, ich war dann immer gleich auf 180. Erst ziemlich spät fiel mir die Parallele zwischen dieser Sache und meiner Zeit als Teenager auf. Damals war ich zu dick, litt ziemlich unter unreiner Haut und musste noch eine Zahnspange tragen. Meine Mutter fand das schrecklich und schaffte es nicht, das vor mir zu verbergen. Als Kleinkind und vor der Pubertät war ich ziemlich hübsch gewesen; sie hatte wohl nicht damit gerechnet, dass ich mich so

verändern würde. Sie hatte sich immer einen stolzen Schwan als Tochter vorgestellt und hatte stattdessen ein hässliches Entchen bekommen. Ich litt wahnsinnig unter ihrer Ablehnung, auch wenn ich versuchte, es ihr nicht zu zeigen.

Mit 20 war der ganze Spuk vorbei, ich verlor meine überschüssigen Pfunde, die Pickel und die Zahnspange verschwanden, und ich konnte mit meinem Aussehen ganz zufrieden sein. Trotzdem ist da eine Narbe geblieben, glaube ich. Wenn meine Schwiegermutter später dann irgendetwas über mein Äußeres sagte, stellte ich sofort alle Stacheln auf und wurde aggressiv. Heute denke ich, dass das manchmal mehr mit meiner Mutter als mit ihr zu tun hatte. Es war einfach die alte Wunde von damals, die dann wieder zu schmerzen begann."

Stellvertreterkonflikt nennt man ein solches Phänomen in der Psychologie. Aus der ungelösten Situation mit ihrer Mutter behielt Birte eine lebenslange Empfindlichkeit hinsichtlich ihres Aussehens zurück. Die Schwiegermutter stieß unabsichtlich an diesen wunden Punkt – und Birte stürzte sich wutentbrannt auf die vermeintlich Schuldige an ihrer Seelenqual. Das passiert gar nicht so selten: Oft ist es nämlich aufgrund unserer engen emotionalen Verstrickung mit unserer Mutter sehr schwer bis unmöglich für uns, Konflikte mit ihr in unserem Sinne auszutragen. Mit der Schwiegermutter dagegen sind wir bei weitem nicht so emotional verbunden wie mit unserer eigenen Mutter, denn wir haben ja keine lange Geschichte mit ihr hinter uns. Wie viel einfacher und ungefährlicher ist es dann, mit dieser uns relativ ferne stehenden Person endlich den alten Konflikt noch einmal neu zu beleben und auszuagieren! Nur sind wir damit leider wieder ebenso an der falschen Stelle gelandet wie mit unserem Bedürfnis nach elterlicher Liebe.

Nehmen Sie sich einen Augenblick Zeit, um für sich selbst herauszufinden, ob auch Ihnen einige Schatten der Vergangenheit den Umgang mit Ihrer Schwiegermutter schwerer machen, als er vielleicht sein müsste. Wenn ja, könnte es sich vielleicht lohnen, diese Schatten auszutreiben. Ein(e) gute(r) TherapeutIn kann dabei eine große Hilfe sein.

Gewusst wie! –
So behaupten Sie sich in Zukunft besser

Nachdem wir nun ausführlich die Mechanismen diskutiert haben, mit denen Sie sich vielleicht bisher selbst am Handeln gehindert haben, kommen wir nun zu den Techniken und Taktiken, die Ihnen helfen sollen, jetzt, wo Sie dazu bereit sind, Ihrer Schwiegermutter anders als bisher gegenüberzutreten.

Die Technik der kaputten Schallplatte

Diese Technik kennen viele Mütter vielleicht schon aus der Kindererziehung, wo sie sich oft als sehr hilfreich erweist. Natürlich geht es keinesfalls darum, Ihre Schwiegermutter wie ein Kind zu behandeln, aber das Grundprinzip der Technik kann Ihnen auch im Umgang mit schwierigen Erwachsenen – übrigens nicht nur mit Ihrer Schwiegermutter! – sehr nützlich sein. Nicht umsonst finden Sie sie auch in vielen Ratgebern zum Thema Selbstbehauptung oder Verhandlungsstrategie. Setzen Sie sie vor allem ein, wenn Sie häufig das Gefühl haben, Sie können sich gegen Ihre Schwiegermutter nicht durchsetzen.

Wiederholen Sie konsequent das, was Sie wollen, mehrfach, *ohne* dabei auf Gegenargumente, Widerreden, Klagen oder Vorwürfe einzugehen. Bleiben Sie dabei gleichmäßig ruhig und freundlich, signalisieren Sie zwischendrin ruhig Verständnis für die emotionalen und sonstigen Nöte Ihrer Schwiegermutter, lassen Sie sich aber keinesfalls in eine Diskussion mit Rede und Gegenrede verwickeln! Stellen Sie sich einfach vor, Sie seien ein Sprachautomat, der leider, leider aufgrund eines Defekts nur eine einzige Aussage ausspucken kann. Zum besseren Verständnis finden Sie nachfolgend einen fiktiven Dialog zwischen Ihnen und – als Beispiel – einer Tyrannosaura nach diesem Muster, der ungefähr so aussehen könnte:

Tyrannosaura: „Also, eure Idee, einfach in Urlaub zu fliegen und verheiratet wiederzukommen, finde ich wirklich nicht gut. Darüber müssen wir noch mal reden. Was soll die Verwandtschaft sagen, wenn ihr sie um die Hochzeitsfeier betrügt?"

Sie: „Liebe Tyrannosaura, ich weiß es zu schätzen, dass du dir so viele Gedanken unseretwegen machst, aber wir haben das nun mal so entschieden. Schließlich ist es unsere Hochzeitsfeier. Ich weiß, dass du das anders siehst; belassen wir es einfach dabei."

Tyrannosaura: „Aber denk mal an all die Geschenke, die euch dann entgehen! Willst du nicht lieber eine richtige Hochzeit, wie es sich gehört?"

Sie: „Ralf und ich haben das gemeinsam so entschieden und dabei bleibt es. Mach dir keine Gedanken mehr darüber."

Tyrannosaura (mit von Gram umflorter Stimme und das Taschentuch zückend): „Huh, huh, nie hätte ich gedacht, dass ich bei der Hochzeit meines einzigen Sohnes nicht dabei sein darf! Dabei habe ich mich seit seiner Geburt so darauf gefreut!"

Sie: „Wir haben uns aber nun mal dafür entschieden, dass außer uns niemand dabei sein wird. Es ist unser Tag. Es tut mir leid, dass das so schwer für dich ist, aber es bleibt dabei."

Tyrannosaura: „Das wird euch bestimmt noch mal richtig leid tun! Schließlich heiratet man nur einmal im Leben, und wenn das dann nicht anständig passiert, dann kann man das nie wieder nachholen. So wird das niemals der schönste Tag eures Lebens! Kirche, weißes Kleid, Feier, das gehört doch einfach dazu!"

Sie: „Wir möchten es aber nun mal gerne anders haben. Bitte akzeptiere es doch einfach."

Tyrannosaura: „Und der Ralf, der hat immer von einer großen Hochzeit geträumt! Immer! Mit Kutsche und Sektempfang vor der Kirche und allem Drum und Dran! Das weiß ich genau! Aber du, du musst ja immer deinen Kopf durchsetzen! Und immer auf dem Rücken meines armen Jungen! Genauso wie neulich, als es um die Frage ging, ob die Fensterläden in Russischgrün oder in Kobaltblau gestrichen werden sollen!"

Sie: „Ralf und ich haben das mit der Hochzeit auf Mauritius gemeinsam entschieden, liebe Tyrannosaura. Deshalb werden wir es so machen, wie wir das wollen."

Fällt Ihnen der Unterschied zwischen diesem Dialog und einem auf, der nach eher klassischem Muster verlaufen wäre? Wahrscheinlich hätten Sie sich ohne die Technik der kaputten Schallplatte in eine lange, fruchtlose Diskussion verwickeln lassen. Sie hätten um Verständnis für Ihre Pläne geworben (vergeblich), Sie hätten sich zu verteidigen versucht (ohne Erfolg), Sie hätten mit Argumenten um sich geworfen (sinnlos). Und am Ende wären Sie vermutlich frustriert und Türen schlagend abgezogen, mit dem Gefühl, wieder einmal eine Schlacht verloren zu haben. Oder – noch schlimmer! – Sie wären zu Ihrem Ralf nach Hause gegangen und hätten gesagt: „Du, meinst du, wir sollen uns das mit der Hochzeit auf Mauritius noch mal überlegen? Deine

Mutter macht so einen Stress ..." So oder so: klarer Punktsieg für die Schwiegermutter, besonders katastrophal dann, wenn Sie ihr tatsächlich nachgeben. Damit programmieren Sie sie nämlich geradezu darauf, dass sie es bei nächster Gelegenheit mit derselben Taktik wieder bei Ihnen versuchen wird – der Erfolg hat ihr ja dann Recht gegeben!

Mit der Technik der kaputten Schallplatte bewahren Sie sich selbst vor der Versuchung, in diese Falle zu tappen. Vor allen Dingen hindern Sie Ihre Schwiegermutter daran, Sie während der Auseinandersetzung von Hölzchen nach Stöckchen zu schleifen (denn die Frage nach der Farbe der Fensterläden hat mit der Hochzeitssache nun wirklich überhaupt nichts zu tun!). Gerade das ist aber eine beliebte Vorgehensweise schwieriger Schwiegermütter. Sie verwickeln Sie in eine Endlosspirale von Vorwürfen und Beschuldigungen, die mit der Ausgangsfrage nicht im Geringsten zusammenhängen. Am Ende eines solchen Manövers wissen Sie vermutlich nicht mal mehr, worum es anfangs eigentlich ging, fühlen sich aber ein weiteres Mal in Bausch und Bogen abgekanzelt. Ersparen Sie sich das ab sofort! Sie werden überrascht sein, wie gut die Technik der kaputten Schallplatte funktioniert. Sobald Sie ein bisschen geübt darin sind, wird sie Ihnen sogar richtig Spaß machen!

Die Spiegel-Technik

„Spiegeln" nennt man in der Psychotherapie eine Technik, bei der der Therapeut für eine kurze Sequenz (meist unangekündigt und spontan) in die Rolle des Patienten schlüpft und sich in einer bestimmten Situation diesem gegenüber einmal so verhält, wie es sonst der Patient ihm (oder anderen Menschen) gegenüber tut. Er hält ihm quasi einen Spiegel vor, um ihn damit zu konfrontieren, wie er auf einen Außenstehenden wirkt. Man kann jemanden mittels dieser Technik sozusagen am eigenen Leibe erfahren lassen, was für Gefühle er mit seinem Verhalten bei anderen auslöst. Genau dazu können Sie diese Taktik bei Ihrer Schwiegermutter gut nutzen. Verfahren Sie einmal 1:1 so mit ihr, wie sie sonst mit Ihnen! Wenn sie sich dann beschwert und Sie auffordert, Ihr Verhalten zu unterlassen, können Sie sie ruhig und freundlich (!) darauf hinweisen, dass es Ihnen im Umgang mit ihr oft genauso geht wie ihr gerade. Hier ist ein Beispiel dafür, wie man diese Technik im Umgang mit einer Tyrannosaura einsetzen kann:

Lea (38) erzählt:
„Die Hauptstreitfrage zwischen mir und meiner Schwiegermutter war, ob wir unsere Tochter taufen lassen würden oder nicht. Ich bin erklärte Atheistin; mein Mann gehört zwar noch der evangelischen Kirche an, aber nur, weil er sich noch nicht die Mühe gemacht hat auszutreten. Er hat überhaupt keinen Bezug zur Religion. Natürlich war es meiner Schwiegermutter schon ein Dorn im Auge, dass wir sie ‚um eine anständige kirchliche Hochzeit gebracht‘ hatten, wie sie es auszudrücken pflegte. Sie war entschlossen, sich von uns nicht auch noch um eine Tauffeier ‚betrügen‘ zu lassen. Also ging sie mir tagein, tagaus auf die Nerven damit, es sei doch so wichtig für das Kind, damit stünden ihr alle Kindergärten und Schulen in kirchlicher Trägerschaft offen, wenn sie ungetauft bliebe, würde sie eine Außenseiterin in der Gesellschaft und ähnlicher Quatsch. Wenn ich ihr zu erklären versuchte, dass mir das wie Heuchelei vorkomme, da wir beide nun mal nicht religiös seien, und dass Vanessa später, wenn sie älter ist, ja immer noch selbst entscheiden darf, ob sie einer Kirche angehören will, dann flippte sie völlig aus, nannte uns undankbar und kurzsichtig und bezeichnete mich als Ra-

benmutter. Mein Mann war kurz davor, ihr nachzugeben, nur um seine Ruhe zu haben.

Dann starb die Mutter meiner Schwiegermutter, und es stellte sich heraus, dass sie sie in ihrem Testament nur mit dem Pflichtteil bedacht und den Rest ihres Vermögens an ihren Sohn vererbt hatte. Meine Schwiegermutter war fuchsteufelswild, nannte ihren Bruder einen Erbschleicher und brach den Kontakt zu ihm ab. Sie kam zu uns, voll selbstgerechter Empörung, um sich bei uns auszuheulen und über ihren Bruder und ihre Mutter herzuziehen. Nach dem dritten Satz fiel ich ihr ins Wort und fing an, sie dahingehend zu bearbeiten, dass sie sich unbedingt wieder mit ihrem Bruder versöhnen müsse. Ein Erbstreit sei so etwas Schlimmes, und sie habe nur diesen einen Bruder und ansonsten kaum Familie, da sei es doch wichtig, dass sie mit ihm in Kontakt bliebe. Und Geld sei doch wirklich nicht wichtig. Und so weiter, und so weiter. Sie diskutierte eine ganze Weile mit mir herum, bis sie mich schließlich völlig entnervt anschrie, ich solle mich aus ihren Angelegenheiten heraushalten, das sei schließlich eine persönliche Sache von ihr und ich könnte nicht für sie entscheiden, was sie zu tun habe. Da schaute ich sie nur an und sagte ruhig: „Siehst du, so wie du jetzt fühle ich mich, wenn du mich wegen Vanessas Taufe so unter Druck setzt!" Ihr fiel der Unterkiefer runter, sie wusste nicht mehr, was sie sagen sollte. Wortlos rauschte sie ab – und über die Tauffrage haben wir seither kein einziges Mal mehr geredet. Ich habe insgesamt das Gefühl, dass sie mich mehr respektiert als früher. Ich glaube, es war sehr wichtig für sie, dass sie am eigenen Leib mal gespürt hat, wie es ist, wenn einen jemand in einer wichtigen Sache so bevormunden will."

Zugegeben, es erfordert schon ein bisschen Einfallsreichtum und eine Portion Mut, die Technik des Spiegelns anzuwenden, aber wie Sie sehen, kann die Mühe sich lohnen! Übrigens kann auch bei Meckerziegen und Klammeräffchen diese Taktik geradezu verblüffend erfolgreich sein. Denn ob Sie es glauben oder nicht – vielen Menschen ist überhaupt nicht bewusst, wie sehr sie anderen mit ihrem Verhalten auf die Nerven gehen oder wie sehr sich andere durch ihre Aussagen gegängelt fühlen. Dann kann es sehr heilsam sein, ihnen das mittels der Spiegeltechnik einmal vor Augen zu führen. Vielleicht begreift Ihre Klammeräffchen-Schwiegermutter, wenn Sie zum zwanzigsten Mal am Tag unangemeldet bei ihr hereinplatzen und sie bei ihrer Lieblings-Fernsehsendung stören, dass ein gewisses Maß an Privatsphäre einfach unentbehrlich ist.

Um Sie noch ein bisschen auf den Geschmack zu bringen, hier ein weiteres Beispiel für die Spiegel-Technik, diesmal zugeschnitten für die Schwiegertochter einer Meckerziege. Nehmen wir an, Ihre Schwiegermutter kritisiert an Ihnen gerne Ihren – in ihren Augen – verschwenderischen Umgang mit Geld. Angesichts Ihrer neuen Couch bekommt sie einen spitzen Mund und flötet zuckersüß: „Ihr müsst es ja dick haben!" Tauchen Sie in einem neuen Outfit auf, bekommen Sie zu hören: „Na, hast du mal wieder das sauer verdiente Geld meines Sohnes rausgeschmissen?" Bisher hat Sie das immer geärgert – ab sofort lassen Sie sich bitte davon inspirieren!

Picken Sie sich irgendeinen Aspekt heraus, der Ihrer Schwiegermutter eigen ist, und suchen Sie gezielt und bewusst nach Gelegenheiten, ihr Verhalten kritisch (aber nicht aggressiv!) zu kommentieren. Ihre Schwiegermutter ist ein bisschen rundlich oder hat in Ihrer Gegenwart mal über ihre hohen Blutfettwerte gejammert? Wunderbar – ab sofort gibt es zu jedem Bissen, den sie in Ihrer Anwesenheit zu sich nimmt, besorgte Sprüche à la: „Bist du sicher, dass du das essen willst? Denk an deinen Zucker (dein Cholesterin, deine Gelenke, deine Arthritis ...)!"

Sehr hübsch bieten sich Kleidungsstücke als Steilvorlage an: „Nimm's mir nicht übel, aber Querstreifen solltest du bei deiner Figur wirklich nicht tragen! Längsstreifen kaschieren viel besser deine Hüften!" Fürsorglich, wie Sie sind, schneiden Sie ab sofort jeden Artikel aus der Apothekerzeitschrift aus, der sich mit den schlimmen Folgen von Übergewicht auf Herz, Kreislauf und Lebenserwartung beschäftigt und lesen ihn ihr vor. Auch Werbeanzeigen für Schlankheitsmittelchen halten Sie ihr möglichst täglich unter die Nase. Schenken Sie ihr zum Muttertag ein Buch zum Thema Fasten und Gewichtsabnahme und bringen Sie ihr kalorienreduzierte Lebensmittel vom Einkaufen mit, die Sie ihr unaufgefordert in den Kühlschrank stellen. Etwaigen Ablehnungsversuchen begegnen Sie mit gekränkter Miene und einem traurigen Dackelblick: „Aber ich meine es doch nur gut mit dir!"

Na, haben Sie lachen müssen, als Sie sich das vorgestellt haben? Gut so – Lachen ist schließlich die beste Medizin gegen jeden, nicht nur gegen Schwiegermutter-Frust! Auf jeden Fall haben Sie hoffentlich gemerkt, dass es Spaß machen kann, sich eine Konterstrategie für eine Meckerziege auszudenken und diese dann breitflächig umzusetzen. Wie lange, glauben Sie, wird es dauern, bis Ihre Schwiegermutter völlig genervt faucht: „Kannst du jetzt endlich mal aufhören, auf meinem Gewicht herumzureiten? Es geht schließlich nur mich etwas an, wie viel ich wiege!" – Und Sie gelassen erwidern können: „Siehst du, so geht es mir, wenn du immer an meinem Kaufverhalten herumkritisierst. Können wir uns vielleicht einfach darauf einigen, dass du das sein lässt und ich dafür nie wieder eine Anspielung auf dein Gewicht mache?"

Wichtig ist bei dieser Technik, dass Sie sich nicht dazu verleiten lassen, Ihre Schwiegermutter in verletzender Weise nachzuäffen oder in völlig überzeichneter Form zu karikieren. Dann erreichen Sie nämlich das Gegenteil von dem, was Ihnen die Technik eigentlich bringen soll: Sie wird wütend und gekränkt reagieren und jede Ähnlichkeit mit sich selbst zurückweisen. Ziel der Übung ist es aber, Ihre Schwiegermutter aufzurütteln und zum Nachdenken zu bringen – etwas, was sie sicher nicht kann, wenn sie sich als Person attackiert und herabgesetzt fühlt. Wenden Sie diese Technik nur dann an, wenn Sie selbst gerade in eher entspannter, vielleicht ein bisschen spielerischer Verfassung sind, keinesfalls im Zorn! Im Regelfall funktioniert die Taktik am besten, wenn Sie im Vorfeld einiges an Überlegung hinsichtlich des geeigneten Moments und des geeigneten Umfangs investiert haben und eher vorbereitet als spontan an die Sache herangehen. Eine ordentliche Prise (wertschätzender!) Humor und ein bisschen (liebevolles!!) Augenzwinkern sind ebenfalls gute Zutaten für das Gelingen dieser Technik.

Die Judo-Technik

„Wer lächelt, statt zu toben, ist immer der Stärkere."

(AUS JAPAN)

Normalerweise reagieren Sie auf Druck automatisch mit Gegendruck, richtig? Versucht jemand, Sie zum Beispiel gegen Ihren Willen beiseite zu drängen, stemmen Sie sich ihm instinktiv entgegen, um Ihren Stand beibehalten zu können. Das ist sehr anstrengend – und vor allem ist es das, was der Gegner erwartet! Wenn Sie so reagieren, sind Sie für ihn sehr gut berechenbar und er hat leichtes Spiel mit Ihnen. So ist das auch in anderen Bereichen wie zum Beispiel der Kommunikation. Nehmen wir das Beispiel, dass Ihre Schwiegermutter Sie gerne kritisiert und weiß, wie sie Sie gut provozieren kann. Was ist unsere übliche Reaktion auf Kritik? Wir beginnen, uns zu rechtfertigen, zu verteidigen, schließlich gehen wir irgendwann zum Gegenangriff über, um wenigstens die Reste unseres Selbstwertgefühls aus den Trümmern zu retten. Alles normal, alles sehr vorhersehbar.

Die Judo-Technik dagegen arbeitet mit dem asiatischen Kampfkunstprinzip der Widerstands*losigkeit*. Statt der Energie des Angreifers die eigene Energie entgegenzusetzen, nutzt man dabei die Energie des Angreifers *zusätzlich* zur eigenen Energie, indem man sie einfach den eigenen Zwecken entsprechend umleitet. Ganz schlicht heißt die Anweisung dabei: Ziehe, wenn du gestoßen wirst, und stoße, wenn du gezogen wirst. Stellen Sie sich die Situation noch einmal praktisch vor: Jemand lehnt sich mit aller Kraft gegen Sie, um Sie umzuwerfen oder von Ihrem Standort wegzuschieben. Wenn Sie nun – statt in die entgegengesetzte Richtung zu drücken – einen Schritt zurücktreten, läuft der Schwung des Angreifers ins Leere und er stolpert vornüber (denn er hat ja mit Ihrem Widerstand gerechnet). Jetzt müssen Sie nur noch leicht an ihm ziehen, damit er endgültig das Gleichgewicht verliert und an Ihnen vorbei zu Boden fällt. Dieses Verteidigungsprinzip lässt sich problemlos von der körperlichen auf die verbale Ebene übertragen. Das Vorgehen ist dabei ziemlich einfach, erfordert allerdings ein bisschen Übung, weil es nicht unbedingt unserem sonstigen spontanen Reaktionsverhalten auf Kritik oder andere Angriffe entspricht. Es ist besonders gut für Schwiegertöchter von Meckerziegen geeignet, aber auch im Umgang mit Klammeräffchen, Intrigenspinnen oder Tyrannosauren kann es hilfreich sein. Je nachdem, wie der jeweilige Angriff daherkommt, gibt es dabei unterschiedliche Möglichkeiten, wie Sie Ihre Schwiegermutter elegant ins Straucheln bringen können:

Variante 1: Der Frontalangriff

„Nur deinetwegen musste mein armer Junge nach Hannover umziehen und mich hier ganz alleine sitzen lassen! Du treibst einen Keil zwischen ihn und mich!"

Ignorieren Sie in diesem Fall den *Sachinhalt* der an Ihnen geübten Kritik, das heißt: Lassen Sie sich auf keinen Fall in eine Diskussion darüber verwickeln, ob Sie nun tatsächlich an Schwiegermutters unerträglicher Einsamkeit schuld sind! Keine Verteidigungen, keine Gegendarstellung, keine Gegenbeschuldigungen! Lassen Sie die Sicht Ihrer Schwiegermutter einfach unkommentiert stehen.

Konzentrieren Sie sich in Ihrer Reaktion stattdessen nur darauf, was die Kritik bei Ihnen an *Gefühlen* hervorruft und *benennen* Sie diese ausdrücklich, statt sie still zu erdulden. Tun Sie das in der Ich-Form: „**Ich** fühle mich verletzt, wenn du so etwas sagst." – „Es tut **mir** weh, wenn du sagst, ich hätte dir deinen Sohn weggenommen." Indem Sie nur über sich und Ihre Gefühle sprechen und Schuldzuweisungen der Art „immer musst du auf mir herumhacken" vermeiden, nehmen Sie Ihrer Schwiegermutter die Möglichkeit, Ihre Wahrnehmung sofort wieder infrage zu stellen („Ich? Ich hacke doch gar nicht auf dir rum! Das bildest du dir ein!"). Sie reagieren damit nicht aggressiv, sodass die Gefahr einer Eskalation zwischen Ihnen beiden geringer ist, als wenn Ihre Schwiegermutter sich gegen Ihre Antwort gleich wieder verteidigen müsste.

Im klassischen Fall verliefe eine Konfrontation zwischen Ihnen und Ihrer Meckerziege vermutlich wie folgt:

Meckerziege: „Was musst du unbedingt in Hannover eine Stelle annehmen! Du bist schuld daran, dass ich meinen Sohn und meine Enkelkinder so selten sehe! Ich sitze hier jetzt ganz allein in Berlin und keiner kümmert sich um mich!"

Sie: „Ich bin überhaupt nicht schuld daran, ich wäre lieber in Berlin geblieben, aber wenn ich dort doch nichts Passendes finden konnte?"

Meckerziege: „Ach, wieso muss eine Frau mit zwei Kindern überhaupt arbeiten, das ist doch völlig unnötig! Als ob Markus nicht genug verdienen würde. Ich bin damals auch zu Hause geblieben, das ist für die Kinder sowieso besser, da kannst du jeden Psychologen fragen."

Sie: „Also, liebe Meckerziege, das ist Unsinn, und außerdem arbeite ich halt gern. Den Kindern geht's gut hier. Markus ist froh, dass er nicht ganz allein für das Familieneinkommen verantwortlich ist. Und wir haben heute nun mal andere Zeiten als früher."

Meckerziege: „Ja, aber anders heißt nicht besser! Früher sind die Mütter bei ihren Kindern geblieben, wo sie hingehörten. Und ich, ich hab meine Mutter bis zu ihrem Tod bei mir zu Hause gepflegt, ich hätte die nie allein gelassen, so wie ihr mich hier. Schließlich ist sie meine Mutter gewesen! Nicht einmal in ein Pflegeheim wollte ich sie geben!"

Sie (bereits leicht gereizt): „Meckerziege, du bist gerade mal 60 und fit wie ein Turnschuh! Du gehst dreimal die Woche zum Seniorentanz! Du musst wirklich nicht gepflegt werden!"

Meckerziege: „Ja, aber die Einsamkeit, die Einsamkeit! Du kannst dir das ja nicht vorstellen, als ich so jung war wie du, da kannte ich das auch nicht! Warte nur, bis du mal in mein Alter kommst und dann deine Enkel nur alle heilige Zeiten siehst, da werden dir schon noch die Augen aufgehen!"

Sie (mit leicht erhobener Stimme): „Dazu muss ich aber erst mal in dein Alter kommen, was ich bestimmt nicht tue, wenn du ständig auf mir rumhackst und mir ein schlechtes Gewis-

sen machst! Deinetwegen kriege ich noch mal ein Magenge-
schwür!"

Meckerziege: „Ach so, jetzt bin ich also schuld an deinem Ma-
gengeschwür? Da wende dich mal lieber an deinen Chef. Aber
du musst ja unbedingt so einen anstrengenden Job machen, und
dann noch in Hannover! Dafür kann ich doch nichts."
    Sie (aus vollem Halse brüllend): „Doch, kannst du! Es ist ja
nicht auszuhalten mit dir und deiner ständigen Kritik an mir!
Ich bin wirklich froh, dass ich dich jetzt nicht mehr so oft sehen
muss!"

Meckerziege (unter Tränen): „So, ich hab's ja gewusst, dass du
es bist, die den Kontakt zwischen mir und meinem Sohn hin-
tertreibt! Nie hast du mich leiden können! Früher hat er so oft
angerufen und ist so oft zum Essen gekommen, erst als du auf-
getaucht bist, hat er sich verändert! Bestimmt hast du ihm sogar
verboten, sich mehr um mich zu kümmern. Und jetzt hast du ihn
sogar nach Hannover geschleppt, nur, damit er mich nicht mehr
so oft sehen kann."

Da capo ...

Stellen wir uns jetzt diesen Dialog noch einmal unter der Voraussetzung vor, dass Sie die Sicht Ihrer Schwiegermutter unan-
getastet lassen und stattdessen lediglich über Ihre eigenen Gefühle sprechen:

Meckerziege: „Was musst du unbedingt in Hannover eine Stelle annehmen! Du bist schuld daran, dass ich meinen Sohn und
meine Enkelkinder so selten sehe! Ich sitze hier jetzt ganz allein
in Berlin und keiner kümmert sich um mich!"

Sie: „Liebe Meckerziege, es verletzt mich sehr, wenn du das sagst. Das klingt in meinen Ohren so, als würdest du denken, ich hätte dir deinen Sohn wegnehmen wollen, um dir weh zu tun. Ich möchte wirklich nicht, dass du das glaubst. Ich verstehe, dass du dich einsam fühlst, und das tut mir so leid."

Was, denken Sie, wird Ihre Meckerziege auf so eine Entgegnung erwidern? Sie kann ja schlecht antworten: „Nein, das verletzt dich nicht!" Sehen Sie, das ist der große Vorteil an den Ich-Formulierungen: Solange Sie nur einfach über das sprechen, was in *Ihnen* vorgeht, ohne dabei mit dem Finger auf die vermeintlich Schuldige daran zu zeigen, sind Sie auf sicherem Boden. Indem Sie davon absehen, sich gegen Vorwürfe zu verteidigen oder die Sicht Ihrer Schwiegermutter infrage zu stellen, indem Sie sogar darauf verzichten, sie von Ihrer Meinung überzeugen zu wollen, nehmen Sie sofort sehr viel ungute Dynamik aus dem Konflikt zwischen Ihnen beiden heraus. Üblicherweise schrecken wir nämlich vor ehrlichen Reaktionen auf Kritik zurück, weil wir Angst davor haben, die Sache könnte in einer Eskalationsspirale von Vorwürfen und Gegenvorwürfen aus dem Ruder laufen. Wenn Sie dagegen diese Technik einsetzen, hat Ihre Meckerziege keinen Grund, Angriff auf Angriff zu häufen. Sie nehmen ihr nämlich gleich zu Beginn den Wind aus den Segeln. Außerdem zeigen Sie Verständnis und Akzeptanz für die Gefühle Ihrer Schwiegermutter – *ohne* aber die Verantwortung für diese zu übernehmen. Im Idealfall hat Ihre Schwiegermutter jetzt die Chance, das echte Gefühl zu zeigen, das sich eigentlich hinter ihrem Zorn auf Sie verbirgt: Angst vor der Einsamkeit, Angst vor dem Verlassensein. Und Sie bekommen damit wiederum die Chance, darauf einzugehen – und zwar mitfühlend und unterstützend. So wird ein anderer, neuer Dialog zwischen Ihnen beiden möglich.

Variante 2: Der Dolchstoß zwischen den Zeilen
„Du hast wirklich eine tolle Figur ... (kleine Pause) ... für eine Frau deines Alters!"

Wenn Ihre Schwiegermutter zur Spezies derjenigen gehört, die nicht geradeheraus kritisieren, sondern ihr Gift subtil zwischen den Zeilen verstecken, können Sie ab sofort in entgegengesetzter Weise wie der gerade beschriebenen vorgehen. Das heißt: Statt sich auf Ihre Gefühle zu konzentrieren und diesen Ausdruck zu verleihen, interessieren Sie sich ab sofort *nur* noch für den reinen *Sachinhalt* dessen, was Ihre Schwiegermutter so sagt. Hören Sie auf, zwischen den Zeilen zu lesen! Ignorieren Sie die „Untertitel", mit denen Ihre Meckerziege (oder Tyrannosaura oder Ihr Klammeräffchen) so gerne arbeitet, völlig. Auch das wird Sie anfangs ein bisschen Mühe und Selbstbeherrschung kosten, aber mit zunehmender Übung immer mehr Spaß machen. Vor allem, weil Sie Ihre Meckerziege damit ziemlich schnell aus dem Tritt bringen. Gerade diese Schwiegermutter-Strategie funktioniert nämlich nur mithilfe Ihrer bisherigen freundlichen Mitarbeit. Versteckte Botschaften sind immer auf einen eifrigen, genauen Zuhörer angewiesen, der bereit ist, sie zu suchen. Es gibt aber kein Gesetz, das Sie verpflichten würde, alles, was Ihnen mitgeteilt wird, immer nach Ober-, Unter- und Zwischentönen abzuklopfen. Es ist zwar eine typisch weibliche Eigenschaft – aber in diesem speziellen Fall alles andere als nützlich. Ab sofort stellen Sie sich taub für die leisen Zwischentöne in den Aussagen Ihrer Schwiegermutter. Reagieren Sie nur noch auf das, was bei oberflächlichem Hinhören zu vernehmen war, nicht mehr auf das, was Feingefühl und Interpretation erfordert. In der Praxis sieht das dann so aus:

Meckerziege: „Du hast wirklich eine tolle Figur ...(kleine Pause) ... für eine Frau deines Alters."

Sie (strahlend): „Oh, danke, das ist lieb, dass du das sagst! So ein nettes Kompliment – ich werde mich noch den ganzen Tag daran freuen!"

Meckerziege: „Unsere Nachbarin schafft es **auch** nicht, ihre Kinder zu anständigem Benehmen bei Tisch zu erziehen."
    Sie (interessiert): „Deine Nachbarin? Die kenne ich nicht. Erzähl mal, was macht die eigentlich beruflich?"

Meckerziege: „Ach, die Frau Müller hat's gut! **Deren** Schwiegertochter nimmt sie jede Woche zweimal mit dem Auto mit zum Aldi, damit sie ihre Einkäufe nicht zu Fuß erledigen muss!"
    Sie: „Das ist wirklich nett von der Schwiegertochter. Das freut mich sehr für Frau Müller, die kann doch so schlecht laufen. Ach, wo wir gerade dabei sind, was macht eigentlich Frau Meier?"

Merken Sie was? Das, was Sie da gerade praktizieren, ist immer noch Judo: Sie unterlaufen die Absicht der Meckerziege, Ihnen subtile Vorwürfe oder Kritik unterzujubeln, indem Sie einfach so tun, als hätten Sie nicht begriffen, was da an Sprengstoff im Päckchen mit versteckt war. Hätten Sie nach Ihrer Gewohnheit reagiert, hätte die Meckerziege sich über einen Erfolg freuen können. So aber werden ihre kleinen Spitzen in ihren Händen plötzlich stumpf und nutzlos. Ein bisschen funktioniert die Taktik analog dem Ratschlag, den unsere Mütter uns früher mit auf den Schulweg gaben, wenn wir uns beklagten, dass dieser oder jener Mitschüler uns dauernd ärgerte: „Tu einfach so, als ob dir das nichts ausmacht, dann wird ihm der Spaß schnell vergehen und er verliert die Lust daran!" – Was glauben Sie, wie lange es dauern wird, bis Ihre Meckerziege alle Lust daran verloren hat, Sie mit kleinen, versteckten Gemeinheiten zu ärgern?

Haben Sie das Judo-Prinzip verstanden? Prima – dann können Sie es ab sofort sicher in vielen unterschiedlichen Situationen anwenden. Es ist sehr flexibel und anpassungsfähig und funktioniert meiner Erfahrung nach immer höchst zuverlässig. Egal, in welchem Kontext Sie darauf zurückgreifen, wichtig ist zweierlei:

1. Reagieren Sie in jedem Fall *nicht* so, wie Ihre Schwiegermutter es (aller Wahrscheinlichkeit nach) von Ihnen erwartet. Damit haben Sie einen Riesenvorteil auf Ihrer Seite, nämlich das Überraschungsmoment. Und freuen Sie sich herzlich an der verwirrten Miene Ihres Gegenübers!
2. Lassen Sie den Angriff elegant ins Leere laufen und schieben Sie dann noch leicht von hinten nach, statt sich ihm krampfhaft entgegenzustemmen. Abgesehen davon, dass Sie damit eine Menge Kraft sparen und mehr erreichen als im anderen Fall, haben Sie sich nebenbei noch einen zweiten Riesenvorteil gesichert: Sie verzichten auf Aggression. Und sind damit automatisch in der überlegenen, aber trotzdem moralisch einwandfreien Position.

Noch ein paar hübsche Inspirationen für Schwiegermutter-Judo gefällig? Bitte sehr:

Schwiegermutter (empört): „Es ist wirklich unglaublich, wie wenig du deine Kinder im Griff hast! Zu meiner Zeit hätte es so was nicht gegeben!"

Sie (freundlich, mit leicht besorgtem Gesichtsausdruck): „Ja, natürlich, du hast ganz Recht! Geht es dir jetzt besser? Du darfst dich nicht so aufregen in deinem Alter."

Schwiegermutter (klagend): „So, ihr wollt ohne mich in Urlaub fahren? Ach Gott, ich weiß ja, ich bin euch sowieso nur noch eine Last. Am besten wäre, ich würde endlich das Zeitliche segnen, dann wärt ihr mich los!"

Sie (freundlich-lebhaft): „Ach, gerade fällt mir ein, ich wollte dir ja noch erzählen, was mir letzte Woche Ulkiges beim Metzger passiert ist! Stell dir vor ..."

Schwiegermutter (spitz): „Kein Wunder, dass dich Opern nicht interessieren – bei dem Stall, aus dem du kommst! Alles Kulturanalphabeten!"

Sie (freundlich-strahlend): „Ach, das wollte ich dir schon lange mal sagen: Ich finde es einfach fabelhaft, dass du so viel von Musik verstehst! Das ist wirklich etwas, was ich an dir bewundere!"

Können Sie sich das verblüffte Gesicht Ihrer Schwiegermutter auf solche oder ähnliche Erwiderungen Ihrerseits vorstellen? Sie werden sehen, wenn Sie sie erst ein paar Mal auf diese Weise gekonnt auf die Matte gelegt haben, wird sie vorsichtiger mit Ihnen umgehen.

Ein Wort noch zur letzten vorgestellten Judo-„Wurftechnik" – dem Kompliment. Auch wenn es Ihnen schwer fällt: probieren Sie sie auf jeden Fall einige Male aus! Ich bin selbst immer wieder überrascht, wie schnell sich das Klima zwischen zwei Menschen zum Guten ändern kann, sobald sich einer der beiden dazu durchringt, dem anderen einfach einmal etwas Freundliches zu sagen. Nur wenige Menschen können dauerhaft abwertend oder aggressiv, ja nicht einmal nur ablehnend einem anderen gegenüber agieren, der ihnen beharrlich nette Dinge über sie selbst erzählt. Meist kommt dadurch rasch eine Positiv-Spirale in Gang – fast ebenso leicht wie im umgekehrten Fall eine Negativ-Spirale entstehen kann. Wenn Sie jetzt stöhnen und jammern, dass es an Ihrer Schwiegermutter wirklich absolut nichts Lobens- oder Bewundernswertes zu entdecken gibt und dass Sie sich eher die Zunge abbeißen und diese in Madeira einlegen, als Ihrer Schwiegerhexe jemals ein Kompliment zu machen – nun ja, ich kann Sie nicht zwingen. Aber denken Sie bitte noch mal über den Satz nach: **„Wer den Feind umarmt, macht ihn bewegungsunfähig!"** Noch so eine asiatische Weisheit ... Und um Ihnen den Einstieg zu erleichtern, will ich Ihnen verraten, wofür Sie Ihrer Schwiegermutter *auf jeden Fall* ein Kompliment machen könnten und sollten: Für ihren Sohn! Schließlich hat sie den so prima hinbekommen, dass Sie ihn aus ein paar Milliarden möglicher Partner auf dieser Welt auserwählt haben, oder? Ist das nicht mal ein bisschen Anerkennung Ihrerseits wert?

Irene (36) erzählt:
„Meine Schwiegermutter ist mir immer furchtbar damit auf die Nerven gegangen, wie einzigartig ihr Sohn ist und was für ein Glück ich habe, dass er mich erwählt hat. ,Erwählt' – dieses Wort hat sie tatsächlich benutzt! Eines Jahres hatte ich einen skurrilen Einfall, dem ich spontan nachgegeben habe: Am Geburtstag meines Mannes schickte ich ihr einen Blumenstrauß mit einem Briefchen, in dem ich ihr schrieb, dass ich ihr und ihrem Mann den besten Ehemann auf der Welt verdankte und dass ich das nie vergessen würde. Als sie anrief, um mir zu sagen, dass der Strauß angekommen sei, weinte sie am Telefon. Seither war unser Verhältnis ein völlig anderes. Im Rückblick denke ich, sie hat einfach immer um ein bisschen Anerkennung und Dank gerungen, mehr nicht. Sie hat es halt nur auf ungeschickte Art und Weise getan. Mir ist kein Zacken aus der Krone gefallen bei dieser Aktion, und für sie hat es unheimlich viel bedeutet."

Glauben Sie mir: es gibt etwas, was an Ihrer Schwiegermutter bewunderns- oder einfach nur liebenswert ist. Kein Mensch ist einfach nur schlimm, lästig oder boshaft. Oft verhalten Menschen sich einfach nur auf eine bestimmte, unglückliche Weise, weil sie sich etwas sehr wünschen und nicht wissen, wie sie es anders bekommen sollen. Irenes Schwiegermutter ist ein gutes Beispiel dafür. Irene hat es geschafft, das versteckte Bedürfnis hinter dem nervigen Gequengel ihrer Schwiegermutter aufzuspüren und dieses zu befriedigen. Vielleicht sehnt sich auch Ihre Schwiegermutter mal nach einem freundlichen Wort des Dankes, der Anerkennung oder des Lobes? Probieren Sie es aus – was haben Sie zu verlieren?

Stoppschilder für alle Fälle

Bei sehr hartnäckigen oder sehr ich-bezogenen Schwiegermüttern kommt man – Judo hin oder her – manchmal einfach nicht drum herum: Sie reagieren erst dann, wenn man ihnen ein drei Meter hohes Stoppschild vor die Nase stellt. Nachfolgend möchte ich Ihnen dabei helfen, solche Stoppschilder zu entwickeln – und Sie ermutigen, diese auch einzusetzen! Denken Sie daran: letzten Endes regeln Stoppschilder den Verkehr im Sinne aller Beteiligten, sie verhindern Unfälle, Verletzte oder Tote.

Für alle Stoppschilder – wie natürlich für alles andere, was Sie Ihrer Schwiegermutter gerne einmal sagen würden – gilt übrigens, dass sie ausgezeichnet in Schriftform kommuniziert werden können. Gerade dann, wenn Sie selbst sich eher schwer tun, sich in einem direkten Gespräch zu behaupten, oder wenn Sie sehr erregt und/oder wütend sind und Ihre Emotionen nur schwer kontrollieren können, empfiehlt es sich, dass Sie Ihrer Schwiegermutter einmal einen Brief schreiben. Diese Form der Kommunikation hat für alle Beteiligten mehrere Vorteile:

Für Sie selbst:

• dass Sie Ihre Worte in Ruhe wählen können,

- dass Sie den Brief noch mal über Nacht beiseite legen und einen Tag später mit etwas Abstand lesen und prüfen können,
- dass Sie ohne Gegenrede, ohne Unterbrechungen und ohne von den Reaktionen Ihrer Schwiegermutter abgelenkt zu werden Ihre Gedanken ausformulieren können,
- dass Sie sich eine Kopie anfertigen und für sich selbst aufbewahren können, um sich selbst jederzeit vergewissern zu können, was Sie geschrieben haben.

Für Ihre Schwiegermutter:

- dass sie nicht gezwungen ist, sofort auf Ihren Brief zu reagieren,
- dass sie ihn mehrmals lesen kann, wenn sie dies möchte, sodass ihr nichts Wichtiges entgeht,
- dass sie sich nicht in einem Augenblick mit Ihren Gedanken konfrontieren lassen muss, in dem es für sie selbst gerade sehr unpassend oder schwierig ist,
- dass sie Zeit bekommt, ihre Antwort noch einmal in Ruhe zu überdenken.

Stoppbotschaften richtig formulieren

Viele Frauen trauen sich nicht, deutliche Worte für das zu wählen, was sie wollen (oder eben nicht wollen). Stattdessen ergehen sie sich in vagen Andeutungen oder schwächen das, was sie sagen, durch Beschwichtigungsfloskeln gleich wieder ab. Das Wörtchen „eigentlich" ist ein gutes Beispiel dafür – streichen Sie es am besten gleich aus Ihrem Verhandlungs-Wortschatz, denn es ist die kleinste Form der Verneinung und signalisiert dem Gegenüber sofort, dass Sie es nicht wirklich bitterernst meinen. Für Sie sind diese Zeiten ab sofort vorbei, denn Sie haben ja am Anfang dieses Kapitels herausgefunden, weshalb Sie sich bisher immer zu zögerlich positioniert haben und (hoffentlich!) beschlossen, damit aufzuhören. Versuchen Sie es bitte Ihrer Schwiegermutter gegenüber mal mit Formulierungen wie den folgenden:

„Ich weiß dein Interesse an der Frage, ob und wann ich wieder arbeiten gehe, sehr zu schätzen. Trotzdem wäre es mir lieber, wenn du mich meine Entscheidungen selbst treffen ließest."

„Ich weiß, dass du dir sehnlichst ein Enkelkind wünschst, und ich kann das gut verstehen. Aber das ist eine sehr persönliche Entscheidung, die dein Sohn und ich alleine treffen müssen. Bitte hör auf, mich immer wieder zu fragen, wann ich endlich schwanger werde."

„Es tut mir leid, wenn du das so siehst, ich sehe es anders. Ich möchte darüber nicht mehr mit dir diskutieren."

„Ich weiß, dass du meine Art der Haushaltsführung nicht für akzeptabel hältst, aber es ist mein Haushalt, nicht deiner. Auch, wenn du es sicher gut mit mir meinst: Bitte halte dich ab sofort da heraus."

„Du hast ein Recht auf deine Meinung und ich auf meine. Offenbar kommen wir an diesem Punkt nicht zusammen. Lassen wir es einfach dabei."

„Ich verstehe, dass du dir Sorgen machst, wenn ich ... tue. Aber mir ist ... nun mal wichtig, deshalb werde ich es weiter tun."

Mit solchen oder ähnlichen Formulierungen tun Sie zweierlei: Sie signalisieren Ihrer Schwiegermutter, dass Sie die gute Absicht hinter ihren Kontrollversuchen und ihrer Kritik wahrnehmen bzw. dass Sie verstehen, was in ihr vorgeht. Damit erhöhen Sie die Chance, dass sie Ihnen zuhört. Gleichzeitig fordern Sie sehr klar Ihr Recht ein, über Ihr Leben selbst zu bestimmen. Sie tun das aber in einer Weise, die Ihre Schwiegermutter nicht als persönlichen Angriff (miss)verstehen kann. Damit sind die Aussichten gut, dass das Gespräch nicht negativ eskaliert.

Der Umgang mit direkter Kritik

Nehmen wir an, Sie haben sich jede Menge Mühe mit dem Weihnachtsessen gegeben, den Tisch schön gedeckt und Ihren Weinkeller um die besten Flaschen erleichtert. Alle Gäste loben Sie, nur Ihre Schwiegermutter beschwert sich darüber, dass Sie die Kartoffeln versalzen hätten. Und das, obwohl sie salzarm essen soll! Sie haben jetzt im Prinzip folgende Möglichkeiten:

1. Sie beißen die Zähne zusammen, lächeln verkrampft, gehen über ihre Bemerkung hinweg und ärgern sich innerlich halb zu Tode.
2. Sie brechen in Tränen aus, schleudern Ihre Serviette auf den Tisch und stürzen mit den Worten: „Nie kann ich es dir Recht machen!" aus dem Zimmer.
3. Sie fauchen Ihre Schwiegermutter an: „Dann koch doch du nächstes Weihnachten das Drei-Gänge-Menü für zehn Personen, mal sehen, ob du es besser kannst, du blöde Kuh!"
4. Sie beginnen mit Ihrer Schwiegermutter eine längere Debatte darüber, ab wann Kartoffeln als „versalzen" zu gelten haben, inwiefern zu wenig Salz dem menschlichen Organismus sogar noch mehr schadet als zu viel und lassen alle Anwesenden schließlich in geheimer Abstimmung darüber entscheiden, ob die Kartoffeln nun versalzen waren oder nicht.

Mit allen vier Möglichkeiten tun Sie vermutlich weder sich selbst noch dem Weihnachtsfest einen wirklichen Gefallen. Was aber würde passieren, wenn Sie zu Ihrer Schwiegermutter in dieser Situation freundlich sagen könnten: „Ich habe gehört, dass die Kartoffeln zu salzig waren und dir nicht geschmeckt haben. Könntest du bitte trotzdem anerkennen, dass ich mir mit dem Weihnachtsessen viel Mühe gegeben habe?"

Wenn Sie so oder so ähnlich reagieren, erlauben Sie Ihrer Schwiegermutter nicht, sich mit Ihrem eigenen inneren Kritiker zu verbünden und in Ihnen eine Lawine negativer Gefühle und Überlegungen loszutreten („Ich bin eben eine schlechte Köchin." – „Ich bin ja selbst schuld, das hätte mir nicht passieren dürfen." – „Egal, was ich tue, es ist nie genug."). Stattdessen akzeptieren Sie einfach die Wahrnehmung Ihrer Schwiegermutter, stellen aber Ihre berechtigte Forderung nach einem anderen Umgang mit Ihnen und Ihrer Leistung gleichberechtigt daneben. Und das ganz ohne Aggression! Sie werden sehen, dass das einen enormen Unterschied in Ihrer gefühlsmäßigen Wahrnehmung der Situation ausmacht. Außerdem minimieren Sie damit die Gefahr, dass Sie beide in eine Eskalationsspirale von Angriff und Gegenangriff abdriften.

Unerbetene Ratschläge abwehren

Vor allem Meckerziegen, aber auch Tyrannosauren sind Meisterinnen darin, ihre Schwiegertöchter unaufgefordert mit Ratschlägen zu allen möglichen Themen zu überschütten. „Wenn du deinen Kindern immer bei den Hausaufgaben hilfst, dann lernen sie nie, selbstständig zu arbeiten!" – „Das steht dir aber nicht, dass du so viel abgenommen hast! Siehst ja ganz verhungert aus!"

Probieren Sie in so einem Fall einmal aus, was passiert, wenn Sie Ihre Schwiegermutter an einem solchen Punkt festnageln. Fragen Sie in einem ruhigen, freundlichen Ton nach, *warum* Ihre Schwiegermutter meint, diese Bemerkung jetzt Ihnen gegenüber machen zu müssen. („Und warum sagst du mir das?" – „Und was willst du mir damit sagen?") Wahrscheinlich wird sie dann versuchen, über die Schiene des „ich-will-ja-nur-helfen" auszuweichen, aber damit lassen Sie sich dann diesmal bitte nicht abspeisen. Fragen Sie weiter nach, *warum* es Ihrer Schwiegermutter so scheint, als ob Sie an diesem Punkt unbedingt Hilfe bräuchten. So zwingen Sie sie, mit dem Versteckspiel aufzuhören und Ihnen gegenüber klar Position zu beziehen: Entweder wird sich herausstellen, dass sie sich Sorgen in irgendeiner Hinsicht macht – beispielsweise über Ihre Gesundheit oder die Schullaufbahn Ihrer Kinder. Diese Anteilnahme können Sie dann würdigen – und anschließend entscheiden, ob Sie sich mit ihr über dieses Thema unterhalten möchten oder nicht. Oder aber es wird sich herausstellen, dass der Kritik eine tiefere Ebene zugrunde liegt, die mit dem oberflächlichen Anlass kaum noch was zu tun hat. So erlebte es eine Bekannte von mir.

Beate (27) erzählt:
„Mein Freund hat türkische Eltern, ist selbst aber schon in Deutschland geboren und ist deutscher Staatsbürger. Seine Eltern hätten es wohl lieber gesehen, wenn er sich in eine Türkin verliebt hätte, stattdessen brachte er mich an. Sie waren alles andere als begeistert, aber haben nie etwas zu mir gesagt. Vorne herum waren sie sogar besonders freundlich zu mir, aber seine Mutter hatte so eine Art, mir immer wieder einen Stich zu versetzen, wenn ich am wenigsten damit rechnete. Wenn ich sie fragte, ob wir beide ein Problem zu klären hätten, schüttelte sie aber immer nur entrüstet den Kopf.

Eines Tages trug Cem ein Hemd, das schon etwas zerknittert war. Seine Mutter beäugte ihn und sagte dann später in der

Küche zu mir: ‚So kannst du ihn aber nicht rumlaufen lassen!‘ Ich holte tief Luft und fragte ruhig: ‚Warum glaubst du mir das sagen zu müssen?‘ Sie fing dann gleich an von wegen er müsste in seiner Position darauf achten, dass er gut angezogen sei und so weiter. Ich schaute sie nur an und fragte wieder: ‚Und warum sagst du das dann mir und nicht Cem selber?‘ ‚Weil du seine Freundin bist und weil du dafür verantwortlich bist, dass seine Kleider tadellos sind!‘ eiferte sie sich. Ich wäre gerne ausgeflippt, aber ich fragte einfach nur wieder: ‚Und warum glaubst du, dass dein Sohn das nicht selber kann, schließlich ist er erwachsen?‘ Da ist sie dann mal so richtig an die Decke gegangen und hat herumgekeift, ich sei einfach nicht die passende Frau für ihren Sohn, er brauche eine anständige türkische Frau, die sich wirklich um ihn kümmert und nicht eine Deutsche, die den Kopf voller Flausen hätte ... lauter so Zeug halt. Ich war schockiert, aber auch erleichtert. Endlich waren die Tatsachen mal auf dem Tisch. Die ganze Zeit hat sie so getan, als würde sie mich mögen, und dabei hintenherum gestichelt und kritisiert. Jetzt musste sie mal ihr wahres Gesicht zeigen und sagen, was sie wirklich über mich dachte. Ab da wusste ich, woran ich mit ihr bin.“

Taten sprechen lassen

Manchmal reichen Worte einfach nicht, um eine schwierige Schwiegermutter zur Räson zu bringen. Bei einigen Exemplaren bekommt man im Gegenteil den Eindruck, dass sie an selektiver Taubheit leiden – immer dann, wenn Sie sagen, was Sie wollen oder nicht wollen, scheint ihr Gehör plötzlich überhaupt nicht mehr zu funktionieren. Auch die hundertste freundliche Bitte wird einfach überhört. Das passiert oft dann, wenn man sich als

Bittender zu lange nur auf das gesprochene Wort verlässt. Sie erinnern sich an den bereits beschriebenen Effekt der Gewöhnung an ein ständig vorhandenes Hintergrundgeräusch? Man nimmt es einfach nicht mehr wahr. In solchen Fällen hilft nur: Handeln statt reden! Ziehen Sie eine Konsequenz auf der konkreten praktischen Verhaltensebene, und wiederholen Sie diese ebenso beharrlich nach dem Prinzip der kaputten Schallplatte wie zuvor Ihre gesprochene Forderung – so lange, bis Ihre Schwiegermutter merkt, dass sie an dieser Grenze nicht vorbeikommt. Worte lassen Sie in dieser Situation weg oder beschränken sie auf das absolut Nötige.

Gehört Ihre Schwiegermutter zum Beispiel zu den Klammeräffchen, die ständig unangemeldet vor der Tür stehen, und Ihre Bitten, sich an vereinbarte Besuchszeiten zu halten, stoßen schon lange auf taube Ohren? Dann hilft nur eins: Türe zu lassen! Wenn Sie sich das zutrauen, öffnen Sie und sagen freundlich, dass Sie jetzt leider nicht mir ihr gerechnet und deshalb keine Zeit für sie haben. Wenn sie sich das nächste Mal wie besprochen vorher ankündigt, werden Sie aber sehr gerne mit ihr gemeinsam einen Kaffee trinken gehen. Anschließend machen Sie die Tür wieder zu. Haben Sie das Gefühl, dass Sie so standfest noch nicht sind, dann fangen Sie mit der einfacheren Variante an und machen Sie gar nicht erst auf. Wenn sie zum dritten Mal draußen vor der Tür steht und keinen Einlass findet, wird sie es sich sehr wohl überlegen, ob sie beim vierten Mal nicht lieber vorher anruft.

Carola (40) erzählt:
„In den ersten Jahren unserer Ehe wohnten mein Mann und ich bei unseren Schwiegereltern im ausgebauten Dachgeschoss. Die Tür zu unserer Wohnung war keine richtige Abschlusstür, sondern eher so eine Art normale Zimmertür. Einen Schlüssel gab

es nicht. Meine Schwiegermutter nahm sich das Recht heraus, zu jeder beliebigen Tages- und Nachtzeit in unsere Wohnung zu kommen, ohne auch nur anzuklopfen. Zaghafte Versuche meinerseits, sie zu einem anderen Verhalten zu bewegen, ignorierte sie einfach. Ihr direkt zu sagen, dass sie gefälligst draußen zu bleiben habe, traute ich mich nicht – ich war kaum 20 und sehr schüchtern und sie eine sehr dominante Person. Unzählige Male bat ich meinen Mann, mit ihr zu sprechen, aber er war es von klein auf gewohnt, vor ihr zu kuschen. Mit der Zeit litt sogar unser Liebesleben darunter. Einmal war sie während unseres Sonntagmittagschläfchens hereingeplatzt – reiner Zufall, dass sie uns nicht erwischt hatte, gerade das nutzten wir gern für ein Schäferstündchen. Von da an war ich total verkrampft und bekam richtige Zwangsvorstellungen, dass sie uns früher oder später beim Sex überraschen würde. Irgendwann wollte ich dann überhaupt nicht mehr mit meinem Mann schlafen.“

Die Lösung hätte auf der Handlungsebene gelegen: Tür auswechseln oder – wenn möglich – wenigstens ein anständiges Schloss einbauen. Und der Schwiegermutter keinen Schlüssel dafür überreichen! Selbstverständlich hätte es einen Proteststurm von ihrer Seite gegeben. Na und? Veränderungen stoßen nahezu immer irgendwo auf Widerstand. Wesentlich ist nur, sich von diesem Widerstand nicht beeindrucken zu lassen, sondern stur bei der eingeschlagenen Linie zu bleiben. Stellen Sie sich einfach vor, Sie seien der sprichwörtliche Fels in der Brandung: unverrückbar, nicht zu erweichen und nicht vom Thema abzubringen. Sagen müssen Sie in so einer Situation ohnehin nichts mehr – das Sprechen übernimmt das Schloss für Sie! Ihr Territorium ist Ihr Territorium – und das Ihrer Schwiegereltern das Ihrer Schwiegereltern, Punktum. In Ihrem Bereich gelten Ihre Regeln und Ihre Schwiegermutter ist, wenn sie sich darin aufhält,

Ihr Gast; umgekehrt gilt das Gleiche. Und wie bei jedem anderen Besuch respektiert man einander und akzeptiert die Regeln und Vorgaben des Gastgebers. Wer beim anderen rein will, muss ab sofort klingeln. Damit wird automatisch neben der psychologischen Schwelle für Ihre Schwiegermutter auch eine sehr reale Barriere geschaffen – die kann sie nun im wörtlichen Sinne mit den Händen begreifen!

Schluss mit der emotionalen Erpressung!

Besonders schwer fällt es vielen Schwiegertöchtern, sich gegen die Manipulation durch emotionale Erpressung zur Wehr zu setzen, die Sie in Kapitel III im Abschnitt über das Klammeräffchen schon kennengelernt haben. Um mit diesen Manövern fertig zu werden, brauchen Sie so etwas wie den schwarzen Gürtel in seelischer Selbstverteidigung. Sollte Ihre Schwiegermutter gerne auf solche Methoden zurückgreifen, dann nehmen Sie sich genügend Zeit für die folgenden Trainingsschritte – es lohnt sich!

Der erste Schritt: Wo liegen meine wunden Punkte?

Jeder Fortgeschrittene in Selbstverteidigungstechniken wird Ihnen erklären können, dass die Auseinandersetzung mit den eigenen Schwachstellen – also den Punkten, an denen einen der Gegner am einfachsten treffen kann – ein wichtiger Teil der Verteidigung ist. Wenn ich weiß, wo ich am verwundbarsten bin, kann ich mich besser schützen. Eine Möglichkeit, dies anzugehen, ist die Suche nach den eigenen „Lebensgeboten". Lebensgebote sind verinnerlichte Glaubenssätze, Verhaltensregeln oder grundsätzliche Überzeugungen, die das Denken und Verhalten aller Menschen prägen. Meist haben wir sie unbewusst übernommen und richten uns nach ihnen, ohne es zu merken. Die ersten davon haben Sie von Ihren Eltern gelernt, später sind vermutlich andere wichtige Bezugspersonen dazugekommen (Großeltern, Lehrer, Freunde). Sie alle gaben Ihnen quasi Botschaften mit auf den Weg, wie sie selbst das Leben sahen, haben Ihnen Normen und Vorschriften vermittelt und Sie wissen lassen, was sie von Ihnen erwarteten. Manchmal kamen diese Botschaften offen und in Worten daher (z. B. wenn Ihre Mutter zu Ihnen sagte: „Auf ältere Menschen muss man Rücksicht nehmen!"). Gelegentlich fanden sie sich verpackt in Sprichwörtern, Familienmottos oder Zitaten (z. B. „Erst die Arbeit, dann das Vergnügen!" – „Sei wie das Veilchen im Moose/so sittsam, bescheiden und rein/nicht wie die stolze Rose/die immer bewundert will sein!"). Und häufig werden sie überhaupt niemals direkt ausgesprochen, aber trotzdem vermittelt, indem sie uns einfach vorgelebt werden (z. B. „Frauen sind für die Gefühle zuständig, Männer fürs Geld!" – „Wer sich brav verhält, bekommt Zuneigung!").

Solche und ähnliche Werte, Normen und Erwartungen sind Glaubenssätze, die im Laufe Ihrer Sozialisation Bestandteil Ihrer Weltsicht geworden sind. Das macht sie aber nicht zu absoluten Wahrheiten. Wären Sie zu einer anderen Zeit, in einer anderen Kultur oder vielleicht einfach nur in einer anderen Familie aufgewachsen, könnten Ihre Glaubenssätze ganz anders lauten. Mehr noch: selbst wenn wir voraussetzen, dass alle Bezugspersonen es gut mit Ihnen gemeint haben, als sie Ihnen ihre Werte vermittelten, muss das (hier und heute) nicht unbedingt Gutes für Sie zur Folge haben. Sehr oft sind nicht hinterfragte Glaubenssätze der Humus, auf dem Schuldgefühle besonders gut Wurzeln schlagen und zu wuchern beginnen. Genau diese Schuldgefühle sind aber *der* Schwachpunkt schlechthin, an dem Ihre Schwiegermutter

Sie mit ihren emotionalen Erpressungsmanövern zu packen bekommt – sie machen Sie wehrlos.

Der erste Schritt in Richtung schwarzer Gürtel ist deshalb, Ihre persönlichen Lebensgebote jetzt einmal unter die Lupe zu nehmen und sie dann auf ihre Angemessenheit und Nützlichkeit hin zu hinterfragen. Dazu nehmen Sie sich am besten wieder Papier und Stift und listen fünf bis zehn der wichtigsten Bezugspersonen auf, die Ihr Leben geprägt haben – angefangen von Ihren Eltern. Gehen Sie die Liste anschließend durch und lassen Sie jede dieser Personen – bitte spontan, ohne langes Nachdenken! – in Ihrer Vorstellung die folgenden Sätze vervollständigen und an Sie richten:

Du solltest anderen gegenüber ...
Du solltest anderen gegenüber nicht ...
Im Leben musst du ...
Du darfst auf keinen Fall ...
Liebe ist ...
Geliebt wird man, wenn ...
Stark sein bedeutet ...
Wenn dich jemand kritisiert, dann ...
Egoismus ist ...
Was du willst ...
Du bist ein ... Mensch.
Ich liebe/mag dich, weil ...

Wenn Sie sich die „Botschaften" Ihrer wichtigsten Bezugspersonen durchlesen, was fällt Ihnen auf? Sind es eher positive, bejahende, ermutigende Botschaften, an die Sie sich erinnern? Oder eher vorsichtige, bremsende, besorgte, kritische? Welche Wertvorstellungen könnten sich dahinter verbergen, die es Ihnen heute schwer machen, sich gegen emotionale Erpressung zur Wehr zu setzen? Müssen Sie es vielleicht immer allen Recht machen, weil

Ihre Bedürfnisse weniger wichtig sind als die aller anderen? Oder trauen Sie sich nicht, sich gegen bestimmte Ansprüche zur Wehr zu setzen, weil Sie das Gefühl haben, nur dann geliebt zu werden, wenn Sie anderen Menschen nützlich sind – Liebe gegen Leistung sozusagen? Oder versteckt sich hinter Ihrem wunden Punkt einfach die Überzeugung, dass Sie nur dann als Mensch in Ordnung sind, wenn wirklich *niemand* etwas an Ihnen auszusetzen hat und *jeder* Sie mag? Liegen hier die Wurzeln Ihrer Harmoniesucht?

Der zweite Schritt: Schwachpunkte schützen!

Welche verborgenen Botschaften Sie auch immer gerade in Ihrem Leben entdecken konnten – prüfen Sie sie: Welche helfen Ihnen, sich gegen emotionale Erpressung durch Ihre Schwiegermutter zu schützen, welche machen Sie verwundbar? Wie könnten Sie diejenigen, die Sie eher zum willigen Opfer degradieren, so verändern, dass sie Ihrer Schwiegermutter nicht weiterhin in die Hände spielen?

Ein paar Beispiele:

Statt: „Auf die Familie muss man Rücksicht nehmen!"Besser: „Ich möchte manchmal Rücksicht auf meine Familie nehmen." (Damit geben Sie sich selbst zumindest die Erlaubnis, von Fall zu Fall neu zu entscheiden, ob Sie Rücksicht nehmen möchten oder lieber nicht.)

Statt: „Ich werde dann geliebt, wenn ich tue, was andere von mir wollen!"
Besser: „Ich bin liebenswert und werde geliebt, unabhängig von meiner Leistung und auch dann, wenn ich Fehler mache!"(Ja, stellen Sie sich vor, so ist es! Unglaublich, oder?)

Statt: „Meine Aufgabe ist es, den Erwartungen anderer zu entsprechen!"

Besser: „Ich bin nicht auf der Welt, um den Erwartungen anderer zu entsprechen, ebenso wenig wie andere auf der Welt sind, um meinen Erwartungen zu entsprechen. Ich bin ich und die anderen sind die anderen. Wenn es passt – schön. Wenn nicht, ist es auch nicht schlimm."

(Freie Abwandlung des ‚Gestaltgebets' des berühmten Gestalttherapeuten Fritz Perls.)

Statt: „Ich bin für alles verantwortlich!"

Besser: „Ich bin für mich selbst verantwortlich, so wie jeder andere erwachsene Mensch für sich selbst verantwortlich ist. Ohne mich geht die Welt nicht unter – Gott sei Dank!"

(Ob Sie's glauben oder nicht: Die Friedhöfe sind voll von Menschen, die sich für unersetzlich hielten ... und die Welt hat sich bisher noch immer weitergedreht!)

Statt: „Die Rechte und Bedürfnisse anderer sind wichtiger als meine eigenen – alles andere ist Egoismus und böse!"

Besser: „Meine Rechte und Bedürfnisse sind nicht wichtiger als die anderer, aber ebenso wichtig. Es liegt in meiner Verantwortung, gut für mich zu sorgen, ehe ich für andere sorge. Das ist kein Egoismus, das ist Erwachsensein!"

(Und sehr sinnvoll. Oder warum glauben Sie, dass die Flugbegleiter in ihren Anweisungen immer dazu mahnen, *erst* selbst eine Sauerstoffmaske bei einem Druckabfall in der Kabine aufzusetzen und *dann* anderen zu helfen? Wer vor lauter Hilfsbereitschaft selbst erstickt, kann keinem mehr helfen!)

Statt: „Jeder muss mich lieben, sonst liebe ich mich auch nicht!"

Besser: „Manche werden mich lieben, andere nicht. Ich liebe auch nicht jeden. Am wichtigsten ist, dass ich mich selbst liebe – das kann ich nur, wenn ich mich liebevoll behandle!"

(Wie, dazu kommen wir im Abschnitt ‚Seien Sie nett zu sich selbst!')

Begriffen? Es ist sehr wichtig, dass Sie sich für diesen ersten Schritt zur Selbstverteidigung viel Zeit nehmen. Wahrscheinlich wird er Ihnen nicht leicht fallen – noch sind Sie ja nicht gewohnt, mit sich selbst ebenso liebe- und rücksichtsvoll umzugehen wie mit anderen Menschen. Wenn Sie merken, dass Sie sich enorm schwer tun, wechseln Sie einfach die Perspektive: Was würde Ihre allerbeste Freundin Ihnen antworten, wenn Sie sie mit einem Ihrer destruktiven Lebensgebote konfrontieren würden und ihr sagen, dass Sie dies zu einer Ihrer Lebensmaximen erhoben haben?

Der dritte Schritt: Emotionale Erpressung demaskieren

Emotionale Erpressung erkennen Sie meist an folgenden (oder ähnlichen) Formulierungen:

„Das hätte ich nie von dir gedacht!"
„Schämst du dich nicht?"
„Es gehört sich nicht, dass du ..."
„Ich dachte, ich könnte mich auf dich verlassen ..."
„Wenn du nur ein bisschen Mitgefühl hättest, würdest du ..."
„Du machst mich krank, wenn du ..."
„So gut wie du habe ich es nie gehabt ..."
„Es wird dir noch leid tun, dass du ..."
„Nach allem, was ich für dich getan habe ..."

„Na, wenn du nur zufrieden bist. Ich kann ja sehen, wo ich bleibe, nicht?"

„Was soll ich nur tun, ich bin doch ohne dich völlig aufgeschmissen?"

„Wie kann man nur so egoistisch/herzlos sein ..."

„Es ist ganz allein deine Schuld, wenn ich (depressiv oder krank werde, mich umbringe, einen Herzinfarkt bekomme) ..."

„Wenn ich geahnt hätte, dass du mich so im Stich lassen würdest ..."

Mit solchen Aussagen will Ihre Schwiegermutter vor allem eines: bei Ihnen Schuldgefühle auslösen. Und zu welchem Zweck? Richtig: um Sie gefügig zu machen, Ihren Widerstand zu brechen, Ihnen ihren Willen aufzuzwingen. Es geht hier lediglich darum, Sie ihren Wünschen entsprechend zu manipulieren, das müssen Sie sich klarmachen. Schuldgefühle haben nämlich ansonsten überhaupt keinen Nutzen für irgendjemanden. Sie sind nur destruktiv und lähmend. Damit ist nicht gesagt, dass Sie, wenn Sie tatsächlich mal einen Fehler gemacht oder jemandem Schaden zugefügt haben, nicht um Verzeihung bitten sollten, ganz im Gegenteil. Wer wirklich schuldig geworden ist, muss auch die Verantwortung dafür übernehmen. Im Idealfall lernen Sie dann noch etwas aus dem, was Ihnen da passiert ist und bemühen sich, etwaigen Schaden nach Möglichkeit wieder gut zu machen. Aber wenn Sie sich in Schuldgefühlen wälzen, bringt das weder Ihnen etwas noch demjenigen, an dem Sie schuldig geworden sind. Und an Ihrer Schwiegermutter *sind* Sie ja in so einem Fall wirklich nicht schuldig geworden – Sie verweigern ihr nur die Erfüllung eines Wunsches. Das ist kein Verbrechen, sonder Ihr gutes Recht!

Warum tut Ihre Schwiegermutter so etwas? Ganz einfach: weil es wahrscheinlich funktioniert. Gerade wir Frauen sind aufgrund unserer Erziehung – wie schon erklärt – meist nicht nur sehr anfällig dafür, uns über Schuldgefühle manipulieren lassen, wir lernen auch selbst früh, mit ihrer Hilfe andere zu lenken: „Wenn du deinen Brokkoli nicht aufisst, dann ist die Mami traurig!" – „Siehst du, jetzt habe ich mich so über dich aufgeregt, dass ich wieder Migräne habe!" Schuldgefühle zu erzeugen verleiht einem oft viel Macht gerade über die Menschen, die einem nahe stehen. Und Macht ist nun mal verführerisch – warum sollte das bei Ihrer Schwiegermutter anders sein? Vielleicht hat sie schon in anderen Beziehungen als der mit Ihnen die Erfahrung gemacht, dass sie mit diesem Instrument leichter das durchsetzen konnte, was sie erreichen wollte. So sind wir Menschen halt, wir wiederholen das, was uns den gewünschten Erfolg eingebracht hat, immer wieder, bis wir irgendwann feststellen, dass wir keinen Erfolg mehr damit haben. Es hat keinen Sinn, darauf zu warten, dass Ihre Schwiegermutter mit ihren Erpressungsmanövern aufhört, solange sie damit ihr Ziel erreicht. Es liegt an Ihnen, dieses Spielchen zu beenden, indem Sie ihr den gewünschten Erfolg verweigern, immer wieder – bis sie es begriffen hat.

Halten wir also fest:

1. Ihre Schwiegermutter verfolgt damit, dass Sie in Ihnen Schuldgefühle erzeugt und an Ihr schlechtes Gewissen appelliert, einen konkreten Zweck: Sie will Sie manipulieren.
2. Den Vorwürfen/Ansinnen Ihrer Schwiegermutter liegt ein bestimmtes Werteschema oder eine bestimmte moralische Anspruchshaltung zugrunde. Das sind aber *ihre* Vorstellungen davon, wie Sie (und die Welt) zu sein haben. Sie sind *nicht* verpflichtet, sich diesem Anspruch unterzuordnen.

Sie haben jedes Recht, sich gegen diesen Manipulationsversuch zur Wehr zu setzen! Das ist kein Egoismus im negativen Sinne, sondern pure Selbstverteidigung.

Der vierte Schritt: Mit mir nicht mehr!

Wenn Sie in Zukunft mit einem emotionalen Erpressungsversuch Ihrer Schwiegermutter konfrontiert werden, tun Sie bitte Folgendes:

1. Registrieren Sie für einen Moment die Gefühle, die Ihre Schwiegermutter damit in Ihnen auslöst – ohne diesen nachzugeben. Dieses Bewusstmachen dient nur dazu, dass Sie im Nachhinein noch einmal überprüfen können, warum Sie an diesem speziellen Punkt (noch immer) so verletzlich sind, und wie Sie das eventuell ändern können.
2. Erinnern Sie sich selbst daran: Nicht **Sie** sind es, die im Augenblick Egoismus an den Tag legt, sondern Ihre Schwiegermutter, die Sie (bewusst oder unbewusst) zu manipulieren versucht. Es gibt keinen Anlass für ein schlechtes Gewissen!
3. Lassen Sie Ihre Schwiegermutter ruhig ausreden. Zeigen Sie dann Verständnis für ihre Sicht der Dinge und für ihre negativen Gefühle, **ohne** dabei dieser Sicht zuzustimmen. Sagen Sie aber ruhig, dass es Ihnen leid tut, dass sie es so und nicht anders sieht:

„Ich verstehe, dass du das so siehst."

„Ich kann mir vorstellen, dass dir das zu schaffen macht und das tut mir leid für dich."

„Ich bin überzeugt, dass du glaubst, was du sagst. Aber ich bin mir ebenso sicher, dass ich dir nichts Böses will."

„Du bist mir wichtig, auch wenn du das im Moment nicht glauben kannst. Aber diesen Wunsch kann ich dir jetzt trotzdem nicht erfüllen, auch wenn ich verstehe, warum du das von mir möchtest."

„Ich bedauere, dass dich das jetzt so wütend/traurig macht. Lass uns später noch einmal darüber reden, wenn du dich beruhigt hast."

Dieser Schritt ist besonders wichtig! Bitte führen Sie sich immer wieder vor Augen: Ihre Schwiegermutter hat ein Recht auf ihre Gefühle und Reaktionen (ebenso wie Sie auf die Ihren). Sie darf weinen. Sie darf gekränkt sein. Sie darf sich schlecht oder im Stich gelassen fühlen. Es ist nicht Ihre Aufgabe, ihr diese Gefühle abzunehmen oder auszureden. Ihre Aufgabe ist es, diese Gefühle Ihrer Schwiegermutter **auszuhalten**! Nur, wenn Sie das schaffen, können Sie sich aus der Manipulation durch sie befreien.

4. Erklären Sie **ein einziges Mal,** warum Sie sich so und nicht anders verhalten. Bleiben Sie dann beharrlich bei dieser Aussage (die kaputte Schallplatte, Sie erinnern sich?).

Je nachdem, wie hartnäckig Ihre Schwiegermutter im Einsatz emotionaler Erpressungsmethoden ist, brauchen Sie noch einige Techniken neben diesem grundsätzlichen Vorgehen, um Ihre Flanken besser schützen zu können. Da wäre zunächst einmal eine Art mentaler Vorbereitung auf die nächste entsprechende Situation, die Ihnen helfen soll, gelassener und souveräner zu bleiben. Letzten Endes geht es dabei darum, in Ihnen das Gefühl wachsen zu lassen, dass Ihnen die Angriffe Ihrer Schwiegermutter nicht wirklich etwas anhaben können. Sie können ihre Vorwürfe aushalten, sogar gut aushalten, auch wenn Sie das bisher nicht geglaubt haben.
Dazu möchte ich Ihnen zwei Imaginationsübungen vorstellen, die Sie bitte regelmäßig immer dann durchführen, wenn Sie in nächster Zeit geistigen Leerlauf haben: während Sie auf den Bus warten, in der Schlange vor der Supermarktkasse stehen

oder die Wäsche bügeln – Imaginations-, also Vorstellungsübungen, werden mittlerweile in vielen Psychotherapien zur Stärkung eigener Ressourcen eingesetzt. Je häufiger Sie die beiden Übungen trainieren, desto leichter werden Sie deren Effekt unter Stressbedingungen abrufen können.

Übung 1: Liegen lassen!

Stellen Sie sich vor, jemand drückt Ihnen auf einer Party einen Teller mit einer sehr unappetitlichen Masse in die Hand. Ein grünlich-violett schimmerndes Häufchen Undefinierbares liegt darauf, von schleimiger Konsistenz und mit gelblich-weißem Schimmel bedeckt. Nicht genug, das Ganze verströmt auch noch einen bestialischen Gestank, der fatal an eine Mischung zwischen einer übervollen Klärgrube und vergorener Milch erinnert. Ganz klar: Wenn Sie davon nur einen Bissen essen, werden Sie es drei Tage lang mit üblen Verdauungsbeschwerden bezahlen. Der freundliche Geber strahlt Sie an und sagt: „Schau, was ich dir Schönes mitgebracht habe! Extra für dich! Probier mal!"

Lassen Sie nun vor Ihrem inneren Auge die Szene ablaufen, wie Sie freundlich den Kopf schütteln und mit einem festen „nein danke!" den Teller an seinen Anbieter zurückgeben. Man hat Ihnen ein Angebot gemacht – ob Sie es annehmen, liegt an Ihnen. So können Sie in Zukunft auch dann verfahren, wenn Ihre Schwiegermutter Sie auffordert, ihre Vorwürfe anzunehmen und sich eine Portion schlechtes Gewissen zu gönnen. Wenn Sie mögen, verbinden Sie die imaginierte Szene für sich mit einem dazu passenden Satz, beispielsweise: „Das gehört zu dir, nicht zu mir. Darum lasse ich es bei dir." Oder: „Du kannst mich nicht zwingen, das von dir anzunehmen."

Übung 2: Die Elefantenhaut

Schließen Sie die Augen und stellen Sie sich vor, Sie hätten magische Kräfte. Sie können zaubern – alles, was Sie wollen! Schwingen Sie nun Ihren Feenstab und lassen Sie um sich herum allmählich einen undurchdringlichen Panzer wachsen, an dem alles Unangenehme, Verletzende oder Beunruhigende abprallt. Die Art und Beschaffenheit dieses Panzers dürfen Sie natürlich frei wählen. Vielleicht möchten Sie ja Ihre Haut verzaubern, sodass sie sich langsam, aber beharrlich verdickt und verhornt, bis sie Sie so fest und schützend umschließt wie die eines Elefanten, eines Krokodils oder eines Panzernashorns? Wenn Ihnen dieses Bild nicht zusagt, können Sie um sich herum auch eine Rüstung aus jedem anderen Material entstehen lassen. Wie gefallen Ihnen unzerbrechliches Sicherheitsglas, Titanium oder funkelnde Diamanten dafür? Oder möchten Sie lieber einen flexiblen, aber trotzdem unzerbrechlichen Schutz um sich herum tragen, so ähnlich wie eine Aura in leuchtenden Farben? Denken Sie daran – Sie können zaubern! Ihnen stehen alle Materialien zur Verfügung, die Ihnen zusagen, auch nicht-irdische.

Wenn Sie sich diesen Panzer in aller Deutlichkeit vorstellen können, dann vereinbaren Sie mit sich selbst eine Geste oder ein Wort, das Sie mit ihm verbinden. Mithilfe dieser Zaubergeste oder dieses Zauberwortes können Sie Ihren Panzer in Zukunft immer dann – unsichtbar für alle anderen – aktivieren, wenn Sie ihn brauchen. Manche Frauen, mit denen ich diese Übung gemacht habe, haben für sich ein Symbol gefunden, das sie bei sich trugen und das sie berühren konnten, wenn sie den Schutzpanzer in ihrer Vorstellung herbeirufen wollten – sozusagen den Zauberstab. Wenn Sie diese Idee anspricht, dann setzen Sie sie für sich um! Hübsch – und für alle Außenstehenden völlig ohne Bedeutung – sind kleine Edelsteinanhänger für eine Kette oder ein Armband. Ein Sodalith steht zum Beispiel traditionell für Festigkeit und Kraft, ein Amethyst gilt als Schutzstein gegen böse Mächte und ein Bergkristall soll den Geist klar und rein halten. Aber auch jedes andere Symbol, das Sie spontan mit Ihrem persönlichen Schutzschild assoziieren können, ist gut geeignet. Aktivieren Sie Ihren Panzer in der nächsten Zeit immer mal wieder, bis Sie darin so geübt sind, dass Ihnen ein Fingerschnippen oder eine kurze Berührung Ihres Symbols genügen, um ihn um sich zu spüren. Sie werden sehen, dass er Sie weniger verwundbar gegenüber den emotionalen Erpressungsmanövern Ihrer Schwiegermutter macht.

Oft funktioniert es sehr gut, die Manipulation offen anzusprechen. Damit machen Sie deutlich, dass Sie das Spielchen durchschaut haben und nicht gedenken, weiter ahnungsloses Opfer darin zu werden:

„Wenn du das so sagst, könnte ich fast den Eindruck bekommen, dass du mich erpressen willst – aber das kann ja nicht sein, oder?"

„Was genau meinst du mit Egoismus?"

„Kannst du mir sagen, was du damit erreichen willst, wenn du versuchst, mir ein schlechtes Gewissen zu machen?"

„Wahrscheinlich habe ich dich gerade falsch verstanden, aber von deiner letzten Bemerkung habe ich mich ziemlich unter Druck gesetzt gefühlt."

Wenn Sie – wie Sie es schon gelernt haben – hier sanft, aber beharrlich dranbleiben, wird Ihre Schwiegermutter rasch in Erklärungsnot geraten.

Besonders wappnen müssen Sie sich natürlich gegen die Erpressungsversuche, die mit handfesten Drohungen Ihrer Schwiegermutter einhergehen. Dazu gehören Selbstmorddrohungen, Herzinfarktankündigungen und dergleichen. Wenn Ihre Schwiegermutter zu derartigen Aussprüchen neigt, kann ich Ihnen nur empfehlen, einmal analog der bereits vorgestellten Judo-Technik zu agieren und diese Ankündigungen vollkommen ernst zu nehmen – auch und gerade dann, wenn Sie eigentlich davon überzeugt sind, dass es sich nur um eine leere Drohung handelt. Reagieren Sie so, wie Sie als besorgte Angehörige es müssen: Rufen Sie den Notarzt und erklären Sie ihm, dass Sie große Angst haben, Ihre Schwiegermutter könnte sich das Leben nehmen. Bitten Sie ihn, sie zur Untersuchung in eine psychiatrische Fachklinik einzuweisen, weil Sie selbst die Verantwortung nicht länger auf sich nehmen können und wollen. Ebenso handeln Sie, wenn Ihre Schwiegermutter über anhaltende Herzbeschwerden oder Luftnot klagt – wählen Sie 112 und rufen Sie einen Krankenwagen.

Diese Vorgehensweise erscheint Ihnen zu drastisch? Dann machen Sie sich bitte klar: Entweder Ihre Schwiegermutter ist *wirklich* suizid- bzw. herzinfarktgefährdet (was Sie als psychologischer und medizinischer Laie nicht sicher ausschließen können). Dann wäre jede andere Handlungsweise unterlassene Hilfeleistung – wollen Sie das riskieren? Oder Ihre Schwiegermutter simuliert, dann handelt es sich bei ihrem Verhalten um massive psychische Gewalt Ihnen gegenüber, die eine deutliche Grenze mehr als verdient hat.

Weg mit den Spinnweben!

Vor allem im Umgang mit Schwiegermüttern, die ihre Kritik nicht offen und direkt, sondern nahezu ausschließlich über Dritte äußern, ist es wichtig, dass Sie sich nicht unwillentlich und unwissentlich zur Helferin bei deren Manöver machen. Im Abschnitt über die Judo-Techniken haben Sie schon gelernt, dass eine Taktik wie der Dolchstoß zwischen den Zeilen ohne Ihre freundliche Kooperation nicht funktionieren würde. Dasselbe gilt bei Kritik, die von dritter Seite, quasi durch „Boten" Ihrer Schwiegermutter an Sie herangetragen wird:

„Deine Schwiegermutter hat mir erzählt, dass ihr an Weihnachten in die Karibik fliegen wollt – ohne sie! Also, das könnt ihr doch nicht machen, dann ist sie ja ganz allein an den Feiertagen!"

„Tante Else hat mir ja eigentlich verboten, etwas zu dir zu sagen, aber jetzt muss ich doch mal was loswerden ..."

„Schatz, als ich meine Mutter gestern Abend heimgefahren habe, hat sie sich den ganzen Weg beschwert, weil du dich ihr gegenüber so abweisend verhalten hast."

„Wissen Sie, es geht mich ja eigentlich nichts an, aber ich finde, Sie sollten schon wissen, dass Ihre Schwiegermutter sich jeden Tag bei uns die Augen ausweint, weil Sie ihr Angebot, in die Einliegerwohnung unten bei ihr im Haus einzuziehen, abgelehnt haben."

In all diesen Fällen können Sie mit ziemlicher Sicherheit davon ausgehen, dass Ihre Schwiegermutter sehr genau weiß, dass die Kritik Sie erreichen wird – und dass das auch genau ihre Absicht war. Statt Ihnen direkt die Stirn zu bieten, spielt sie die Vorwürfe an Sie geschickt wie beim Billard sozusagen über die Bande: Sie beklagt sich bei einem Dritten, bei dem sie mit großer Sicherheit annehmen kann, dass er die Kritik zu Ihnen weiterträgt. Wenn Sie dann Ihren Zorn hinunterschlucken, Ihren Mut zusammennehmen und sie darauf ansprechen, reagiert sie wahrscheinlich mit blanker Entrüstung:

„So etwas habe ich nie gesagt!"
„Das muss XY völlig falsch verstanden haben!"

„Wenn ich gewusst hätte, dass die blöde Kuh dir das weiter-
tratscht, dann hätte ich ihr das nicht erzählt!"
„Das kannst du nur von XY haben, mit dem rede ich nie wieder
ein Wort!"

Ein Unrechtsbewusstsein oder gar eine Entschuldigung dürfen
Sie an dieser Stelle kaum erwarten. Ihre Schwiegermutter möchte mit ihrem Verhalten ja etwas bei Ihnen erreichen, und wie Sie
bereits gelernt haben, geben Menschen ein Verhalten, das sie an
das gewünschte Ziel bringt, selten freiwillig auf. Es ist wieder
einmal an Ihnen, dafür zu sorgen, dass die Intrigennetze Ihrer
Schwiegermutter nicht länger erfolgreich funktionieren.

Der wichtigste Schritt dazu: Machen Sie es wie bei der
Übung aus dem vorigen Kapitel: Liegen lassen! Stellen Sie sich
dazu die Vorwürfe Ihrer Schwiegermutter wieder als die un-
appetitliche, glibberige Masse vor, die Ihnen angeboten wird;
wenn Sie wollen, können Sie auch auf das vorhin gewählte Bild
der Billardkugel, die an der Bande abgeprallt ist und nun auf
Sie zugerollt kommt, zurückgreifen. Jetzt gilt wieder: Niemand
kann Sie zwingen, die Kugel aufzufangen! In dem Moment, wo
Sie nicht länger bereitwillig die Hände ausstrecken und zupa-
cken, fliegt das Bällchen entweder an Ihnen vorbei oder plumpst
direkt vor Ihren Füßen einfach zu Boden. Wenn Sie sich aber dafür entscheiden, das Spiel mitzuspielen und den Ball fangen, haben Sie das Spiel bereits verloren. Antworten Sie dem „Boten"
demnächst bitte etwa so:

„Sie haben Recht, das geht Sie wirklich nichts an. Wenn meine
Schwiegermutter ein Problem mit mir hat, dann kann sie das jederzeit gern direkt mit mir besprechen."
„Wenn Tante Else dir verboten hat, mit mir darüber zu sprechen, dann wird sie ihre Gründe haben. Bitte respektiere dies

und lass uns über etwas anderes reden."

„Ich bin sicher, meine Schwiegermutter weiß, dass sie mir alles, was sie bedrückt, direkt sagen kann. Solange sie nicht selbst auf mich zukommt, möchte ich auch mit niemandem sonst über dieses Thema sprechen."

„Danke, dass Sie sich so viele Gedanken um meine Schwiegermutter machen. Aber wenn meine Schwiegermutter da etwas mit mir zu klären hat, wird sie mich sicher noch darauf ansprechen."

Wenn es Ihnen leichter fällt, können Sie auch Ihre anderen Judo-Techniken einsetzen und einfach nicht auf die Bemerkung eingehen. Tun Sie so, als hätten Sie den letzten Satz komplett überhört und beginnen Sie, von etwas völlig anderem zu erzählen. Aktivieren Sie währenddessen auf jeden Fall wieder Ihren persönlichen Schutzpanzer und lassen Sie das, was da an Sie herangetragen wird, einfach an sich abprallen. Sagen Sie sich innerlich: „Das kommt jetzt nicht bis an mich heran!" Dann lenken Sie das Gespräch beharrlich auf ein anderes Thema. Weigert sich Ihr Gegenüber und besteht darauf, Sie weiterhin „im Auftrag" zu kritisieren, verabschieden Sie sich höflich und beenden die Unterhaltung. Achten Sie sorgfältig darauf, dass Sie den „Ball" nicht unauffällig einstecken und später weiterspielen, indem Sie beispielsweise eine Freundin anrufen und sich darüber entrüsten, was Ihre Schwiegermutter nun schon wieder Übles hinter Ihrem Rücken über Sie erzählt hat. Ein absolutes No-No ist bei dieser Vorgehensweise natürlich, das Vorkommnis Ihrer Schwiegermutter gegenüber anzusprechen. Damit wäre ihr ja klar, dass ihr Manöver Erfolg hatte und der Ball sein Ziel doch noch erreicht hat! Verhalten Sie sich ihr gegenüber also so normal, als hätte niemand ein Sterbenswörtchen zu Ihnen gesagt! Sie wird ins Grübeln darüber geraten, wo ihre Botschaft unterwegs versickern konnte, und im besten Fall damit aufhören, diese indirekten Angriffe gegen Sie zu starten.

Dieses Vorgehen empfiehlt sich für alle Fälle von Intrigennetzen, bei denen Sie mithilfe der erlernten Techniken für sich einfach entscheiden können: „Diese Kritik/diesen Vorwurf nehme ich nicht an. Er ist unberechtigt und nur dazu da, mich zu manipulieren. Ich spiele dieses Spiel nicht länger mit." Anders verhält es sich mit Intrigen dann, wenn Sie den Eindruck gewinnen, dass entweder Ihr Leumund in nachhaltiger Form beschädigt wird oder Ihre Partnerschaft ernsthaft in Gefahr ist. Hier müssen Sie aktiver und direkter eingreifen.

Fall 1: Die Schwiegermutter erzählt – wie Sie durch eine Bekannte erfahren – im Ort herum, dass Sie mit der Kindererziehung völlig überfordert sind und Ihre Kinder regelmäßig schlagen oder anderweitig misshandeln. Selbstverständlich ist all das völlig aus der Luft gegriffen.

Reaktion: Versuchen Sie, über eine zweite Quelle die Stichhaltigkeit dieser Information zu prüfen. Dieser double-check gilt übrigens auch in allen anderen Fällen, in denen Ihnen Dinge nur von einer Person zugetragen werden. Sie sollten die Möglichkeit in Betracht ziehen, dass die Bekannte tatsächlich etwas falsch verstanden oder einfach sehr aufgebauscht hat. Stellt sich die Information als wahr heraus, müssen Sie sofort direkt Position beziehen, und zwar mit offenem Visier (das heißt, dass Sie bitte nicht Gleiches mit Gleichem vergelten und ebenfalls hintenherum agieren).

Sprechen Sie mit Ihrem Mann und teilen Sie ihm mit, was Sie in Erfahrung gebracht haben. Er muss Sie in dieser Angelegenheit bedingungslos unterstützen, alles andere ist inakzeptabel! Suchen Sie dann *gemeinsam* das Gespräch mit Ihrer Schwiegermutter und konfrontieren Sie sie mit dem, was sie da tut. Lassen Sie sich nicht durch Ausweichmanöver wie die oben beschriebenen Entrüstungstiraden ablenken. Bieten Sie an, die Informanten anzurufen oder hinzuzubitten, damit sie in Anwesenheit Ihrer Schwiegermutter wiederholen, was sie Ihnen gesagt haben (das sollte natürlich vorab mit den Betroffenen geklärt sein). Bleiben Sie auf jeden Fall ruhig und werden Sie Ihrer Schwiegermutter gegenüber nicht aggressiv, wenn diese Sie zu provozieren versucht. Würdigen Sie, dass Ihre Schwiegermutter offensichtlich das Wohlergehen ihrer Enkelkinder im Sinn hat. Bitten Sie sie, Ihnen zu erklären, wie sie auf einen solchen Verdacht kommt und weshalb sie Sie nicht direkt darauf angesprochen hat, wenn sie sich Sorgen macht. Überlegen Sie sich – eventuell vorab gemeinsam mit Ihrem Mann – ob eine „Gegendarstellung" durch Ihre Schwiegermutter Außenstehenden gegenüber für Sie wichtig ist und wie eine solche aussehen könnte, damit Sie zufrieden sind.

Lässt Ihre Schwiegermutter nicht mit sich reden oder beharrt auf ihren haltlosen Anschuldigungen, sollten Sie eine Strafanzeige wegen übler Nachrede gegen sie in Erwägung ziehen. Ein drastischer Schritt, gewiss. Manche Schwiegermütter reagieren aber nur auf sehr klare, unmissverständliche Grenzen, wie wir schon gesehen haben. Ein Brief von der Staatsanwaltschaft kann eine solche Grenze sein.

Fall 2: Eine entfernte Kusine verplappert sich auf einem Familienfest. So erfahren Sie, dass Ihre Schwiegermutter in der Verwandtschaft und vor Ihrem Partner behauptet, er sei nicht der Vater Ihres gemeinsamen Kindes.

Reaktion: Wenn Sie davon bisher nichts wussten, ist zunächst wieder ein klärendes Gespräch mit Ihrem Partner angesagt. Versuchen Sie herauszufinden, wie Ihre Schwiegermutter zu ihrem Verdacht kommt. Hat Ihr Partner heimlich selbst Bedenken, hat er diese vielleicht sogar seiner Mutter gegenüber geäußert? Fallen Sie nicht über ihn her – selbst wenn er seiner Vaterschaft nicht sicher ist, will er Sie kaum damit ärgern, sondern kämpft vielmehr mit einer tief sitzenden Angst. Halten Sie ihm – auch wenn Sie sich gekränkt fühlen! – zugute, dass Sie als Frau in dieser Angelegenheit einen riesigen Vorteil von Mutter Natur geschenkt bekommen haben. Finden Sie gemeinsam einen Weg, mit seiner Angst umzugehen. Was braucht er, um sich wirklich als Vater dieses Kindes fühlen zu können? Wie können Sie ihm helfen? Bitten Sie ihn in diesem Punkt um absolute Ehrlichkeit und reagieren Sie nicht sofort mit wütender Ablehnung, wenn er Sie um einen Vaterschaftstest bittet. Immerhin hat er damit viel Vertrauen in Sie und Ihre Beziehung bewiesen – viele Männer lassen einfach heimliche Vaterschaftstests durchführen. Und seit der Gesetzesänderung im Februar 2008 kann er einen solchen Test auch gegen Ihren erklärten Willen durchsetzen. So betrachtet sind Sie ihm offenbar sehr wichtig – zu wichtig, um Ihre Liebe durch ein solches Vorgehen aufs Spiel zu setzen. Denken Sie beide auch einmal über die Möglichkeit einer Paartherapie nach, um vielleicht schwärende alte Verletzungen zwischen Ihnen endgültig zum Abheilen zu bringen. All das geht Ihre Schwiegermutter natürlich nicht das Geringste an! Vereinbaren Sie mit Ihrem Partner, dass Sie beide gemeinsam einen Weg suchen werden, seine Ängste aus der Welt zu schaffen, aber *ohne* Einbeziehung der Schwiegermutter.

Stellt sich heraus, dass ihr Partner nichts von den Aussagen seiner Mutter wusste, und erklärt er selbst Ihnen glaubhaft, dass er nie Zweifel an seiner Vaterschaft hatte, dann liegt der Fall noch einfacher: Suchen Sie dann wiederum gemeinsam Ihre Schwiegermutter zu einem klärenden Gespräch auf und verfahren Sie dabei analog zu dem Vorgehen im vorigen Fall. Finden Sie heraus, welche Motive und Absichten Ihrer Schwiegermutter sich hinter ihrem Verhalten verbergen – vielleicht hat sie handfeste Ängste, die sich leicht aus der Welt schaffen lassen. Als letzte Möglichkeit bleibt Ihnen auch hier nur, eine Klage auf Unterlassen einzureichen, die Ihrer Schwiegermutter bei Strafandrohung verbietet, weiterhin solche Behauptungen zu verbreiten. Über dieses Vorgehen sollten Sie beide vor allem dann nachdenken, wenn sich herausstellt, dass die Gerüchte – direkt oder indirekt – bereits bei Ihrem Kind angekommen sind. Gerade für das Kind ist es in so einem Fall sehr wichtig, dass Sie beide klar Position beziehen und das im Rahmen einer gewissen Öffentlichkeit. Sonst riskieren Sie, dass das Kind in Unsicherheit bezüglich seiner eigenen Herkunft und bezüglich der Beziehung zu seinem Vater aufwächst. Das kann enorm großen Schaden anrichten!

Im Einzelfall sollten Sie für sich prüfen, wie weit Sie für eine Klarstellung der Situation im Ihrem Sinne zu gehen bereit sind. Selbstverständlich gibt es – außer der Möglichkeit einer Anzeige – noch weniger offizielle, aber nicht weniger öffentliche Methoden, sich gegen Verleumdungen zur Wehr zu setzen. Die wichtigste Voraussetzung bei allen ist, dass Sie sich *nicht* auf demselben Niveau verteidigen, auf dem Sie angegriffen werden. Beantworten Sie Heimtücke mit Offenheit, Winkelzüge mit Direktheit und Schwammiges mit Klarheit. Wo Ihre Schwiegermutter den versteckten Weg wählt, wählen Sie den für alle sichtbaren. Eine frühere Klientin von mir, die der Intrigenspinnerei ihrer Schwiegermutter ein Ende setzen wollte, entschied sich für eine ganzseitige Veröffentlichung im regionalen Mitteilungsblatt, in der sie zu den Aussagen ihrer Schwiegermutter Stellung nahm. Eine Freundin von mir berief, nachdem sie von den Machenschaften ihrer Intrigenspinne Kenntnis erhalten hatte, einen großen Familienrat ein und konfrontierte ihre Schwiegermutter in Anwesenheit aller im Rahmen einer kleinen Rede mit den Verleumdungen, die diese über sie verbreitete. Ihrer Kreativität sind in diesem Punkt keine Grenzen gesetzt – solange Sie fair bleiben, nicht in Beschimpfungen und Gegenbeschuldigungen abdriften und offen auftreten. Alles andere ist lediglich eine Frage Ihres persönlichen Geschmacks und Stils.

Mut tut gut

Wenn Sie bis hierher gelesen haben, haben Sie schon eine ganze Reihe möglicher Strategien kennengelernt, mit deren Hilfe Sie sich künftig besser gegen Ihre schwierige Schwiegermutter behaupten können. Wie geht es Ihnen gerade mit der Vorstellung, diese Techniken im Alltag wirklich einmal auszuprobieren?

Vielleicht denken Sie jetzt: „Komische Frage – wenn ich nicht endlich etwas im Umgang mit meiner Schwiegermutter ändern wollte, hätte ich mir das Buch doch gar nicht gekauft!" Wenn dem so ist – wunderbar, herzlichen Glückwunsch! Dann müssen Sie ja nur noch loslegen. Möglicherweise spüren Sie aber in sich immer noch ein leichtes Unbehagen bei dem Gedanken, Ihrer Schwiegermutter in einer der beschriebenen Weisen die Stirn zu bieten. Das ist vermutlich vor allem dann der Fall, wenn Sie sich in dem Abschnitt über die Harmoniesucht wiedererkannt haben. Ein bisschen Nervosität vor einer neuen Situation ist normal und sollte Sie nicht daran hindern, Schritt für Schritt etwas bestimmter aufzutreten. Wenn Sie aber in sich noch sehr großen Widerstand dagegen spüren, sich auf eine Konfrontation mit Ihrer Schwiegermutter einzulassen, gibt es dafür einen guten Grund. Vielleicht helfen Ihnen die beiden folgenden Fragen, ihn herauszufinden:

Frage 1: Wovor habe ich eigentlich solche Angst?

Versuchen Sie, diese erste Frage so ehrlich wie möglich (und ohne Ihren Kopf dabei allzu sehr einzuschalten) zu beantworten – antworten Sie einfach spontan. Stellen Sie sich dazu vor, Sie reagieren auf eine Kritik, ein unangemessenes Verhalten oder eine Beleidigung Ihrer Schwiegermutter das nächste Mal nicht wie bisher mit gekränktem Rückzug, Tränen oder verbissenem Schweigen, sondern entscheiden sich für eine der in diesem Buch vorgestellten Konfrontationstechniken: freundlich, nicht defensiv (aber auch nicht aggressiv!) und deutlich. Lassen Sie dann Ihren Angstfantasien für einen Moment die Zügel schießen, ganz gleich, was Ihre Vernunft dazu sagt. Was wird Ihrer Meinung nach passieren? Wird Ihre Schwiegermutter vor Entsetzen über Ihr ungebührliches Verhalten mit einem Herzinfarkt in der Klinik landen? Wird sie den Kontakt mit Ihnen sofort und für alle Zeiten abbrechen? Wird sie warten, bis Sie das nächste Mal aus dem Haus gehen, und dann alle Ihre Lieblingsblumen köpfen? Wird sie sich bei Ihrem Mann beklagen und der empört beim Anwalt die Scheidung einreichen? Werden Sie sich selbst so schrecklich/schlecht/böse fühlen, dass Sie es nicht aushalten können? Oder werden Sie im Gegenteil Ihre Wut, die Sie so lange so sorgfältig unter Verschluss gehalten haben, überhaupt nicht mehr bändigen können, wenn Sie den Mund erst einmal aufgemacht haben, und Ihre Schwiegermutter in Grund und Boden stampfen?

Vielleicht haben Sie jetzt bei der einen oder anderen Vorstellung schmunzeln müssen – vielleicht aber auch nicht. Denn all das ist ja nicht völlig von der Hand zu weisen. Und ja: all das sind Angstvorstellungen, die mir von Frauen geschildert wurden, wenn ich sie fragte, warum es ihnen so schwer fällt, ihrer Schwiegermutter wenigstens einmal entschlossen die Stirn zu bieten. Seien Sie an diesem Punkt ehrlich mit sich selbst und erlauben Sie sich, Ihre tiefsten Ängste mal genauer anzuschauen. Wenn es Ihnen nämlich so schwer fällt, einmal energisch auf den Tisch zu hauen, dann ist es wahrscheinlich, dass irgendeine rabenschwarze Angst in Ihnen Sie davon abhält, indem sie Ihnen ins Ohr flüstert: „Um Gottes Willen, bloß nicht, du machst alles nur schlimmer, du wirst es bereuen, du darfst das nicht, es ist zu gefährlich!"

Wirklich? Wissen Sie, mit Ängsten macht man es am besten so wie mit Vampiren in den Gruselmärchen: Aus dem Versteck rauszerren und dem hellen Mittagssonnenlicht aussetzen! Ich kann Ihnen nicht versprechen, dass Ihre Ängste dann wie weiland Dracula zu Staub zerfallen werden, aber ich kann Ihnen ziemlich sicher versprechen, dass sie sehr, sehr viel kleiner und weniger bedrohlich wirken werden, wenn Sie einmal all Ihren Mut zusammennehmen und sie genauer unter die Lupe nehmen. Dazu ist die zweite Frage nämlich da:

Frage 2: Ist diese Angst realistisch?

Am besten notieren Sie sich Ihre schlimmsten Befürchtungen dazu, was passieren wird, wenn Sie sich gegen Ihre Schwiegermutter zur Wehr setzen, einmal auf einem Blatt Papier. Anschließend schreiben Sie hinter jeden Punkt auf Ihrer Liste eine Prozentzahl, die die Frage beantwortet: Wie hoch ist – realistisch und nüchtern betrachtet – die Wahrscheinlichkeit, dass Ihre Befürchtung so tatsächlich wahr werden wird?

Zugegeben, Ihre Schwiegermutter wird wahrscheinlich nicht begeistert reagieren, wenn Sie ihr endlich mal Paroli bieten. Aber ein Kontaktabbruch bis zum Sankt Nimmerleinstag? Oder ein Herzinfarkt? Wenn Sie Ihre Liste auf diese Weise durchgehen und sich schwarz auf weiß auf Prozentzahlen festlegen müssen, werden mit ziemlicher Sicherheit die meisten Ihrer Befürchtungen schon viel von ihrem Schrecken verlieren. Sie verschwinden vielleicht nicht völlig, aber sie schrumpfen auf eine weit geringere Größe. Sind welche dabei, die sich nur schwer auf eine niedrige Prozentzahl drücken lassen wollen, und will die rabenschwarze Angst in Ihrem Inneren keine Ruhe geben, fragen Sie sich bitte zusätzlich:

Zusatzfrage: Woher weiß ich, dass das, was ich so fürchte, passieren wird?

In den wenigsten Fällen wird die Antwort auf diese Frage lauten: „Weil ich das schon erlebt habe", oder „Weil es dafür einen (objektiven, vor Gericht stichhaltigen) Beweis gibt." Stattdessen wird sie meistens lauten: „Weil ich das so vermute/befürchte." Und wie Sie zweifellos wissen, ist das keine Antwort, mit der Sie vor Gericht durchkommen!

Dieses Vorgehen stammt aus der kognitiven Verhaltenstherapie und dient dazu, verzerrtes Denken zu entlarven und Katastrophengedanken zu entschärfen. Gut möglich, dass die Übung schon ausreicht, um Ihnen Mut für eine Konfrontation mit Ihrer Schwiegermutter zu machen. Wenn nicht, sollten Sie sich vielleicht zur Ermunterung noch ein paar Sätze auf ein Zettelchen schreiben und an den Spiegel kleben:

Ich darf Angst haben, wenn ich etwas Neues ausprobiere, das ist normal und menschlich. Es geht nur darum, dass ich das, was ich mir vorgenommen habe, trotz der Angst tue. Die Angst wird weniger werden, je öfter ich mich ihr stelle.

Angst ist ein guter Diener, aber ein schlechter Herr. Deshalb lasse ich mich von meiner Angst **beraten**, *aber nicht* **beherrschen***.*
In meinem Leben treffe ich die Entscheidungen, **nicht** *meine Angst.*

Alles klar?

Seien *Sie* nett zu sich selbst, sonst ist es keiner

„Ich habe eigentlich nie vor dem Urteil anderer Angst, sondern nur davor, dass durch ihr Urteil meine eigene innere Selbstverurteilung aktiviert wird", schreibt Kelly Bryson sehr klug in seinem Buch über gewaltfreie Kommunikation. Je zufriedener Sie selbst innerlich mit sich selbst sind, desto weniger kann Ihnen Kritik von außen – auch von Ihrer Schwiegermutter – anhaben. Eine letzte wichtige Übung, die Sie als Schwiegertochter einer schwierigen Schwiegermutter daher absolvieren sollten, ist eine regelmäßige, sorgfältige Aufbauarbeit für Ihren Selbstwert.

Beginnen können Sie mit einigen einfachen Übungen, die im Grunde alle dasselbe Ziel haben. Es geht darum, dass Sie anfangen, liebevoller mit sich selbst umzugehen, als Sie das wahrscheinlich gewohnt sind. Gerade wir Frauen tragen oft den schon erwähnten sehr unbarmherzigen „inneren Kritiker" mit uns herum. Misslingt uns etwas, oder entsprechen wir selbst in irgendeiner Weise nicht unseren hohen inneren Standards – was tun wir dann? Statt uns selbst innerlich liebevoll in den Arm zu nehmen, uns zu trösten und zu ermutigen (wie wir es sofort mit jeder Freundin, wahrscheinlich auch mit Wildfremden täten), hacken wir noch zusätzlich erbarmungslos auf uns selbst herum: „Ich hab's ja gewusst, dass ich es wieder nicht hinbekomme! Kein Wunder, so eine Flasche wie ich nun mal bin. Wie konnte ich mir nur einbilden, dass ich das schaffen würde." Kennen Sie das? Dann wird es höchste Zeit, Ihrem inneren Kritiker mal etwas entgegenzusetzen.

Kaufen Sie sich ein hübsches Büchlein oder eine Kladde mit einem Motiv, das Sie anspricht. Welches Format Sie wählen, ob liniert, kariert oder einfach weiß, ist Ihrem Geschmack überlassen. Die einzige Bedingung: es darf kein Ringbuchblock mit losen Seiten, sondern muss ein gebundenes Buch sein. Dieses Buch wird ab sofort Ihr Sonnentagebuch. Vielleicht haben Sie ja irgendwann schon einmal Tagebuch geführt? Ihr Sonnentagebuch funktioniert im Grunde ebenso wie ein Tagebuch, allerdings mit einem wichtigen Unterschied: Sie notieren hier nur **positive** Dinge, nichts Negatives. In einem Tagebuch hält man ja in der Regel alles fest, was einem so widerfährt und was einem durch den Kopf geht, Gutes ebenso wie Schlechtes. Ihr Sonnentagebuch aber ist nur dazu da, schöne Erinnerungen für Sie zu bewahren. Wenn Sie das Bedürfnis verspüren, auch für die negativen Dinge einen Platz zu schaffen, kaufen Sie sich ruhig ein zweites Tagebuch, in das Sie dann alles notieren können, was Sie wollen, oder das Sie zum Regentagebuch erklären können. In Ihr Sonnentagebuch tragen Sie ab sofort am Abend jedes Tages *mindestens eine* Bemerkung über etwas ein,

- was Sie an diesem Tag besonders gefreut hat,
- worüber Sie lächeln oder herzhaft lachen mussten,
- was Ihnen gut gelungen ist,
- womit Sie heute zufrieden waren,
- wo Sie heute Glück gehabt haben,
- worüber Ihnen an diesem Tag jemand ein Kompliment gemacht hat,
- wofür Sie sich selbst heute ein Lob gönnen wollen.

Ein Stichwort oder ein kurzer Satz genügt vollauf. Auch wenn Sie ein Schreibmuffel sind, müssen Sie also jetzt nicht entsetzt die Augen rollen, aber natürlich dürfen Sie so ausführlich schreiben, wie Sie wollen. Und selbstverständlich dürfen Sie fünf, zehn, hundert oder mehr Ereignisse des Tages festhalten, die die aufgezählten Kriterien erfüllen. Aber *eines* muss es mindestens sein, an *jedem* Tag! Ihr Sonnentagebuch wird sich nach und nach mit kleinen Geschichten und Erinnerungen füllen, in denen Sie nach Belieben blättern können, wenn Ihnen danach zumute ist.

Und wenn Sie schon im Schreibwarenladen unterwegs sind, dann kaufen Sie gleich noch einen Satz schöner Briefkarten in bunten, leuchtenden Farben. Postkartengroß sollten sie mindestens sein, gerne auch etwas größer. Das werden Ihre Mutkarten. Überlegen Sie sich bitte, was Sie zu einer guten Freundin, Ihrem Partner oder zu Ihrem Kind sagen, wenn der oder die Betreffende sich ängstlich oder mutlos fühlt. Wie sprechen Sie beispielsweise Ihrem Sohn Mut zu, wenn er sich vor der morgigen Mathearbeit fürchtet? Wie feuern Sie Ihren Mann an, wenn er zögert, sich auf eine neue, herausfordernde Stelle zu bewerben? Wie bauen Sie Ihre Freundin wieder auf, wenn diese schluchzt, dass sie nie wieder einen neuen Partner finden und einsam und allein im Altersheim sterben wird?

Sammeln Sie so viele Ermutigungs- und Anfeuerungs-Sätze wie Ihnen einfallen. Die fünf, die Ihnen am besten gefallen, schreiben Sie auf Ihre Mutkarten. Gestalten Sie jede Karte nach Ihrem Geschmack, vielleicht mit einer kleinen Zeichnung oder einem Foto? Im Schreibwarenhandel gibt es auch eine Reihe von fertigen Postkarten mit schönen Mutmach-Sprüchen darauf; möglicherweise werden Sie ja direkt dort fündig. Wenn Sie fünf Kärtchen beisammen haben, verteilen Sie sie in Ihrer Wohnung an Stellen, wo Sie ihnen mindestens einmal am Tag begegnen:

an der Kleiderschranktür, im Badezimmer, am Kühlschrank, auf Ihrem Schreibtisch, im Schlafzimmer ...

Zu einem liebevollen Umgang mit sich selbst gehört für genervte Schwiegertöchter auf jeden Fall das Erlernen einer gezielten Entspannungstechnik. Wofür Sie sich da entscheiden, kommt auf Ihre persönlichen Neigungen an: Yoga ist eine ausgezeichnete Methode, allerdings ist es relativ zeitaufwendig, hier einen Level zu erreichen, bei dem sich Entspannungseffekte im Alltag einstellen. Also bitte keine Wunder erwarten! Mein Favorit ist die Progressive Muskelentspannung nach Jacobson, eine sehr einfache und effektive Technik, die leicht zu erlernen ist und zwar – ein großer Vorteil! – auch autodidaktisch: Wenn Sie im Buchhandel nachfragen, finden Sie eine Auswahl an entsprechenden Anleitungen mit den zugehörigen CDs und können sofort zu Hause mit den Übungen beginnen. Auch Autogenes Training ist gut geeignet, um Anspannungen los zu werden; ich würde Ihnen hier aber empfehlen, lieber einen Einsteigerkurs zu belegen, als gänzlich im Alleingang vorzugehen. Informieren Sie sich bei Ihrer Volkshochschule oder Ihrer Krankenkasse; hier gibt es meist in regelmäßigen Abständen sehr günstige, oft kostenlose Angebote, die Technik zu erlernen.

Für den Anfang probieren Sie es vielleicht mit einer sehr simplen Atemtechnik:

Legen Sie sich entspannt auf den Rücken und verschränken Sie die Arme hinter dem Kopf (das dient der Unterstützung der Bauchatmung). Schließen Sie die Augen und atmen Sie langsam zwei Sekunden durch die Nase ein. Atmen Sie dann durch den Mund aus. Das Ausatmen sollte mindestens doppelt so lange, wenn möglich dreimal so lange dauern wie das Einatmen (also vier bzw. sechs Sekunden lang). Ideal ist es, wenn Sie die sogenannte „Lippenbremse" dafür einsetzen: Lassen Sie die Luft durch die leicht gespitzten Lippen entweichen (als ob Sie zum

Pfeifen ansetzen würden). Dadurch wird die Atmung weiter verlangsamt und die Entspannung gefördert. Nach dem Ausatmen lassen Sie einen Moment der „Atemstille" eintreten – halten Sie dabei nicht die Luft an, sondern warten Sie einfach kurz, bis Ihr Körper Ihnen wieder das Bedürfnis nach Luft signalisiert. Wenn Sie mögen, können Sie das Einatmen gedanklich mit einem positiven Begriff verbinden, indem Sie zum Beispiel währenddessen das Wort „Ruhe", „Gelassenheit" oder „Frieden" denken. Beim Ausatmen können Sie den Entspannungsprozess unterstützen, indem Sie ein leises Geräusch dabei machen – ob es nun das aus der Meditation stammende „Oomm" sein soll, oder einfach ein leises „pffff", ist Ihnen überlassen.

Egal, welche Entspannungstechnik Sie für sich erlernen möchten, wichtig ist, dass Sie sie *regelmäßig* trainieren. Das bedeutet anfangs mindestens 20 Minuten täglich, später können die Abstände größer und die Dauer kürzer werden. Unter dreimal pro Woche sollten Sie aber nicht absinken. Mit Entspannungstechniken ist es nämlich wie mit allen anderen Techniken: Man kann nicht erwarten, dass man in einer Stresssituation problemlos auf sie zurückgreifen kann, wenn man sie nicht im Normalfall im Schlaf beherrscht. Unter Stress wird es schwerer, Gelerntes zu aktivieren – wahrscheinlich haben Sie selbst schon mal die Erfahrung gemacht, dass Ihnen in einer Prüfung unter Druck etwas nicht mehr einfiel, was Sie im Vorfeld wussten. Hier hilft nur das sogenannte Overlearning: also etwas so intensiv und wiederholt üben, dass es zum Automatismus wird, der dann auch unter Stress leicht verfügbar ist.

Und schließlich sollten Sie damit beginnen, sich jeden Tag bewusst etwas Gutes zu tun. Gönnen Sie sich dabei hin und wieder etwas Besonderes; oft sind es gerade die kleinen Dinge, die die Seele streicheln können: ein langes Duftschaumbad, ein ausgiebiger Spaziergang durch den Wald, ein Frühstück im Bett am Sonntagmorgen, ein Kaffeeklatsch mit der besten Freundin in der Nachmittagssonne ... Wenn Sie hier gerne noch mehr Anregungen hätten, empfehle ich Ihnen das wunderbare „Wohlfühlbuch für Frauen: Tu dir gut!" von Jennifer Louden. Darin finden Sie jede Menge Vorschläge, wie Sie sich – mal mehr, mal weniger aufwendig – selbst verwöhnen können. Bestimmt ist auch für Sie etwas dabei!

Den Partner als Verbündeten gewinnen

Sie haben sich nun schon eine Menge Techniken und Taktiken angeeignet, mit deren Hilfe Sie Ihrer schwierigen Schwiegermutter künftig sicher besser und gelassener die Stirn bieten können als bisher. Sie haben sich intensiv mit Ihren möglichen inneren Widerständen gegen das Austragen von Konflikten auseinandergesetzt. Und Sie haben einiges darüber erfahren, wie Sie Ihr Selbstbewusstsein und Ihre Souveränität in solchen Situationen stärken können. Kommen wir nun zum letzten wichtigen Schritt in Sachen Schwiegermutter-Zähmung: der Einbeziehung Ihres Partners.

In Kapitel IV haben Sie einiges über die möglichen Hintergründe erfahren, die es Ihrem Partner schwer machen könnten, Ihnen in diesem Konflikt eine zufriedenstellende Stütze zu sein. Selbst dann, wenn keine der beschriebenen familiären Verstrickungen auf Ihren Partner zutrifft, müssen Sie sich bewusst machen, dass es für jeden Menschen schwierig ist, die eigenen Eltern zu kritisieren oder sich sogar offen gegen sie zu stellen. Ganz instinktiv neigen *alle* Kinder dazu, ihre Eltern gegenüber anderen in Schutz zu nehmen und sie gegen Angriffe zu verteidigen – selbst dann, wenn sie sie im stillen Kämmerlein selbst oft genug kritisieren oder im Streit mit ihnen liegen. Das hat etwas mit der Kraft dieser primären, einzigartigen Bindung zu tun, die zwischen Eltern und Kindern besteht. Auch Ihr Partner ist gegen diese Kraft nicht gefeit (übrigens ebenso wenig wie Sie selbst es wären, wenn es hier nicht um seine, sondern um Ihre Eltern ginge!).

Wut, Vorwürfe, Schuldzuweisungen und dergleichen sind daher an dieser Stelle nicht angebracht, ebenso wenig wie eine flammende Tirade darüber, was für eine schreckliche Person seine Mutter ist. Damit zwingen Sie Ihren Partner lediglich geradezu, sich zu ihrer Verteidigung aufzuschwingen. Sie wollen ihn aber nicht in die andere Ecke des Rings treiben, sondern ihn im Gegenteil auf Ihre Seite ziehen. Deshalb gibt es ein paar Dinge zu beachten:

Timing und Einstieg

Zwei Zeitpunkte wählen Sie bitte *nicht* für das nun anstehende Gespräch mit Ihrem Partner: einen, an dem es Ihnen selbst nicht gut geht, und einen, an dem es Ihrem Partner nicht gut geht. Es wird schwierig und anstrengend genug, über ein so sensibles Thema wie Ihre Schwiegermutter-Probleme mit ihm zu sprechen – da ist es wichtig, dass Sie beide in guter Form, entspannt und zuhörbereit sind. Damit verbieten sich Gespräche zwischen Tür und Angel ebenso von selbst wie Spontan-Ausbrüche Ihrerseits aus aktuellem Anlass (nachdem Sie zum Beispiel nach einem Telefonat mit Ihrer Schwiegermutter gerade wütend den Hörer auf die Gabel gepfeffert haben). Weder Sie selbst noch Ihr Partner sollten gerade ärgerlich, aufgewühlt oder gestresst sein. Nachdem Sie nun schon so lange gewartet haben, bevor Sie das Thema wirklich in Angriff nehmen, kommt es auf ein paar Tage hin oder her wirklich nicht mehr an. Sie wollen ja diesmal etwas Grundsätzliches verändern, nicht nur kurzfristig Dampf ablassen, oder?

Verkrampfen Sie sich jetzt aber bitte nicht völlig bei der Suche nach dem perfekten Zeitpunkt – den gibt es wahrscheinlich sowieso nicht. Wichtig ist lediglich, dass Sie beide einigermaßen entspannt und ausgeruht sind, dass Sie dafür sorgen, dass Sie genügend ungestörte Zeit vor sich haben und dass das Ganze in einer angenehmen Atmosphäre und Umgebung stattfindet. Wo und wie die aussieht, hängt natürlich völlig von Ihrem persönlichen Geschmack ab. Mein Mann und ich führen Problemgespräche zum Beispiel am liebsten auf langen Spaziergängen durch den Wald oder zwischen den Weinbergen, andere Paare, die ich kenne, ziehen ein gemütliches Restaurant oder einfach nur die Kuschelecke im Wohnzimmer mit einem schönen Glas Wein vor. Ich würde Ihnen lediglich davon abraten, das Gespräch im Schlafzimmer oder im Bett zu führen – das sollte in Beziehungen nach Möglichkeit problemfreie Zone bleiben. Eliminieren Sie potenzielle Störfaktoren sehr sorgfältig: stellen Sie Telefon und Handy(s) ab, eventuell auch die Türklingel und bringen Sie die Kinder entweder vorher ins Bett oder – noch besser – für diesen Zeitraum anderweitig unter. Lassen Sie Computer und Fernseher bitte ausgeschaltet; wenn Sie gerne etwas Hintergrundmusik haben möchten, wählen Sie eher eine CD mit ruhiger Musik aus.

Wichtiger als alles andere aber ist, Ihren Partner zu *fragen*, ob er sich jetzt gerade in der Lage fühlt, mit Ihnen zu sprechen. Respektieren Sie seine Antwort bitte – wenn es ihm jetzt nicht passt, soll er Ihnen einen geeigneteren Zeitpunkt vorschlagen. Sie vermeiden so bei ihm den Eindruck, dass er sich in die Enge getrieben fühlt und meint, keine Wahl zu haben – etwas, was bei den meisten Menschen sowieso sofort eine leichte Abwehrhaltung provoziert. Und die können Sie nun gerade nicht brauchen. Übrigens hassen und fürchten die meisten Männer, die ich kenne, den Satz „Wir müssen miteinander reden!" von ganzem Herzen!

Das ist eine typisch weibliche Einleitung für Problem- und Beziehungsgespräche, die in ihnen sofort das Gefühl erweckt, dass sie jetzt ruck, zuck auf der Anklagebank sitzen und sich gegen etwas verteidigen müssen, was sie getan oder nicht getan haben. Sehr viel weniger nervös macht die meisten Männer ein Einstieg wie: „Ich brauche deine Hilfe bei etwas, mit dem ich nicht zurechtkomme." Gute Erfahrungen haben Klientinnen von mir auch schon mit folgender Einleitung gemacht: „Es gibt etwas, das ich dir gerne sagen will, und ich möchte, dass du mir wirklich zuhörst – ohne für mindestens fünf Minuten darauf zu reagieren." Dieser Satz funktioniert so gut, weil Männer eine Tendenz zum „vorzeitigen Lösungserguss", wie der österreichische Kabarettist Bernhard Ludewig das mal nannte, haben: Wenn eine Frau beginnt, ihnen ein Problem zu schildern, dann unterbrechen sie sie oft sehr schnell mit Lösungsvorschlägen. Das ist gut gemeint (Männer sind sehr handlungs- und zielorientiert in ihrer Denk- und Sprechweise), kommt aber für die Frauen meist an einem viel zu frühen Punkt. Sie fühlen sich dann nicht ernst genommen und haben den Eindruck, der Partner höre ihnen nicht oder nicht genügend zu. Mit einer Einleitung wie der obigen nehmen Sie für Ihren Partner zunächst mal den Druck raus. Er kann sich entspannt zurücklehnen und Ihnen zuhören, ohne Sie möglichst schnell mit einer Lösung „retten" zu müssen.

Ihr Anliegen formulieren

Hat Ihr Partner sein Einverständnis zu diesem Gespräch gegeben, bemühen Sie sich bitte, sich in etwa an das folgende Schema zu halten:

„Wenn deine Mutter ... (tut/sagt), dann fühle ich mich ..."

„Das ist nicht nur für mich ein Problem, sondern auch für unsere Beziehung, denn ich denke/fühle/fürchte dann ...“
„Ich wünsche mir von dir, dass du ...“

Ich weiß, es klingt etwas ungewohnt und steif, wenn Sie das jetzt so lesen. Natürlich müssen Sie sich nicht Wort für Wort an die Formulierung halten, aber dieses Schema wird von Therapeuten für Paar-Zwiegespräche gerade deshalb sehr gerne vorgegeben, *weil* es nicht dem sonst üblichen Kommunikationsmuster entspricht. Stattdessen zwingt es Sie (und Ihren Partner!), Ihre Worte sehr sorgfältig zu wählen und Ihrem Partner Informationen zu geben, die er so vielleicht noch nie von Ihnen bekommen hat. Oder würden Sie Ihre Hand dafür ins Feuer legen, dass Ihr Partner weiß, was in Ihnen vorgeht, wenn seine Mutter mal wieder auf Ihren mangelhaften Qualitäten als Hausfrau herumgehackt hat – und zwar nicht nur in Bezug auf sie, sondern auch auf ihn? Selbst wenn Sie diesbezüglich in der Vergangenheit gelegentlich zornige Kommentare losgelassen haben, haben Sie das aller Wahrscheinlichkeit eher in verletzender und/oder aggressiver Form getan. Die Vermutung liegt nahe, dass er in diesem Fall einfach auf Durchzug geschaltet hat. Folgen Sie aber in etwa dem Schema, tun Sie das, was Sie bereits weiter oben gelernt haben: Sie sprechen in Ich-Sätzen von dem, was in Ihnen vorgeht, ohne Ihren Partner als Schuldigen zu attackieren. Das macht es ihm viel leichter, Ihnen wirklich zuzuhören.

Sehr wichtig ist der letzte Teil des Schemas. Hier sagen Sie ihm deutlich, was Sie von ihm erwarten. Bitte achten Sie hierbei (ebenso wie bei der Eingangsinformation darüber, was seine Mutter sagt/tut) darauf, dass Sie konkret und fassbar formulieren. Sprechen Sie keine Gefühle an, sondern Verhalten, und zwar objektiv beobachtbares. Also bitte nicht:

„Wenn deine Mutter sich so unmöglich benimmt ...“

„Wenn deine Mutter immer auf mir herumhackt …"

Besser:
„Wenn deine Mutter mir bei jeder Gelegenheit zu verstehen gibt, dass ich unsere Tochter falsch erziehe …"
„Wenn deine Mutter jeden Tag unangemeldet bei uns vor der Tür steht …"

Und in Richtung Ihres Partners bitte nicht:
„Ich wünsche mir, dass du mich verstehst."
„… dass du dich endlich wie ein Erwachsener benimmst."

Besser:
„Ich wünsche mir, dass du ihr sagst, dass sie mir damit weh tut und dass du das nicht länger dulden wirst."
„Ich wünsche mir, dass du ihr sagst, dass ich unser Kind so erziehe, wie wir beide das für richtig halten."
„Ich wünsche mir, dass du akzeptierst, dass ich in dieser Hinsicht empfindlicher reagiere als du und deinen Schutz brauche."

Mit solchen Ansagen kann Ihr Partner etwas anfangen, sie sind weder ein Angriff auf ihn selbst, noch verschwommen und unklar. Er merkt an solchen Formulierungen, dass Sie sich (diesmal) nicht nur bei ihm beklagen und über seine Mutter schimpfen, sondern wirklich eine Veränderung des Status quo herbeiführen wollen. Sätze wie die oben aufgeführten sind *lösungsorientiert*, etwas, was die meisten Männer sehr zu schätzen wissen!

Nehmen Sie sich für die Vorbereitung dieses wichtigen Gespräches ausreichend Zeit und schießen Sie nicht spontan aus der Hüfte. Wahrscheinlich ist es auch für Sie noch einmal ein interessanter Prozess, wenn Sie sich in diesem Rahmen zwingen müssen, konkret aufzulisten:

- was Ihre Schwiegermutter genau tut/sagt, um Sie auf die Palme zu bringen (und denken Sie daran: es muss *objektiv beobachtbares Verhalten* sein!)
- was dieses Verhalten in Ihnen selbst an Gefühlen auslöst (Wut, Angst, Trauer, Hilflosigkeit, Unruhe, Enttäuschung, Misstrauen, Verzweiflung, Unsicherheit)
- was genau Sie von Ihrem Partner erwarten (und denken Sie wieder daran: *objektiv beobachtbares Verhalten!*)

Noch ein kleiner Tipp für die Vorbereitung: Wenn Sie und Ihr Partner regelmäßig über Ihre Schwiegermutter in Streit geraten, dann kann das auch daran liegen, dass Sie beide bestimmte Aspekte Ihres gemeinsamen Lebens nicht ausreichend miteinander ausgehandelt haben – und das nun sozusagen auf dem Umweg über Ihre Schwiegermutter nachzuholen versuchen. Eventuell sind Sie sich – offen oder unterschwellig – noch uneinig in manchen Punkten der gemeinsamen Alltagsgestaltung:

Wo leben wir, wie leben wir?
Wer verdient das Geld und wie wird es ausgegeben?
Wollen wir Kinder haben und wenn ja, wie erziehen wir sie?
Was ist uns im Leben und im Alltag wichtig, was eher unwichtig?

Dazu gehört auch die Frage, wie mit den jeweiligen Eltern umgegangen werden soll (wer z. B. den Kontakt hält, auf welchem Wege und wie oft). Wenn das bei Ihnen eventuell der Fall ist, dann würde es an dieser Stelle darum gehen, eine gemeinsame Paarkultur zu entwickeln. Sobald Sie beide nämlich in all diesen größeren und kleineren Dingen miteinander einen Konsens gefunden haben, wird Ihre Schwiegermutter als „Schlachtfeld" dafür vollkommen überflüssig werden.

Schließen Sie Ihr Anliegen ab, indem Sie Ihren Partner bitten, für Sie zusammenzufassen, was von dem, was Sie gesagt haben, bei ihm *angekommen* ist. Manchmal bestehen nämlich erstaunliche Differenzen zwischen dem, was jemand sagen wollte, und dem, was der andere gehört hat! Sie haben dann jetzt noch einmal die Möglichkeit, etwaige Missverständnisse zu klären. Bitten Sie erst dann Ihren Partner um eine Antwort.

Und wenn er nein sagt?

Sie haben Ihr Anliegen vorgetragen und Ihre Bitte geäußert. Jetzt ist Ihr Partner am Zug. Und wie das bei Bitten nun mal so ist – sie können gewährt oder abgeschlagen werden.

Im Idealfall schlägt sich natürlich Ihr Partner mit der flachen Hand vor die Stirn und sagt: „Schatz, dass ich da nicht früher drauf gekommen bin! Ich hatte ja keine Ahnung, dass dir das Verhalten meiner Mutter so zu schaffen macht. Hättest du nur schon längst was gesagt! Natürlich rede ich sofort mit ihr, gib mir mal das Telefon rüber. Möchtest du zuhören?"

Ich würde es Ihnen wirklich wünschen, aber wie Sie sich vermutlich schon gedacht haben, ist das eher unwahrscheinlich. Deshalb nachfolgend noch ein paar Tipps, wie Sie sich verhalten könnten, wenn seine Antwort nicht so befriedigend ausfällt:

Variante 1: Er gibt Ihnen zu verstehen, dass Sie übertrieben reagieren: „Jetzt hab dich halt nicht so. Du machst aus einer Mücke einen Elefanten. Sie meint es doch nicht so. Das wird schon irgendwie."

Das ist ein typisches Ablenkungsmanöver. Bitte weder wütend an die Decke gehen noch genervt aufgeben! Es ist verständlich, dass Ihr Partner versucht, den Ball wieder zu Ihnen zurückzuspielen. Wahrscheinlich haben Sie sich bisher als die Nachgiebige gezeigt, während er seitens seiner Mutter ziemlichen Druck zu erwarten hat, wenn er mit Ihnen gemeinsame Sache macht? Klar, dass er dann versucht, den Status quo beizubehalten. Bleiben Sie einfach ruhig, aber entschlossen bei Ihrem Standpunkt und lassen Sie sich nicht einreden, Ihre Sicht der Dinge oder Ihre Gefühle seien irgendwie falsch: „Es tut mir leid, dass du es nicht nachvollziehen kannst, aber meine Gefühle sind nun mal so, wie sie sind. Bitte akzeptiere das. Ich habe diese Situation nun lange genug stillschweigend hingenommen und möchte das nicht mehr. Ich werde nicht nachgeben, bis du mir hilfst, eine Lösung dafür zu finden."

Sie erinnern sich an die kaputte Schallplatte? Holen Sie sie wieder heraus – sie wird jetzt gute Dienste leisten. Wenn Sie Ihrem Partner erlauben, sich so aus der Situation herauszuwinden, wird sich nie etwas ändern. Es ist sicher schwer, aber bleiben Sie standhaft! Das gilt auch für alle Abwandlungen dieser Antwort, mit denen er Sie zu beschwichtigen versucht.

Möglich ist natürlich auch, dass ihm die Feinheiten der weiblichen Kommunikation nicht sehr vertraut sind – wie bereits erwähnt, nehmen Männer versteckte Spitzen und Andeutungen manchmal tatsächlich einfach nicht wahr. Oder aber bei ihm ist die in Kapitel III über die Meckerziege erwähnte Taubheit gegenüber der Kritiksucht seiner Mutter eingetreten. Vielleicht hat er seine Abwehrstrategien und seinen akustischen „Durchzug" mit den Jahren so sehr perfektioniert, dass er wirklich nicht mehr hört, was Sie so sehr ärgert. Sie dürfen ihm dann gerne – so konkret wie möglich – auf die Sprünge helfen. Bieten Sie ruhig an, für einen bestimmten Zeitraum die verletzenden Aussagen oder Verhaltensweisen Ihrer Schwiegermutter schriftlich zu protokollieren, mit Datum und Uhrzeit. Im Gegenzug muss er sich verpflichten, Ihre Wahrnehmung ernst zu nehmen, statt sie einfach vom Tisch zu wischen. Lässt er sich darauf nicht ein, haben Sie es wahrscheinlich eher mit einer verkappten Version der Variante 3 zu tun und sollten entsprechend vorgehen (siehe weiter unten).

Variante 2: Er schaut Sie leidend an und erklärt: „Das kann ich meiner Mutter unmöglich antun, das traue ich mich nicht! Sie bekommt einen Herzinfarkt, wenn ich ihr das sage!"

Okay, er hat Angst. Das ist etwas, was Sie sicher gut verstehen können – schließlich haben Sie selbst auch eine ganze Weile gebraucht, bis Sie beschlossen haben, sich zur Wehr zu setzen, richtig? Außerdem wissen Sie mittlerweile, dass es erlaubt ist, Angst vor Veränderungen und neuen Schritten zu haben, dass das aber kein Freibrief für Stagnation ist! Sagen Sie ihm das und bieten Sie ihm an, dass Sie beide gemeinsam anhand der hier vorgestellten Strategien eine Art „Rollenanweisung" erarbeiten, mit dessen Hilfe er sich seiner Mutter besser gewachsen fühlt. Gehen Sie mit ihm gemeinsam die für ihn wichtigen Textstellen in diesem Buch durch – Sie können sicher am besten beurteilen, welche das sind. Vielleicht muss er erst einmal verstehen, warum er sich seiner Mutter nur so schwer widersetzen kann? Braucht er Formulierungshilfen für das, was er seiner Mutter sagen soll? Oder vielleicht lesen Sie ihm mal den Abschnitt zum Thema emotionale Erpressung vor? Was immer Sie auswählen, wichtig ist, dass Sie ihn unterstützen und coachen. Sie haben jetzt einen enormen Wissensvorsprung vor ihm, lassen Sie ihn daran teilhaben!

Sowohl im Fall von Variante 1 als von Variante 2 würde ich Ihnen empfehlen, gemeinsam mit Ihrem Partner nach konkreten, praktischen Lösungsstrategien zu suchen, die sich auf der

Handlungsebene umsetzen lassen, ohne dass überhaupt große Worte nötig sind. Melanie und Jens, das Paar, das Sie im Kapitel über die Intrigenspinne kennengelernt haben, einigten sich zum Beispiel in einem solchen Gespräch darauf, dass es keine Besuche von Jens bei seiner Mutter im Alleingang mehr geben würde. Wenn die Schwiegermutter besucht wurde, dann nur noch gemeinsam. So wurde ihr die Möglichkeit genommen, hinter Melanies Rücken schlecht über sie zu reden.

Variante 3: Er lehnt rundweg ab, sich mit dem Thema weiter zu beschäftigen. Sätze wie: „Ich halte mich da raus, das ist euer Problem!" – „Klärt ihr das mal untereinander!" sind dabei die Klassiker.

Schwierig. Denn wie bereits in Kapitel IV kurz angesprochen, ist es wesentlich, dass Ihr Partner gegenüber seiner Mutter Farbe bekennt und zu Ihnen steht. Natürlich können Sie die Schlacht auch im Alleingang schlagen – aber ohne seine Unterstützung haben Sie einen ungleich schwereren Stand.

Sie haben hoffentlich bei der Lektüre des erwähnten Kapitels für sich eine Idee entwickelt, warum er so sehr bemüht ist, sich unauffällig vom Kampfschauplatz zu entfernen. Versuchen Sie, mit ihm über Ihre Vermutungen ins Gespräch zu kommen – aber nicht vorwurfs-, sondern liebevoll. Signalisieren Sie ihm, dass Sie Verständnis für sein Verhalten haben, dass Sie aber dennoch eine Veränderung von ihm einfordern. Er hat sich für Sie entschieden, nun muss er zu dieser Entscheidung stehen – auch seiner Mutter gegenüber. Haben Sie das Gefühl, dass Sie beide an diesem Punkt alleine nicht weiterkommen, scheuen Sie sich bitte nicht, sich Unterstützung zu sichern. Sie können dazu entweder einen Paartherapeuten aufsuchen oder sich an eine der zahlreichen Beratungsstellen zu Ehe-, Familien- und Lebensfragen wenden, die es mittlerweile in fast allen größeren Städten gibt. Adressen und Telefonnummern finden Sie entweder im Internet oder in Ihrem Telefonbuch.

Hilfe von außen sollten Sie sich vor allem dann holen, wenn Sie spüren, dass Ihnen schon der Gedanke an eine solche Auseinandersetzung mit Ihrem Partner großes Unbehagen bereitet. Möglicherweise verbirgt sich nämlich dahinter dann die Angst davor, Ihr Partner könnte – wenn Sie es wirklich darauf ankommen ließen – gegen Sie und für seine Mutter Partei ergreifen. In anderen Worten: Fürchten Sie vielleicht, dass Sie den Kürzeren ziehen, wenn Sie ihn vor die Alternative „sie oder ich" stellen?

Verstehen Sie mich nicht falsch, ich halte diese Entweder-oder-Frage absolut nicht für eine gute Idee. Es geht nicht darum, hier ein Tauziehen um die (alleinige) Liebe Ihres Partners zu veranstalten. Selbstverständlich hat er jedes Recht, sowohl Sie als auch seine Mutter zu lieben. Es geht hier lediglich um eine basale Loyalität, die er Ihnen erweisen muss, wenn Ihre Ehe funktionieren soll. Spüren Sie instinktiv, dass er Ihnen diese Loyalität im Ernstfall immer vorenthalten würde, und ist er insgeheim eher mit seiner Mutter verheiratet als mit Ihnen, haben Sie ein Problem, das weit über die bloße Person Ihrer Schwiegermutter hinausreicht. Ich kann Ihnen nur dringend empfehlen, sich in einem solchen Fall möglichst schnell an einen guten Paartherapeuten zu wenden und die Muster Ihrer Ehe mit seiner Hilfe genauer unter die Lupe zu nehmen. Je früher Sie das tun, umso besser; die meisten Paare wählen diesen Weg erst dann, wenn es schon fast zu spät ist (im Schnitt ganze sieben Jahre zu spät!).

Julia (47) erzählt:
Meine Schwiegermutter hasste mich zehn Jahre lang wie die Pest. Sie hat sogar meinem Mann vor ein paar Jahren ein Ultimatum gestellt und gesagt, sie würde ihn enterben, wenn er sich nicht

von mir trennt. Und das war dann irgendwie der Wendepunkt. Es gab einen Riesenkrach, aber mein Mann stand zu mir und hat, als alles Reden nicht half, den Kontakt zu ihr abgebrochen. Das hat sie dann einige Zeit ausgehalten, dann hat sie den ersten Schritt auf uns zu gemacht. Wir sind dann sofort darauf eingegangen. Ich war zu diesem Zeitpunkt überhaupt nicht mehr wütend auf sie, trotz der schlimmen Sachen, die sie über mich gesagt hatte, ich war einfach nur glücklich, dass mein Mann so unerschütterlich zu mir gehalten hat. Es gab dann so eine Phase der vorsichtigen Annäherung zwischen allen Beteiligten. Jetzt, seit ungefähr drei Jahren, verstehen wir uns super. Wir gehen sogar zusammen Kaffee trinken oder sie hilft mir, wenn bei uns Kinderkleiderbörse ist und ich einen Stand mache. Für unsere Tochter ist sie eine tolle Oma. Manchmal frage ich mich, warum es nicht von Anfang an so sein konnte, aber die meiste Zeit bin ich einfach nur froh, dass die üblen Zeiten vorbei sind."

Ich wünsche Ihnen sehr, dass Ihnen Julias Geschichte Mut macht, sich mit Ihrem Mann in der beschriebenen Weise auseinanderzusetzen und ihn als Ihren Verbündeten zu gewinnen!

Unabhängigkeit macht stark

Vielleicht ist es Ihnen beim Lesen der vielen Geschichten, die Frauen in diesem Buch über ihre Schwiegermütter und deren problematisches Verhalten erzählt haben, schon ein paar Mal aufgefallen: Es gibt Umstände, die laden Ihre Schwiegermutter geradezu ein, ihr ganzes Repertoire an kleinen und großen Gemeinheiten Ihnen gegenüber auszuspielen. Ja, ich möchte sogar behaupten, manche Umstände sorgen sogar erst dafür, dass eine Schwiegermutter zum Schwiegermonster wird! Einer, vielleicht der wichtigste Umstand, ist dabei, dass Sie in irgendeiner Weise von Ihrer Schwiegermutter abhängig, also auf ihr Wohlwollen angewiesen sind. Diese Abhängigkeit kann verschiedene Gesichter haben: Vielleicht brauchen Sie die Schwiegermutter als Babysitter, weil das für Sie die kostengünstigste, flexibelste, ja vermeintlich sogar die einzig mögliche Lösung ist, wenn Sie arbeiten oder aus anderen Gründen gelegentlich Freiraum für sich schaffen wollen oder müssen. Vielleicht besteht die Abhängigkeit in anderen Unterstützungsleistungen, die Sie oft oder regelmäßig gern in Anspruch nehmen: Der Schwiegervater hilft beim Ausbau des Eigenheims, die Schwiegermutter übernimmt unter der Woche das Kochen für Sie oder greift Ihnen anderweitig im Haushalt unter die Arme. Vielleicht schlägt sich die Abhängigkeit aber auch in handfesten finanziellen Umständen nieder: Ihr Mann arbeitet im elterlichen Betrieb mit, Sie beide wohnen auf einem Grundstück, das die Eltern Ihres Mannes Ihnen zur Hochzeit geschenkt haben oder Sie teilen sich mit den Schwiegereltern ein Mehrfamilienhaus, das zum Großteil (oder ganz) deren Eigentum ist. Oder aber Sie nehmen einfach regelmäßig größere Geldbeträge von Ihren Schwiegereltern an, wenn es Ihnen gerade günstig erscheint und Sie es angeboten bekommen: wenn die Waschmaschine und der Trockner gleichzeitig den Geist aufgeben und ersetzt werden müssen, wenn ein neues Auto oder eine größere Urlaubsreise anstehen oder um das teure Internat für Ihre Kinder zu finanzieren.

All diese Vergünstigungen und Gefälligkeiten seien Ihnen von Herzen gegönnt, wenn Sie das Glück haben, in eine der (gar nicht so seltenen!) Familien eingeheiratet zu haben, für die die Unterstützung der jungen Generation eine freudige Aufgabe, eine Selbstverständlichkeit und ein Herzensanliegen ist. Da Sie sich aber in diesem Falle wohl kaum mit diesem Buch beschäftigen würden, befürchte ich, dass Sie nicht zu diesen Auserwählten gehören, sondern eben eine schwierige Schwiegermutter erwischt haben. Und in diesem Falle gilt klar: Je besser Sie es schaffen, sich von der Gnade Ihrer Schwiegermutter in jeder Hinsicht unabhängig zu machen, desto eher wird sie Ihre Grenzen respektieren und einsehen, dass sie kein Recht hat, Sie und Ihr Leben zu kontrollieren und Sie nach ihrem Gutdünken zu kritisieren. Sie haben leider nur die Wahl zwischen einem Leben in Bequemlichkeit oder einem Leben in Freiheit – Freiheit von den Attacken Ihrer Schwiegermutter. Es geht um eine ehrliche Bilanz: Welchen Preis sind Sie bereit, für Ihre Bequemlichkeit zu zahlen – und welchen Preis für Ihre Freiheit? Sie werden nicht beides gleichzeitig bekommen, so leid mir das für Sie tut.

Die häufigste und auf den ersten Blick harmloseste Einladungskarte an Ihre Schwiegermutter, Ihnen das Leben schwer zu machen, ist im Zusammenhang mit Problem-Schwiegermüttern die Frage nach der (regelmäßigen) Betreuung der Enkelkinder. Es geht hier – das ist mir so wichtig, dass ich es noch mal betonen muss! – nicht darum, dass die Schwiegermutter die Enkelkinder nicht regelmäßig sehen oder mal beaufsichtigen sollte. Im Sinne eines guten Oma-Enkel-Verhältnis ist das im Gegenteil sogar sehr zu begrüßen. Kritisch wird die Situation erst in dem Augenblick, wo bei Ihnen und/oder Ihrem Mann eine Form der Abhängigkeit von der Bereitschaft der Großmutter zur Enkelkindbetreuung entsteht, und sei diese noch so geringfügig. Das ist meist dann der Fall, wenn die Großmutter regelmäßig für die Enkel sorgt, weil die Eltern beide arbeiten oder glauben, sich einen Babysitter für die Gelegenheiten, bei denen sie ohne die Kinder sein möchten, nicht leisten zu können. In diesem Moment liefern Sie Ihrer schwierigen Schwiegermutter sozusagen eine doppelte Steilvorlage für ihr Verhalten: Erstens ist sie damit sehr viel stärker in Ihren Familienalltag integriert, hat Zugriff auf Informationen und Möglichkeiten zur Einflussnahme, die sie ansonsten nicht hätte. Und zweitens nähren Sie in ihr (und wahrscheinlich auch in sich selbst!) die Annahme, Sie schuldeten ihr einen Ausgleich für ihre Hilfestellung. Das ist zwar ein Irrtum, aber leider ein weit verbreiteter.

Verena Kast, eine bekannte Schweizer Psychologin, hat einmal sehr richtig gesagt, dass die Investition, die Eltern (und auch Großeltern) in ihren Nachwuchs tätigen, eine „Einbahnstraße" ist: Jede Generation kann und soll ihre Ressourcen nur in die ihr nachfolgende(n) Generation(en) investieren, das ist das Gesetz des Lebens. Ein rückwärts gewandter Ausgleich – der Versuch, den Eltern später das zurückzugeben, was diese für einen selbst getan haben, als man Kind war – ist aus Sicht des Familiensystems notwendigerweise zum Scheitern verurteilt. Dafür ist das Geschenk des Lebens nämlich zu groß. Für ein solches Geschenk *kann* man dem Gegenüber keine angemessene „Wiedergutmachung" anbieten, weil es diese nicht gibt. Man kann es nur voll Dankbarkeit annehmen und in Ehren halten – und weitergeben! Indem Sie sich um Ihre eigenen Kinder kümmern und dafür sorgen, dass diese gut aufwachsen können, schaffen Sie wiederum den Ausgleich für die Liebe und Fürsorge, die Sie selbst von Ihren eigenen Eltern erhalten haben. Das heißt zwar nicht, dass Sie nicht dankbar sein sollen, wenn Ihre Eltern oder Ihre Schwiegermutter aus freien Stücken etwas für Sie tun. Es heißt aber klar: Eine *Verpflichtung* zur Gegenleistung erwächst Ihnen aus diesem Tun nicht! Ein solches Geschenk muss man sich weder verdienen, noch es hinterher abarbeiten. Aber wer schafft es schon, sich seiner Schwiegermutter und ihren Ansprüchen mit dieser Begründung zu entziehen?

Lehnen Sie deshalb nach Möglichkeit besser auch dann, wenn Ihre Schwiegermutter theoretisch Zeit für die Kinderbetreuung hätte und sich dafür anbietet, freundlich, aber bestimmt ab. Diskutieren Sie auch an diesem Punkt nicht ausführlich (die

Schallplatten-Technik wird sich hier noch einmal sehr bewähren!). Begründen Sie Ihre Entscheidung, wenn Sie möchten, einfach damit, dass Ihr Kind so viel wie möglich unter Gleichaltrigen sein soll. Nötig ist das aber nicht – Sie sind nun mal die Mutter und Sie müssen sich für Ihr Tun nicht rechtfertigen. Nutzen Sie statt Ihrer schwierigen Schwiegermutter lieber – je nach Verfügbarkeit – eine Tagesmutter, eine Kita oder einen Hort. Mangelt es an geeigneten Betreuungsmöglichkeiten in Ihrer Gegend, denken Sie einmal über die Gründung einer privaten Krabbelgruppe oder eine wechselseitige Beaufsichtigung gemeinsam mit anderen jungen Müttern nach. Erkundigen Sie sich, wenn Ihr Kind schon schulpflichtig ist, nach Angeboten für die nachmittägliche Betreuung – selbst auf dem Land gibt es zunehmend mehr Ganztagsschulen. Mancherorts gibt es zumindest die „volle Halbtagsschule": Hier helfen Senioren, Lehramtsstudenten und andere Personen ehrenamtlich oder gegen eine kleine Anerkennung im Anschluss an den regulären Unterricht den Schülern bei den Hausaufgaben und bieten kleine Spiel- und Bastelaktivitäten an.

In größeren Städten – beispielsweise in Karlsruhe oder Ludwigsburg – existieren bereits Initiativen, in deren Rahmen speziell fortgebildete Senioren als Kinderbetreuung an Familien vermittelt werden. Fragen Sie im Kinderbüro Ihrer Stadt oder im Bürgerbüro nach, ob man Ihnen dort weiterhelfen kann. Werden Sie hier nicht fündig, versuchen Sie es im Internet unter http://www.ahano.de gibt es eine Leihoma/Leihopa/Tagesmutter/Babysitter-Börse, in der Sie regional nach Unterstützung suchen können. Aber auch in den Kleinanzeigen Ihrer regionalen Zeitungen finden sich häufig entsprechende Angebote – und wenn nicht, schalten Sie einfach selbst einmal ein Inserat! Je nach Bedarf, Geldbeutel und Ihren persönlichen Vorstellungen kann es sinnvoll sein, sich eine Betreuungsperson mit einer oder zwei anderen Müttern zu teilen. Die Kinder haben ohnehin den meisten Spaß, wenn sie mit Gleichaltrigen zusammen spielen oder lernen können, und für Sie wird der Stundensatz entsprechend günstiger.

Sicher, all das erfordert einen gewissen Aufwand und oft ein gerüttelt Maß an Kreativität, ist organisatorisch meist komplexer und nicht zuletzt in den seltensten Fällen kostenlos. Denken Sie aber daran, dass die Kosten, die Sie investieren, wenn Sie stattdessen wider besseren Wissens auf eine schwierige Schwiegermutter als Babysitter zurückgreifen, zwar nicht auf Ihrem Bankkonto auftauchen, unterm Strich aber viel höher sind: Ihre Nerven, Ihr Familienklima, und – wenn es extrem schlecht läuft – Ihre Ehe sind dann der Preis, den Sie zu zahlen haben. Und *das* ist eindeutig zu teuer, finden Sie nicht?

Übrigens trägt es erfahrungsgemäß oft deutlich zur Verbesserung des Verhältnisses zwischen einer schwierigen Schwiegermutter und ihrer Schwiegertochter bei, wenn ein solcher Weg beschritten wird. Sie selbst können befreit durchatmen, weil Sie wissen, dass Sie nicht für jede Betreuungsstunde (oder für jede andere Hilfeleistung) erst ein Bittgesuch in dreifacher Ausfertigung einreichen und anschließend aufgrund Ihrer vermeintlichen Dankesschuld die Zähne zusammenbeißen müssen, statt sich angemessen gegen schwiegermütterliche Übergriffe zu wehren. Und die Schwiegermutter merkt plötzlich, dass sich die Machtverhältnisse zu ihren Ungunsten verschoben haben und sie keineswegs so unersetzlich im Familienalltag ist, wie sie das gerne wäre. Die meisten Exemplare dieser Spezies sind glücklicherweise alles andere als dumm und begreifen rasch, dass unter diesen Umständen ein spannungsfreies (oder wenigstens spannungsarmes) Verhältnis zu ihrer Schwiegertochter in ihrem eigenen Interesse ist.

Kritisch ist auch die Annahme von unaufgeforderten schwiegermütterlichen Hilfsdiensten im Haushalt („Ich hab euch nur einen Auflauf für heute Abend hoch gestellt, während du im Yoga warst, und weil ich grad da war, habe ich dir noch schnell die Küchenschränke ausgewaschen!"). Sie sind daher ebenfalls dankend, aber bestimmt abzulehnen. Es gibt viele Schwiegertochter-Schwiegermutter-Verhältnisse, in denen ein solcher „Liebesdienst" entspannt und freudig angenommen werden kann – Konstellationen wie die Ihre gehören aber definitiv nicht dazu! Lassen Sie sich dabei weder von der beleidigten Miene der Schwiegermutter („Ich will dir doch nur helfen!"), noch von den tiefen Seufzern Ihres Mannes („Immer nur kaltes Abendessen ist doch nichts – lass sie doch für uns mit kochen, meine Mutter macht es doch gern!") aus dem Konzept bringen. Ihr häuslicher und seelischer Frieden sind wichtiger als ein sauber geschleckter Fußboden!

Weitere Einladungskarten an schwierige Schwiegermütter, in unangemessener Weise Einfluss auf Ihr Leben zu nehmen, sind berufliche Verstrickungen mit der Herkunftsfamilie Ihres Mannes (wenn er z. B. im Familienbetrieb mitarbeitet) und/oder finanzielle Abhängigkeiten. Letztere entstehen vor allem dann, wenn Sie (mietfrei oder zumindest unangemessen günstig) in einer Wohnung wohnen, die den Schwiegereltern gehört, ein Haus oder ein Baugrundstück bereits zu Lebzeiten der Schwiegereltern von diesen geschenkt bekommen haben oder einfach nur regelmäßig größere Geldbeträge von den Schwiegereltern annehmen, um über die Runden zu kommen. Was für Effekte eine solche Abhängigkeit auf Sie, Ihre Partnerschaft und Ihr Verhältnis zu Ihrer Schwiegermutter hat, haben wir im Kapitel über die Tyrannosaura bereits ausführlicher besprochen. Die Risiken sind Ihnen klar. An dieser Stelle daher die eindringliche Bitte an Sie, eine ehrliche Bilanz gemeinsam mit Ihrem Partner zu ziehen und zu prüfen, welchen Preis Sie persönlich und Sie beide als Paar (bzw. als Familie) für solche Vergünstigungen zahlen müssen. Das ist oft nicht einfach zu beantworten, da die Verflechtungen meist hoch komplex und nur schwer zu entwirren sind. Dennoch sollten Sie sich dieser Aufgabe stellen, *bevor* entweder Ihre Selbstachtung, Ihre Gesundheit oder Ihre Partnerschaft auf der Strecke bleiben. Versuchen Sie als eher Außenstehende stets, bei einer solchen Diskussion Verständnis dafür zu haben, dass Ihr Mann wahrscheinlich durch mehr Loyalitätsbande gefesselt ist als Sie. Möglicherweise macht er sich Sorgen, ob er einen vergleichbaren Arbeitsplatz anderswo überhaupt finden kann, oder er will die Sicherheit, die ihm der Familienbetrieb bietet, nicht missen (denn welcher Vater kündigt schon dem eigenen Sohn?). Machen Sie ihm aber in ruhiger Weise deutlich, dass er dafür im Hinblick auf Sie und Ihre Ehe ein sehr großes Risiko eingeht, wenn er es nicht schafft, Sie beide vor den Übergriffen der Schwiegermutter angemessen zu schützen.

Es lohnt sich unter Umständen, eine nüchterne Kosten-Nutzen-Rechnung aufzustellen: Listen Sie gemeinsam die positiven und negativen Seiten des Arrangements auf und ziehen Sie Bilanz. Gibt es eine Patt-Situation? Überwiegen die Vorteile leicht, sind die Nachteile dagegen beträchtlich? Suchen Sie gemeinsam nach Möglichkeiten, Konfliktpotenziale zu entschärfen. Vielleicht können Sie miteinander einen Vertrag über bestimmte Regeln und Vereinbarungen hinsichtlich der Trennung zwischen Arbeit und Familie aushandeln, die Ihnen besonders wichtig sind? Den halten Sie dann bitte ganz offiziell und schriftlich fest und unterschreiben ihn beide. Selbst wenn Ihnen das albern vorkommt – tun Sie's trotzdem! Sprechen Sie gleich mit ab, welche Konsequenzen etwaige Regelverstöße von beiden Seiten nach sich ziehen. Sonst besteht die Gefahr, dass Sie einen zahnlosen Papiertiger produzieren.

Die Bilanzerstellung funktioniert übrigens meist besser, wenn man sie zunächst einmal getrennt voneinander vornimmt und sich anschließend zum Abgleich der beiden Listen zusammensetzt. Im Regelfall wird es nämlich nicht so sein, dass Sie beide genau dieselben Vor- und Nachteile an der Situation wahrgenommen haben, und selbst wenn, haben Sie beide diese dann wahrscheinlich unterschiedlich stark gewichtet. Was für Sie beispielsweise sehr lästig und negativ sein kann, kümmert Ihren Mann vielleicht kaum oder gar nicht. Umgekehrt kann es sein, dass er bestimmte Vorteile viel höher schätzt als Sie. Dann besteht Redebedarf, und zwar ausführlicher! Kommen Sie beide zu dem Schluss, dass Sie das bestehende Abhängigkeitsverhältnis so nicht länger für sinnvoll halten, dann ist es Zeit, über Alternativen zu diskutieren – ohne Denkverbote. Ebenso können Sie bei der Frage nach der Wohnsituation oder anderen Arrangements verfahren, die Abhängigkeiten von Ihrer Schwiegermutter zur Folge haben.

Stoßen Sie bei Ihrem Partner oder bei sich selbst auf sehr großen Widerstand, den Weg in Richtung mehr Unabhängigkeit zu beschreiten, sollten Sie sich fragen, ob Sie vielleicht einfach (noch) nicht bereit sind, den Preis zu zahlen, den Sie eine Neuorientierung kosten würde. Denn das ist ja bekanntlich das Tückische an Veränderungen: Sie sind nicht umsonst zu haben. Oft sind sie sogar sehr teuer erkauft – das heißt aber nicht, dass sie nicht möglich wären. Eine Antwort wie „das geht bei uns auf keinen Fall" oder „das können wir uns nicht leisten" sollten Sie daher weder von sich selbst noch von Ihrem Partner für bare Münze nehmen. Es gibt da eine einfache Formel: **Wer etwas will, sucht Wege, wer etwas nicht will, sucht Gründe!** Wohnungen vermieten auch andere Leute, Stellen gibt es auch anderswo als im elterlichen Betrieb und Banken sind bekannt dafür, dass sie Kredite vergeben. Akzeptabel, vielleicht sogar sinnvoll ist dagegen die Antwort: „Der Preis für diese Veränderung ist mir/uns (im Moment noch) zu hoch, ich bin/wir sind nicht bereit, ihn zu zahlen." Dann müssen Sie sich nur noch klar machen, dass Sie stattdessen eben (bis auf Weiteres) einen anderen Preis zahlen müssen. Umsonst bekommen Sie nun mal nichts im Leben. Sie erinnern sich an das Zitat von Fontane aus dem Tyrannosaura-Kapitel?

Deshalb: Brechen Sie etwaige Veränderungsschritte, die Sie jetzt für notwendig halten, nicht übers Knie. Sie müssen beide bereit sein, die neuen Herausforderungen, die sich daraus ergeben würden, mitzutragen, sonst endet Ihr Befreiungsschlag als Rohrkrepierer. Ganz hilfreich ist an diesem Punkt wahrscheinlich eine prozentuale Gewichtung Ihrer Bilanz: Stellen Sie Vor- und Nachteile der aktuellen Situation auf der einen Seite zusammen. Auf der anderen Seite listen Sie auf, welchen Gewinn, aber auch welchen Verlust Ihnen eine mögliche Veränderung bringen würde. Betrachten Sie nun die beiden Alternativen und entscheiden Sie – jeder für sich –, zu wie viel Prozent Sie eher zu einer Beibehaltung des Status quo tendieren und zu wie viel Prozent Sie eine Veränderung wünschen. Tun Sie das am besten intuitiv, aus dem Bauch heraus, rationale Begründungen für Ihre Tendenz sind nicht erforderlich, manchmal sogar hinderlich. Nehmen Sie eine tatsächliche Veränderung der Situation bitte nur dann in Angriff, wenn das Verhältnis mindestens 60:40 dafür beträgt, besser noch 70:30. Solange es 50:50 oder schlechter steht, sind die Chancen ungünstig, dass Sie beide die nötige Kraft für eine umfassende Umwälzung aufbringen, da offenbar die Vorteile der aktuellen Situation (oder die Nachteile der Veränderung) noch zu schwer wiegen. In diesem Falle empfehle ich Ihnen eher, es noch einmal mit den anderen Strategien zum Thema Abgrenzung zu versuchen.

Die Maximallösung:
„Ich lasse mich von deiner Mutter scheiden!"

Felicia (34) erzählt:
„Seit ich vor einem halben Jahr unseren Sohn geboren habe, ist meine Schwiegermutter dauerpräsent und weiß natürlich alles besser. Ich stille zu lange, ins Elternbett darf das Kind ihrer Meinung nach sowieso nicht und überhaupt mache ich alles falsch. Irgendwann hat es mir gereicht und ich habe den Kontakt abgebrochen. Mein Mann hat sich schwer damit getan, aber er versteht mich und steht hinter mir. Ab und zu habe ich Schuldgefühle, auch wegen des Kindes. Schließlich ist sie die Oma. Aber braucht es eine solche Oma wirklich?"

Bettina (41) erzählt:
„Meine Schwiegermutter ist bis heute der Meinung, ich hätte ihr, als wir vor 16 Jahren geheiratet haben, ihren Sohn weggenommen. Sie hat über einen sehr langen Zeitraum versucht, mich ‚hinzubiegen', das ist ihr aber nicht gelungen. Sie hatte an allem etwas auszusetzen. Wenn ich ihr mal Kontra gegeben habe, beschwerte sie sich sofort bei meinem Mann und wir hatten den größten Krach. Vor einem Jahr hat es mir dann gereicht und ich habe den Kontakt abgebrochen. Anlass war eigentlich eine Bagatelle, aber das war halt nur die Spitze des Eisbergs. Mein Mann fährt jetzt nur noch alleine zu ihr, wenn er sie besuchen will. Ich will von ihr nichts mehr hören und sehen."

Sie haben es mit allem versucht, was in Ihrer Macht stand, aber die Situation ist so verfahren, dass Sie keinen anderen Ausweg mehr sehen? Dann ist es vielleicht an der Zeit, über einen zeitweisen Kontaktabbruch zu Ihrer Schwiegermutter nachzudenken. Viele Schwiegertöchter tun sich extrem schwer mit dieser

Entscheidung – natürlich, zu sehr fühlen sich die meisten von ihnen verantwortlich dafür, dass sich jeder in der Familie wohl fühlt und allgemein Harmonie herrscht. Bis sie sich innerlich die Erlaubnis erteilen, einen so drastischen Schritt auch nur in Erwägung zu ziehen, muss in der Regel viel Negatives passiert sein. Wenn Sie selbst gerade darüber grübeln, ob ein Kontaktabbruch der einzige Weg ist, der Ihnen noch offen steht, und welche Auswirkungen dieser auf Ihr Leben und das Ihrer Familie vermutlich haben wird, sollten Sie Folgendes bedenken:

1. Ein Kontaktabbruch wird oft als Lösung gewählt, weil man sich von ihm endlich Ruhe und Frieden angesichts einer unerträglichen Situation verspricht. „Mit der will ich nichts mehr zu tun haben!" – „Die ist für mich gestorben!" Man hofft, dass die Probleme sozusagen mit der Schwiegermutter aus den Augen und aus dem Sinn verschwinden werden. Verständlich – aber leider falsch. Äußerlich hat man vielleicht nichts mehr mit der Schwiegermutter zu tun, aber innerlich wird man sie durch einen solchen Kontaktabbruch weit weniger los, als man sich das wünscht. Denn die Kränkungen, Verletzungen und Grenzüberschreitungen der Vergangenheit werden auf diese Weise ja quasi „eingefroren" oder „einzementiert", nicht aufgelöst und beseitigt. Das heißt nicht, dass ein Kontaktabbruch nicht zumindest zeitweise nützlich und sinnvoll sein kann. Mit Abstand sieht man manches klarer. Wenn Sie sich von ihm aber dauerhaften inneren Frieden für sich selbst und Ihre Familie erhoffen, werden Sie höchstwahrscheinlich enttäuscht werden. Bestenfalls wird er eine Atempause für alle Beteiligten sein.

2. Sie haben, wie bereits ausführlich besprochen, selbstverständlich das Recht, von Ihrem Partner absolute Loyalität in der Auseinandersetzung mit seiner Mutter zu erwarten.

Er ist *Ihr* Mann und muss im Zweifel *Ihre* Partei ergreifen, nicht die seiner Mutter. Dieses Recht auf Loyalität Ihnen gegenüber endet aber bei einem so dramatischen Schritt wie einem Kontaktabbruch. Für Sie ist diese Frau nur eine mehr oder minder zufällige Dreingabe zu Ihrer Partnerschaft – für ihn ist es seine Mutter und als solche eine seiner wichtigsten Bezugspersonen, unabhängig davon, wie sie sich Ihnen gegenüber aufführen mag. Setzen Sie ihn keinesfalls unter Druck – weder offen noch unterschwellig – sich einem möglichen Kontaktabbruch durch Sie anzuschließen! Machen Sie auch nicht den Fehler, quasi als seine Stellvertreterin für den Kontaktabbruch zu sorgen. Manche Frauen sind empört nicht nur über das, was ihre Schwiegermutter ihnen angetan hat, sondern spielen auch noch die Rächerin für die in ihren Augen unmögliche Behandlung ihres Mannes durch seine Mutter – aktuell oder früher als Kind. Tun Sie das nicht. Es ist seine Aufgabe, nicht Ihre. Nibelungentreue ist hier ausnahmsweise fehl am Platz; handeln Sie stattdessen als zwei autonome Individuen. Wenn er seine eigenen Gründe für einen Kontaktabbruch hat und diesen aus eigenem Antrieb vornimmt, ist das eine andere Sache. Sonst gilt: er kann und soll diesen Schritt nicht Ihnen zuliebe mitgehen. Der Kontaktabbruch sollte, wenn er nötig wird, *nur* zwischen Ihnen und Ihrer Schwiegermutter stattfinden.

3. Direkt daran anschließend möchte ich Sie noch einmal an die Überlegungen erinnern, mit denen wir uns in Kapitel V auseinandergesetzt haben. Ich hoffe sehr, dass ich Sie darin von der großen Bedeutung des Großeltern-Enkelkinder-Kontakts im Leben Ihrer Kinder überzeugen konnte! Auch in diesem Zusammenhang sollten Sie dafür sorgen, dass der Kontaktabbruch *nur* zwischen Ihnen und Ihrer Schwiegermutter stattfindet. Das wird für Sie keine leichte Aufgabe

werden, vor allem dann nicht, wenn Sie befürchten, dass Ihre Schwiegermutter versuchen wird, die Kinder gegen Sie einzunehmen. Trotzdem gilt das in Kapitel V Gesagte: Ihr Konflikt mit Ihrer Schwiegermutter ist eine Sache zwischen Ihnen beiden. Die Kinder müssen Sie aus dieser Angelegenheit heraushalten, um ihnen eine äußerst belastende Zerreißprobe zu ersparen. Bitte überlegen Sie sehr genau, ob Sie der Versuchung widerstehen können, sie – offen oder subtil – zur Parteinahme zu zwingen. Gibt es zum Beispiel einen Weg, den Kindern die Kontaktmöglichkeit zur Großmutter ohne Ihre aktive Mitwirkung oder Präsenz zu erhalten? Das ist eine wesentliche Voraussetzung dafür, dass der Kontaktabbruch nicht mehr Schaden anrichtet als er Gutes bringt. (Ausnahme sind natürlich die Fälle, bei denen die Großmutter den Enkeln tatsächlichen, objektiven Schaden zufügt oder sie real gefährdet. Diese Fälle sind aber vergleichsweise sehr selten.)

4. Denken Sie den Kontaktabbruch konsequent im Hinblick auf alle praktischen Auswirkungen durch, die er auf die engere oder weitere Familie haben wird. Welche Stolpersteine werden sich im Alltag dadurch für Sie ergeben und wie können und wollen Sie mit diesen umgehen? Wie werden Sie sich zum Beispiel verhalten, wenn Sie zum nächsten größeren Familienfest eingeladen sind – Ihre Schwiegermutter aber auch? Wie lösen Sie das Problem von Feiertagen wie Weihnachten oder Ostern, wenn Sie Ihre Schwiegermutter nicht sehen wollen, Ihr Mann aber den Kontakt zu seiner Mutter weiter hält? Gibt es eine Möglichkeit, die Großmutter an den Geburtstagen der Kinder teilhaben zu lassen, ohne dass Sie dabei mit ihr in Berührung kommen müssen? Es ist besser, Sie spielen diese Szenarien im Geiste vorab durch und entwickeln in Ruhe und in Absprache mit Ihrem Mann

Lösungen dafür, sonst verunsichert Sie jeder solche Anlass erneut und bringt Sie ins Schwimmen.

Wenn Sie sich für den Kontaktabbruch entscheiden, empfehle ich Ihnen dringend, trotz Ihrer sicher großen Wut und Verletztheit nicht zur Variante „total, brutal und für alle Ewigkeit" zu greifen. Es gibt wirklich nur sehr wenige Fälle, in denen ein so brachiales Vorgehen sinnvoll ist. Oft entspringt der Wunsch nach dieser Radikallösung dem Verlangen danach, die Schwiegermutter für das erlittene Unrecht oder die Kränkungen irgendwie zu bestrafen. Machen Sie sich bitte klar, dass das erstens nicht Ihre Aufgabe ist und dass Sie sich zweitens damit vermutlich keinen Gefallen tun –, auch wenn es sich im ersten Moment wahrscheinlich wie ein Triumph anfühlt. Langfristig machen die meisten Menschen irgendwann die Erfahrung, dass es für sie selbst hilfreicher gewesen wäre, wenn sie Konflikte *innerhalb* der betreffenden Bindung ausgetragen hätten. Verbauen Sie sich daher diese Möglichkeit nicht im ersten Zorn komplett. Besser ist es, zunächst einmal einen Zeitrahmen für einen Kontaktabbruch vorzugeben. Dieser darf ruhig länger sein, er sollte aber ein klar bestimmtes Ende haben. Zu diesem Zeitpunkt kann dann neu verhandelt und der Status quo überprüft werden. Sinnvoll ist es auch, wenn Sie Ihrer Schwiegermutter eindeutige Vorgaben machen, unter welchen Umständen Sie zu einer Wiederaufnahme des Kontaktes bereit wären. Bleiben Sie dabei bitte konkret und fassbar in Ihren Formulierungen – das kennen Sie ja jetzt schon. „Sobald du dich mir gegenüber nicht mehr so unmöglich benimmst", ist eine schwammige, unklare Ansage, mit der kein Mensch etwas anfangen kann. Besser: „Ich möchte, dass du dich bei mir für deine Bemerkung, meine Familie sei ein Haufen durchgeknallter Spinner, entschuldigst. Und ich möchte, dass du mir versprichst, nichts Hässliches mehr über meine

Familie zu sagen, wenn ich dabei bin. Mich verletzt das nämlich sehr, ich kann das nicht einfach so hinnehmen. Du verstehst bestimmt, dass mir meine Familie dafür zu wichtig ist." Oft klappt es besser, den Kontaktabbruch und die damit zusammenhängenden Bedingungen schriftlich zu kommunizieren. Sie haben dann Zeit und Ruhe, sich Ihre Formulierungen zu überlegen und eine Nacht darüber zu schlafen, bevor Sie den Brief abschicken. – Jetzt kann Ihre Schwiegermutter für sich entscheiden, ob ihr der Kontakt zu Ihnen diesen Schritt wert ist – oder eben nicht. Im letzteren Fall bleibt Ihnen zumindest die Gewissheit, dass nicht Sie es waren, die die Tür endgültig zugeschlagen hat. Sie haben lediglich klar Position bezogen und konsequent gehandelt, gleichzeitig aber die Hand zum Frieden mit angeboten.

Übrigens ist eine solche Vorgehensweise nicht nur im Hinblick auf Ihre eigene Seelenruhe empfehlenswerter als eine radikale Lösung, sondern auch im Hinblick auf Ihre Partnerschaft. Für Ihren Mann wird es sehr viel leichter sein, Ihren Schritt zu akzeptieren, ohne Ihnen Vorwürfe zu machen, wenn Sie durch ein solches Verhalten auch ihm beweisen, dass Sie keineswegs der unversöhnliche Racheengel oder die hysterische Xanthippe sind, als die Ihre Schwiegermutter Sie wahrscheinlich in einer solchen Situation gerne sehen würde. Das ist ein wichtiges Signal an ihn.

VII. Resümee: Es ist nicht gesagt, dass etwas besser wird, wenn man es ändert, aber wenn etwas besser werden soll, muss man es ändern!

Wenn Sie bis hierhin durchgehalten haben, dann haben Sie hoffentlich verstanden, warum ich Ihnen in Kapitel VI erklärte, die beste Neuigkeit, die Sie im Rahmen dieses Buches erfahren würden, sei die, dass Sie keineswegs nur armes Opfer Ihrer schwierigen Schwiegermutter, Ihres illoyalen Partners oder der ungünstigen Umstände, sondern verantwortlich handelnder Teil eines komplexen Konfliktgeschehens sind. Es liegt somit auch in Ihren Händen, eine Veränderung einzuleiten, die Ihnen den Weg in eine entspanntere und zufriedenere Zukunft mit Ihrer Schwiegermutter ebnet. Sie haben viele Möglichkeiten, die passiv-duldende Rolle hinter sich zu lassen und stattdessen aktiv zu werden! Sie müssen sich nur dafür entscheiden.

Ich würde Ihnen dafür gern noch ein letztes Bild mit auf den Weg geben, das systemische Therapeuten gerne dafür verwenden, soziale Verstrickungen und Prozesse zu veranschaulichen. Stellen Sie sich Ihre Familie (mit allen Beteiligten) als ein großes, buntes Figurenmobile vor. Sie selbst sind darin ein Figürchen, aber ebenso Ihr Partner, Ihre Schwiegermutter, Ihre Kinder und alle sonstigen wichtigen Angehörigen. Wie bei einem echten Mobile pendelt sich irgendwann zwischen all den Figürchen ein Gleichgewicht ein, das – solange kein Luftzug die Ruhe stört – dafür sorgt, dass das Gesamtgebilde bewegungslos in einer bestimmten Position verharrt. Stößt man aber eines der vielen

Figürchen von außen an, gerät notgedrungen das gesamte Mobile mit ihm in Bewegung. Keines der anderen Figürchen kann seine Position beibehalten und sich dem Bewegungsimpuls widersetzen, da ja alle miteinander verbunden sind. Das Mobile muss sich nun erst langsam wieder neu einpendeln – kalibrieren nennt man das –, bis es ein anderes, neues Gleichgewicht gefunden hat und wieder zur Ruhe kommen kann. Und keines der Figürchen wird dabei genau am selben Platz landen, an dem es vorher war.

So funktionieren – im systemischen Therapieverständnis – soziale Netzwerke, zu denen auch Familienverbände gehören. Für Sie bedeutet das: In dem Moment, wo Sie sich entschließen, in Bewegung zu kommen – ihre Position gegenüber Ihrer Schwiegermutter, Ihrem Mann, Ihren Kindern und letztlich zu sich selbst zu verändern –, müssen sich notgedrungen auch alle anderen Menschen um Sie herum irgendwie in Bewegung setzen. Natürlich ist ein gewisser Anfangswiderstand zu erwarten. Sie erinnern sich vielleicht aus dem Physikunterricht an Newton's erstes Gesetz von der Trägheit der Masse? Ist die Bewegung aber erst einmal angestoßen, kann sie nichts mehr stoppen. Freilich, bei lebenden Systemen lässt sich kaum je vorhersagen, wie genau der neue „Ruhezustand" des Mobiles aussehen wird. Oft erleben Schwiegertöchter, die sich zu ersten Veränderungsschritten durchringen, große Überraschungen: Da übernimmt vielleicht der Schwiegervater, der bisher praktisch nicht in Erscheinung getreten war, weil er immer im Schatten der Schwiegermutter stand, mit einem Mal eigenständig Verantwortung für die Beziehungsgestaltung zwischen Schwiegerelternpaar und junger Familie. Die Schwägerin, die sich bisher aus der Versorgung des Klammeräffchens diskret zurückgezogen hatte, beginnt die Aufgaben zu erledigen, die die Schwiegertochter seit Neuestem einfach ungetan lässt. Und die Schwiegermutter stellt fest, dass ihre

Intrigen wirkungslos verpuffen, weil Sohn und Schwiegertochter zu einem neuen Bündnis miteinander gefunden haben und der ewige Zögerer plötzlich deutlich die Partei seiner Frau ergreift. Manchmal ist allerdings viel Energie nötig, um ein derart eingefahrenes System erst einmal in Bewegung zu versetzen – und oft sind die Batterien gestresster Schwiegertöchter schon sehr leer, ehe sie sich zu solchen Schritten entschließen. Scheuen Sie sich deshalb bitte nicht, weiterführende Hilfe in Anspruch zu nehmen, wenn Sie den Eindruck haben, mit all ihren Bemühungen die bestehende Situation nicht zu Ihrer Zufriedenheit verändern zu können. Es gibt viele verschiedene Anlaufstellen, an die Sie sich mit Ihrem Problem wenden und wo Sie Ihre Batterie erst einmal ordentlich aufladen können:

Eine psychologische Beratungsstelle in Ihrer Nähe ist sicherlich eine gute Wahl. Dort helfen Ihnen Psychologen und/oder (Sozial-)Pädagogen dabei, problematische Verhaltensmuster aufzuspüren und durch neue, hilfreiche zu ersetzen. Träger solcher Beratungsstellen sind zum Beispiel Caritas, Diakonie, Pro Familia, kirchliche Diözesen oder die Stadt, in der Sie wohnen. Adressen und Telefonnummern finden Sie in Ihrem örtlichen Telefonbuch.

Einen Psychotherapeuten oder eine -therapeutin vor Ort finden Sie ebenfalls in Ihrem Telefonbuch oder in den Gelben Seiten. Wenn Sie sicher sein möchten, dass Ihre Krankenkasse die Kosten der Therapie übernimmt, suchen Sie unter dem Stichwort „Psychologischer Psychotherapeut" oder wenden Sie sich an einen ärztlichen Psychotherapeuten (Psychiater oder Facharzt für Psychotherapie). Nicht übernommen werden von den Krankenkassen die Kosten von Paar- und/oder Familientherapien. Diese können Sie entweder selbst tragen, oder Sie fragen bei den oben bereits genannten psychologischen Beratungsstellen nach. In der Regel sind deren Angebote auch für Paare entweder kostenfrei oder zumindest sehr viel günstiger als der Stundensatz eines niedergelassenen Paar- oder Familientherapeuten. Allerdings müssen Sie je nach aktueller Nachfrage wahrscheinlich etwas Wartezeit in Kauf nehmen, da die Beratungsstellen oft sehr überlaufen sind.

Auch das Internet ist eine gute Fundgrube für passende Hilfsangebote. Wenn Sie einfach nur Anschluss an andere Betroffene und den Gedanken- und Erfahrungsaustausch mit ihnen suchen, bieten sich Plattformen wie **www.mamiweb.de, www.gofeminin.de** oder **www.netmoms.de** an. Hier können Sie anonym mit anderen Schwiegertöchtern in vergleichbaren Situationen chatten. Haben Sie noch nicht den/die richtige/n TherapeutIn für sich gefunden, werfen Sie mal einen Blick auf **www.therapie.de**. Hier haben Sie die Möglichkeit, nach Postleitzahlen geordnet Therapeuten verschiedener Ausrichtungen in Ihrer Nähe zu suchen. Manche Beratungsstellen bieten übrigens mittlerweile auch Online-Beratung direkt und anonym via E-Mail an (z.B. **http://www.ehe-familie-lebensberatung.de, www.theratalk.de**).

Bei der Auswahl aller therapeutischen HelferInnen gilt: Hören Sie auf Ihr Gefühl und prüfen Sie sorgfältig, ob die Chemie zwischen Ihnen und dem/der BeraterIn stimmt. Wenn Sie sich nicht angenommen, wertgeschätzt und verstanden fühlen, suchen Sie sich bitte jemand anderen! Die meisten TherapeutInnen bieten Probestunden (sogenannte probatorische Sitzungen) an, nach denen Sie entscheiden können, ob Sie die Beratung oder Therapie bei ihnen fortführen wollen. Und das Angebot der Beratungsstellen ist ohnehin unverbindlich.

Ich wünsche Ihnen von Herzen, dass Sie in sich die Kraft finden, das Verhältnis zwischen Ihnen und Ihrer Schwiegermutter zum Besseren zu verändern. Vielleicht wird auch dann noch nicht alles perfekt sein, vielleicht werden Sie sogar zu dem

Schluss kommen, dass Sie beide nur mit sehr viel Distanz zwischen sich Teil derselben Familie sein möchten. Das ist in Ordnung so. Wichtig ist nur, dass Sie selbst sich erlauben, die Initiative zu ergreifen und so lange beharrlich bleiben, bis Sie einen Zustand geschaffen haben, mit dem *Sie* gut und gelassen leben können. Vielleicht werden Sie Ihre Schwiegermutter auch dann noch nicht lieben können – aber Sie sollten sie auf jeden Fall nicht mehr hassen müssen. Allein für diese Veränderung lohnt sich die Mühe ganz gewiss! Und Sie wissen ja:

Wenn man kämpft, kann man verlieren.
Wenn man nicht kämpft, hat man schon verloren.

Danksagung

Ich danke all den Schwiegertöchtern schwieriger Schwiegermütter, die bereit waren, mir ihre Geschichten zu erzählen und mir erlaubten, diese in diesem Buch zu verarbeiten. Selbstverständlich wurden die Namen der Genannten zur Wahrung ihrer Anonymität ebenso wie bestimmte Details, die Rückschlüsse auf die Erzählenden erlaubt hätten, geändert. Die Fakten der geschilderten Vorkommnisse blieben davon jedoch unberührt.

Ein extra großes Dankeschön geht auch an all diejenigen Menschen, die mich während der Entstehung dieses Buches liebevoll unterstützt und begleitet haben. Besonderen Dank an meine Mutter, die mir die Freude am Schreiben vermittelt hat, an meine Schwiegermutter (ohne Zweifel die beste von allen) und natürlich vor allem an meinen Mann – ohne Dich hätte ich das nie geschafft!